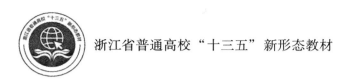
浙江省普通高校"十三五"新形态教材

人力资源管理理论与实践

邬伟娥　主编

中国财经出版传媒集团

经济科学出版社
Economic Science Press

图书在版编目（CIP）数据

人力资源管理理论与实践／邬伟娥主编 . -- 北京：
经济科学出版社，2022.7
浙江省普通高校"十三五"新形态教材
ISBN 978 - 7 - 5218 - 3848 - 0

Ⅰ.①人… Ⅱ.①邬… Ⅲ.①人力资源管理 - 高等学
校 - 教材 Ⅳ.①F243

中国版本图书馆 CIP 数据核字（2022）第 120788 号

责任编辑：周胜婷
责任校对：杨　海
责任印制：张佳裕

人力资源管理理论与实践
邬伟娥　主编
经济科学出版社出版、发行　新华书店经销
社址：北京市海淀区阜成路甲 28 号　邮编：100142
总编部电话：010 - 88191217　发行部电话：010 - 88191522
网址：www. esp. com. cn
电子邮箱：esp@ esp. com. cn
天猫网店：经济科学出版社旗舰店
网址：http://jjkxcbs. tmall. com
北京季蜂印刷有限公司印装
787×1092　16 开　17 印张　440000 字
2022 年 7 月第 1 版　2022 年 7 月第 1 次印刷
ISBN 978 - 7 - 5218 - 3848 - 0　定价：48.00 元
（图书出现印装问题，本社负责调换。电话：010 - 88191510）
（版权所有　侵权必究　打击盗版　举报热线：010 - 88191661
QQ：2242791300　营销中心电话：010 - 88191537
电子邮箱：dbts@ esp. com. cn）

本书编写委员会

主　　　编：邬伟娥

副　主　编：周晓曼　何晓柯　宋亚兰

编委会成员（按姓氏笔画先后顺序）：

　　　　　　邬伟娥　宋亚兰　吴　剑　何晓柯

　　　　　　周晓曼　侯和宏　唐根年　倪超美

前言

在高质量发展和数智化新时代，组织何以能够确保拥有持续的核心竞争力和行业领先地位呢？人力资源是第一要务，科技则是第一生产力。激发人力资源创新和价值再造，是焕发组织活力的关键。人力资源作为最具创造性和能动性的生产要素，是组织综合实力的重要标志，无疑对实现组织目标具有举足轻重的意义，这势必对新时代人力资源管理与开发提出新的挑战和更高的要求。

本着为培养新时代人力资源管理人才略尽绵薄之力的美好愿望，编写老师通力合作完成了本书的编写工作，希望通过系统理论与应用实践相结合的方式编排内容，明确新时代人力资源管理的职能、合理定位人力资源管理者的角色、厘清人力资源管理工作的流程、阐述与时俱进的方法与工具、建立起科学的人力资源管理理论体系和实践认知。

在内容上，力求体现理论上的先进性和系统性、实践上的合理性和时代性。契合新时代社会经济发展之需求，正确反映现代教育思想，体现社会主义文化自信和改革精神，提炼出人力资源管理已有研究的思想精髓，科学导入经典理论，介绍具有实用价值的人力资源管理的重要方法与工具。章节前后设置"学习目标""案例导入""知识拓展""管理实践""复习思考题""实战案例"等多个栏目，启发读者思考、激发学习兴趣。

在形式上，力求线上线下资源的有机统一。融合互联网新技术，在教材中嵌入二维码并关联相应的课件、拓展资料、习题和测试等数字资源。在内容编排和资料配套方面，体现立体化特色，以期实现教材和教学资源的有机整合。

全书共分 10 章，围绕人力资源管理的选人、育人、留人、用人等关键环节和主要理论模块，系统而完整地论述组织对人力资源业务的管理要义。一方面有选择地阐释经典理论知识与工具方法，另一方面融入新时代的管理理念与应用研究成果。本书期望达到以下目标：

（1）定位清晰。从一般管理者的视角阐述人力资源管理，重在基础知识和实践认知。主要阅读对象为高校本科、专科学生，以及初涉人力资源管理的人员。

（2）博采众长。吸收和借鉴国内外学者的经典理论和研究成果，兼顾教材内容的通用性和前瞻性，以经典为主、兼顾前沿。

（3）体系完整。遵循深入浅出的原则，全书的知识结构体系完整、严谨，理论和专业术语阐释清晰、简洁，适合人力资源管理专业知识的教学与自学。

（4）注重实用。各章除阐述经典知识点外，单列"实战案例"栏目，相应内容与人力资源管理实践密切相关，体现社会主义文化自信的同时，注重时代感和实操性。

本书由多位老师共同努力合作编写而成。参编成员有：浙江工业大学之江学院的邬伟娥（编写第一章、第八章、第十章；统编测试题、知识拓展和案例等资料），唐根年（编写第八章），宋亚兰（编写第四章、第九章），何晓柯（编写第七章），倪超美、吴剑、侯和宏（共同编写第二章、第三章）；济南职业学院的周晓曼（编写第五章、第六章）。全书由邬伟娥、唐根年负责统筹安排与组织，以及统稿、修改和定稿。

在教材的编写过程中，我们参阅了大量的相关论著，在此不一一列举，谨在此向原著作者深表感谢。同时，恳切希望广大读者对教材提出宝贵的意见和建议，使之更加臻于完善。

最后，特别感谢开元书局的宋承发老师以及经济科学出版社的编辑给予的大力支持，本书才得以顺利面世。

编　者
二○二二年三月六日

目　录

导　论

【学习目标】

- 掌握人力资源的概念与特征；
- 掌握人力资源管理的内涵与职能；
- 了解人力资源管理演进与发展历程；
- 概括人力资源管理的基本原则；
- 掌握人力资源管理的人性假设基础理论；
- 基本了解人力资源管理的发展过程与趋势。

【案例导入】

汉高祖论成败

　　高祖置酒雒阳南宫。高祖曰："列侯诸将无敢隐朕，皆言其情。吾所以有天下者何？项氏所以失天下者何？"高起、王陵对曰："陛下慢而侮人，项羽仁而爱人。然陛下使人攻城略地，所降下者因以予之，与天下同利也。项羽妒贤嫉能，有功者害之，贤者疑之，战胜而不予人功，得地而不予人利，此所以失天下也。"高祖曰："公知其一，未知其二。夫运筹策帷帐之中，决胜于千里之外，吾不如子房。镇国家，抚百姓，给馈饷，不绝粮道，吾不如萧何。连百万之军，战必胜，攻必取，吾不如韩信。此三者，皆人杰也，吾能用之，此吾所以取天下也。项羽有一范增而不能用，此其所以为我擒也。"

——司马迁《史记·高祖本纪》

　　正所谓得人才者得天下！得天下者更要善用人才！楚汉相争时，刘邦以一介布衣微末势力抗衡实力派贵族霸王项羽，最终大败项羽而取天下称帝，很大程度上得益于他识得人才、善用人才的能力。从上位者刘邦的视角，事业成功除了要论功行赏、根据业绩奖惩以利益来驱动和激励下属的同时，更重要的是要吸引到好人才，并驾驭用好人才。刘邦的成功用人之道是他登上帝位开创大汉帝国的重要原因。可见，人才的甄别选拔、合理的考核机制、有效的奖惩激励、和谐的用人关系，可为组织带来巨大的发展机会和成功。如何有效开发与管理人力资源是亘古以来的永恒话题。本章将重点介绍人力资源的概念与特征，阐释人力资源管理的要义，以及人力资源管理的发展与挑战，从而勾勒出组织在人力资源方面的获取、开发、保持和利用，即选人、育人、留人和用人等方面的整体管理框架。

第一节 人力资源概述

一、人力资源的概念

人类进入知识经济时代，组织的经营资源发生了根本性的转化，市场竞争逐步演变成为激烈的人才争夺战，人力资源成为组织核心竞争力的战略性资源，人力资源的开发和管理得到空前重视。早在 1954 年，管理大师彼得·德鲁克（Peter Drucker）就在其出版的《管理实践》中指出，人力资源是管理者必须考虑的具有专用性资产的资源，其对象是人，拥有其他资源所没有的协调能力、融合能力、判断力和想象力，并对自己是否工作拥有完全的自主权；人力资源可通过有效的激励机制得以开发利用，为组织带来经济价值与效益。如今，已有诸多学者从不同角度对人力资源进行了界定与阐释，主要观点有[①]：

- 人力资源就是存在于人身上的社会财富的创造力，是人类可用于生产产品或提供服务的体力、技能和知识。
- 人力资源是能够推动国民经济和社会发展的、具有智力劳动和体力劳动能力的人的总和，包括数量和质量两个方面。
- 人力资源是指劳动力资源，即一个国家或地区具有劳动能力的人口总和。
- 人力资源是指包含在人体内的一种生产能力，是表现在劳动者身上的、以劳动者的数量和质量表示的资源，对经济起着生产性的作用，使国民收入持续增长。
- 人力资源是指具有为社会创造物质财富和精神财富、为社会提供劳务和服务的人。
- 广义的人力资源通常指智力正常的人；狭义的人力资源是指能够推动社会和经济发展的、具有智力劳动和体力劳动能力的劳动者。从现实的应用形态看，人力资源包括智力、体力、知识和技能四个方面。
- 从企业管理的角度看，人力资源是由企业支配并加以开发的、依附于企业员工个体的、对企业经济效益和企业发展具有积极作用的劳动能力的总和。

可见，人力资源概念的内涵非常丰富，理论界对其定义主要可以从三个层面进行理解：

（1）个体角度。多数学者认为，人力资源是指包括在人体内的一种生产能力，是劳动过程中可以直接投入的体力、智力、心力的总和以及基础素质，包括知识、技能、经验、品性、态度等身心素质。或者认为，人力资源是人拥有的知识、技能、经验、健康等共性化要素和性格、兴趣、价值观、团队意识等个性化要素，以及态度、努力、情感等情绪化要素的有机结合。

（2）组织角度。人力资源是包括组织内部员工、外部顾客及合作伙伴等在内的、能为组织提供潜在合作与服务，有利于组织实现预期经营效益的人力的总和。换言之，人力资源是能够为创建和实现组织的使命、愿景、战略与目标做出潜在贡献的人所具备的可被利用的能力与才干。

---

① 李桂萍. 现代人力资源管理 ［M］. 北京：中国物价出版社，2003；陈维政，程文文，廖建桥，等. 人力资源管理与开发高级教程 ［M］. 3 版. 北京：高等教育出版社，2019.

（3）社会角度。人力资源是具有能够推动社会和经济发展的具有智力和体力劳动能力的人的总和；是一定社会区域内所有具备劳动能力的适龄劳动人口和超过劳动年龄的人口的总和。这个角度多适用于宏观人力资源问题的研究。

综合学者们对人力资源概念的不同观点，本书认为：从通俗的角度来说，人力资源是指能够推动社会和经济发展的、具有智力和体力劳动能力的劳动者总和；从专业的角度来说，人力资源是指一个组织或个人所拥有的潜藏在人身上的、能够被开发和利用的体力和脑力的总和，包括知识、技能、经验、品性、态度以及身体健康等各种要素的有机结合。

【知识拓展1-1】

什么是数字化人才

数字化人才及其技能决定了数字化技术在企业生产过程中能否实现数据资产的衍生价值，也保障了数字化战略、数字化组织的实施和管理，是企业实现数字化能力的关键。

当前，传统企业身处变革浪潮，普遍面临人才技能重建的挑战与要求。

（1）转型过程小步快跑：企业往往保留部分原有大型系统、岗位设置需要逐步调整、存在大量低技能水平的员工。

（2）技能培养针对性强：企业需要针对性、系统性、长周期的内部培训以匹配数字化时代的人才技能需求。

（3）技能重建周期缩短：软件工程师、大数据科学家等数字化时代的热门职业每12～18个月亟须技能重建。

对于新经济企业而言，获取数字化能力则是受制于人才缺失。大多数企业意识到自身数据分析与洞察能力不足，生产业务与IT结合度低是其在未来面临的巨大挑战；32%的企业认为投资人才发展战略是其需要关注的重点。

经济合作与发展组织（OECD）将数字经济时代人才所需的ICT技能分为三类：

ICT普通技能：指绝大多数就业者在工作中所使用的基础数字技能，如使用计算机打字、运用常见的软件、浏览网页查找信息等技能。

ICT专业技能：指开发ICT产品和服务所需要的数字技能，如编程、网页设计、电子商务以及大数据分析和云计算等技能。

ICT补充技能：指利用特定的数字技能或平台辅助解决工作中的问题，如处理复杂信息、与合作者和客户沟通、提供方案等。

综上，现代意义上的数字化人才，是ICT专业技能和ICT补充技能的融合，且更倾向于ICT补充技能的价值实现——即拥有数据化思维，有能力对多样化的海量数据进行管理和使用，进而在特定领域转化成为有价值的信息和知识的跨领域专业型人才。

资料来源：极客邦科技.《数字化转型中的人才技能重塑》解码报告：企业如何打造与场景相配适的人才梯队［EB/OL］. https：//mp. weixin. qq. com/s/ULySAR85BjVHNCq_RmSiYg，2020-9。

二、人力资源的特征

相对物质资源，人力资源具有其独特性，主要特征如下：

（1）能动性。能动性是人力资源区别于物质资源的本质特征，主要表现在三方面：首先，作为人力资源主体的人，能有意识地、有目的地、自觉地从事社会生产劳动。其次，人是社会生产和生活的主体，能够积极利用其他资源，进行发明创造，提出新思想、新观点，开发新工具、新技术。最后，人具有自我意识、自我强化的特性，能对自身行为做出抉择，调节自身与外部的社会关系，有意识地学习和自我提高。正是人力资源的能动性，推动着社会科技不断创新、经济文化不断发展。

（2）社会性。社会性体现在人与人的交往以及由此而产生的人与群体、人与社会的各种关系中。一方面，人力资源的数量、质量和人的素质，受社会发展水平的限制与约束；另一方面，人力资源的核心在于个体的高素质，个体的作用往往通过合理的群体得以发挥，而群体结构很大程度上取决于社会环境，因此只有适应社会条件，人力资源才能真正发挥作用。可见，人力资源存在于一定的社会背景中，其形成、使用和分配都将通过社会并依赖于社会。

（3）差异性。差异性是指不同的人力资源个体在个人的知识技能条件、劳动参与率倾向、劳动供给方向、工作动力、工作行为特征等方面均存在一定的差异。人力资源的个体差异性，导致人力资源需求单位对其的选择差异。从宏观的角度看，社会人力资源总体中也存在着一定的差异，体现为社会人力资源人群的择业方向和人力资源市场的分层。

（4）时效性。时效性是指人力资源的形成、开发和使用受生命周期及时间变迁的限制与影响。一方面，作为人力资源实体的人具有生命周期性。作为生物有机体，人在一定年龄具备从事劳动的体力与脑力基础，成为现实的具有可用价值的人力资源；通常能从事劳动的自然时间被限定在生命周期的中间段，且劳动能力将随时间的迁移而变化。另一方面，人力资源与知识、技术的发展密切相关。随着历史年轮的推进，科技知识不断有新发展、新突破，使人的知识与技能加剧老化，导致原本能创造大量财富的人力资源的价值流失。因此，需要考虑动态条件下人力资源总体的相对平稳性与合理的超前性，人力资源必须前瞻性地、适时开发和使用，才能充分发挥其作用与价值。

（5）资本性。资本性是指人力资源具有价值创造和磨损的资本特性。人力资源作为一种特殊的资源，经过前期投资逐步累积起来，包括高层次人力资源（如高级技术专家、高级经理人）和一般性人力资源（如经培训后的普通员工），能够在组织经营活动中为投资者带来收益，这符合资本的一般特性。与此同时，人力资源所具备的知识技能也会像物质资本（如机器设备）一样，在使用或闲置的过程中出现有形磨损和无形磨损，表现出资本的折旧性。

（6）非经济性。非经济性指作为人力资源实体的人，除了追求经济利益外，还有非经济方面的需求。人的职业选择、劳动付出通常与职业的社会地位、工作的稳定性、晋升机会、管理特点、工作条件、个人兴趣、技能水平等非经济因素相关。经济水平相对越高时，对非经济的需求会越多、要求会越高。组织的运营效率不可避免地受到其雇用对象的"人"的非经济需求的制约。因此，用人单位在考虑雇员的经济收入、社会保障的同时，还必须适当兼顾人的非经济需求。

（7）再生性。再生性主要源于人口的再生产和劳动力的再生产，即通过人口总体内个体的不断更新和劳动力的自我恢复来实现人力资源的再生性。一方面，人的脑力和体力不会因使用而消失，能够在一定限度内得以恢复与提高，尤其是知识、经验与技能随着不断使用反而得以增值。另一方面，由于人的智力具有继承性，人的劳动能力随着时间的推移可以得到积累与增强。从这个意义上来说，人力资源能自我更新，可持续发展，宜加强后期培训与开发。

第二节 人力资源管理概述

一、人力资源管理的定义

人力资源是组织最大的一项投资。为了提高工作效率，实现组织的战略目标，必然需要充分挖掘组织的人力资源潜力，合理配置人力资源，调动人的积极性，这就要求进行合理的人力资源开发与管理。人力资源管理涉及那些用来提供和协调组织中的人力资源的活动，包括组织对人力资源的获取、保持、使用、开发等方面所进行的计划、组织、协调和控制等。

在管理领域中，人力资源管理是以人的价值观为中心，为处理人与工作、人与人、人与组织的互动关系而采取的一系列开发与管理活动。人力资源管理的结果，就组织而言是组织的生产率提高和组织竞争力的增加；就员工而言，则是工作生活质量的提高与工作满意度的增加。

学界对人力资源管理的解释也不尽相同，就其包含的内容来看可以概括为三个方面：首先，人力资源管理是一种管理思想、管理哲学，即将人视为组织中最重要的资产并认为人是能够而且愿意不断成长和发展的；其次，人力资源管理包含传统人事管理的基本职能，如职务分析与工作设计、人员招募及配置、薪酬、激励、培训等，属于人力资源管理的战术层次；最后，逐步致力于人力资源与组织战略的整合，属于人力资源管理的战略层次。

从具体的实践层面看，又可以从目的、过程或职能、主体等角度来诠释人力资源管理。从目的出发，人力资源管理是利用人力资源来实现组织的目标。从过程或职能来看，人力资源管理是一个组织对人力资源的获取、维护、激励、运用与开发的整个管理过程和活动，是运用科学管理的理论、流程、制度和方法对组织中的人力资源进行有效开发、合理利用，具体环节有选人、育人、留人、用人等。从主体看，人力资源管理是人力资源部门中的人力资源专业管理者的工作。对企业而言，人力资源管理是根据自身发展战略的要求，通过实施一系列的管理过程，保障企业发展的人力配置，并充分挖掘人力资源的潜能，即实现"事得其人，人尽其才"的人力资源管理目标，从而确保企业战略目标的实现。

综合众多观点，本书认为：人力资源管理是指根据组织与个人发展的需要，运用现代管理方法，对人力资源的获取（选人）、开发（育人）、保持（留人）和利用（用人）等方面进行计划、组织、指挥、控制和协调，使人力资源不断为组织创造价值，最终达到实现组织发展目标的一种管理行为与活动。

【知识拓展1-2】

人力资源管理的重心

人力资源作为一种能为企业带来丰厚价值的资源，是企业长期发展的原动力，有利于企业在市场竞争中占据相对优势，因此合理配置人力资源，充分发挥人岗匹配的最大效能是人力资源管理工作的重中之重。人力资源管理的重心见图1-1。

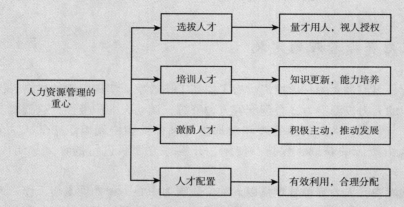

图1-1 人力资源管理的重心

资料来源：赵纪诚，余佳，管布钧.人力资源管理实战指南［M］.北京：人民邮电出版社，2020。

二、人力资源管理的内容与业务分类

（一）人力资源管理的任务

人力资源管理的基本任务是，根据组织发展战略的要求，通过有计划地对人力资源进行合理配置，搞好员工培训和人力资源开发，采取各种措施，激发员工的积极性，充分发挥他们的潜力，做到人尽其才，才尽其用，以促进生产效率、经济效益的提高。具体来讲，这些任务主要包括以下几点：

（1）通过规划、组织、调配、招聘等方式，保证以一定数量和质量的劳动力和各种专业人才满足组织发展的需要。

（2）通过各种方式和途径，有计划地加强对现有员工的培训，不断提高他们的文化知识和技术业务水平。

（3）结合每一位员工的具体职业生涯的发展目标，搞好对员工的选拔、使用、考核和奖惩工作，做到及时发现人才、合理使用人才和充分发挥人才的作用。

（4）采取各种措施，激发员工的积极性和主动性。

（5）根据现代企业制度要求，做好工资、福利、安全与健康等工作，有效协调劳资关系。

（二）人力资源管理的内容

人力资源管理服务于组织总体目标，是一系列管理环节的综合体。具体内容包括：人力资源规划、工作分析与评价、员工招聘、员工培训、职业生涯管理、绩效管理、薪酬管理、劳动关系管理等。

1. 人力资源规划

人力资源规划是人力资源管理的起点。为了适应环境的变化，依据组织总体发展战略，并充分考虑员工的期望而制定人力资源开发与管理的纲领性长远规划；旨在通过对组织未来的人力资源的需要和供给状况的分析及估计，对人力资源的获取、配置、使用、保护等各个环节进行策划，以确保组织在需要的时间和需要的岗位上，获得各种必需的人力资源。人力资源规划是人力资源开发与管理活动的重要指南，是组织发展战略的重要组成部分和战略实施的有效保障。

2. 工作分析与评价

工作分析与评价是人力资源管理的基础工作。工作分析是根据组织中某个特定工作的目的、任务，明确该职位的职责、权力、隶属关系、工作标准、工作条件与工作流程、任职资格。工作分析的结果是形成工作说明书，也称岗位说明书、职位说明书；常应用于招聘、培训、员工职业生涯发展规划、绩效管理、薪酬管理之中。工作评价，也称岗位评价、职位评价，是根据岗位所承担的责任大小、工作的难易程度、所需付出的努力程度、工作条件等因素确定岗位的相对价值。工作评价的结果是形成不同工作岗位的薪酬体系。简言之，通过工作分析，根据不同的工作内容设计不同的职务，并规定各个职务应承担的职责和工作条件、工作任务，有助于组织吸引和保留合格的员工。

3. 员工招聘

招聘是为组织寻找和吸纳合适的人来填补岗位空缺，以保证源源不断的人力资源供给。具体地说，招聘是根据组织战略的要求、业务发展需要，以人力资源需求与供给分析的结果为依据，以工作分析提出的任职资格为标准，通过各种渠道发现、识别、选拔能为组织创造价值的员工的过程。

根据招聘渠道不同，员工招聘可以分为内部招聘与外部招聘。内部招聘是指从组织内部选拔合适的员工到空缺岗位，以中层和基层管理职位为主。外部招聘主要可分为校园招聘与社会招聘，往往以基层职位或高层管理职位为主。

4. 员工培训

培训是人力资源开发的重要手段，包括对员工的知识、技能、心理素质等各方面的培训，是组织提升员工素质的重要保障。组织根据发展战略、岗位任职资格标准、员工发展的需要，通过适当的方法，对组织成员在企业文化、知识与技能等方面进行训练，以增强岗位胜任力、改善工作态度、提高工作满意度与主动性，达到提高工作效率、帮助组织发展与个人职业发展的目的。

培训的具体内容根据组织与个人的具体需求而定。从组织角度来看，培训要满足组织当前的绩效要求和未来发展的需要；从个人的角度来看，培训要能满足岗位任职资格和个人未来职业发展的要求。员工培训主要工作包括培训需求确定、培训计划制定、培训实施、培训效果评估等一系列活动。

5. 职业生涯管理

职业生涯管理是组织为了帮助员工实现职业理想和职业追求，对员工职业发展进行的帮助和管理。它主要包括：建立职业发展通道，明确职业发展通道中职业发展的等级标准；为了满足员工成长、发展与获得满意感的要求，对组织成员的能力与兴趣进行测评，并将组织成员的个人目标与组织的目标结合起来，进而制定、协调员工个人成长与发展的职业生涯发展计划；提供组织内职业发展的有关信息，给予员工职位晋升与职业发展公平竞争的机会，并提供必要的帮助（如提供职业咨询）和职业发展所需的培训。通常职业生涯管理有助于组织育人和留人。

6. 绩效管理

绩效管理旨在识别、衡量以及开发员工个人和团队绩效，并使这些绩效与组织的战略目标保持一致。根据组织的总体绩效目标，组织或部门与员工共同制订绩效计划并加以实施，且对实施的结果进行绩效考核与反馈，及时发现工作中存在的问题并加以改进，帮助员工提高工作水平，实现组织目标。绩效管理解决组织如何用人的问题，绩效管理的工作内容包括绩效计划制定、绩效计划实施、绩效评估、考核结果反馈等。

7. 薪酬管理

薪酬是指员工因完成工作而得到的内在和外在的报酬，包括直接的货币形式和可转化为货币的其他形式，如工资或薪水、奖金、福利、津贴等具体形式，还包括舒适的办公环境、工作的挑战性、成就感、发展机会等难以用货币衡量的形式。薪酬的作用主要是吸引人才、保留人才和激励人才。

薪酬管理是在组织发展战略指导下，对组织成员的薪酬支付原则、薪酬策略、薪酬水平、薪酬结构、薪酬构成等进行确定和调整的动态管理过程；也是组织对员工实施物质激励的重要手段。

8. 劳动关系管理

通俗地讲，劳动关系管理就是员工与组织签订劳动合同、解除劳动合同以及解决劳动纠纷等。规范化、制度化的劳动关系管理，使劳动关系双方的行为得以规范、权益得以保障，维护稳定和谐的劳动关系，促使组织运营稳定。劳动关系管理的主要工作包括劳动合同管理、员工离职、辞退、裁员、申诉与劳动争议处理、员工安全和健康管理等。

上述几个方面相互衔接、相互作用、相互影响，形成人力资源管理的有效体系。其中，人力资源规划是人力资源管理起点，主要通过规划帮助组织预测预计未来的人员需求数量及基本构成；工作分析与评价是人力资源管理的基础；员工招聘，相当于组织的血液，为组织提供营养，解决组织人员配置、人岗匹配的问题；员工培训，重在育人，目的是提高员工的综合能力和素质；职业生涯管理进一步帮助组织留人和育人；绩效管理是核心，解决组织如何用人的问题；薪酬管理，重在激励人，解决留人的问题；员工关系管理旨在管理人，帮助组织形成合理化人力资源配置的有效循环。需要指出的是，人力资源外包作为人力资源管理的一种新业务，理论上可以涉及上述各个方面，具体哪些人力资源管理内容与环节实施外包将取决于组织的决策。

【知识拓展 1-3】

人力资源管理的内容与目的

人力资源管理的目的可简单表述为"事得其人，人尽其才"。为此，需要完成两项基础工作：了解分析"事"，明白"事"是什么、需要怎样的人来完成；了解分析"人"，即分析预测人力资源的供给与需求。人力资源管理各职能之间的关系，可用图1-2简要表示。

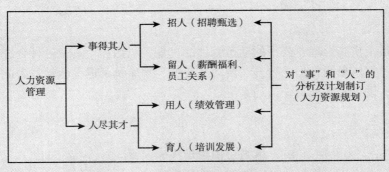

图 1-2　人力资源管理各职能之间的关系

三、人力资源管理的职能与定位

（一）人力资源管理的职能

人力资源职能（human resource functions）是指在各种规模的组织中用以提供和协调人力资源的任务和责任。人力资源职能包括对组织的所有领域具有重大影响的各种活动，传统意义上可概括为以下五个方面。

1. 获取

人力资源管理的第一步是获取人力资源，主要包括人力资源规划、招聘与录用。首先，人力资源管理部门根据组织任务与环境，制定人力资源战略，进行工作分析，并制订与组织目标相适应的人力资源需求与供给计划，然后开展一系列的招募、选拔、录用与配置工作。

其主要活动包括：进行工作分析以确定组织内的特定工作具体要求；预测组织为实现目标对所需人力资源的要求；制定和实施满足这些要求的计划；招募为实现组织目标所需要的人力资源；选择和雇佣以填补组织内具体职位的人力资源。

2. 保持

保持旨在建立并维持有效的工作关系，协调员工之间、个人与组织之间的关系；建立共同愿景；改善劳资关系，使员工得到公平对待，如在组织和员工之间进行调解、设计惩罚和抱怨处理系统；确保组织信息沟通流畅；改善工作的硬件环境，保障员工的安全与健康，包括设计和实施确保员工安全与健康的方案、对自身存在影响工作绩效问题的员工提供帮助。

3. 开发

开发旨在培养与提高员工的知识、技能等素质，以此增强员工的工作能力，充分开发员工的潜能，使其更好地实现个人价值并提高组织工作绩效。其包括：设计和实施管理及组织成长方案；员工上岗引导与培训；在组织内部建立有效的工作团队；设计员工个人绩效评估系统；帮助员工制定职业生涯规划、继续教育等。

4. 报酬

作为人力资源管理工作的核心，报酬旨在增强员工的满意度，提高其劳动积极性与生产率，进而提高组织绩效。为此，对员工为组织做出的贡献给予奖酬，并调动员工积极性，主要包括设计与实施公平合理的工资方案、提供福利与服务、确保薪酬与福利的公正性和一致性等。

5. 调控

调控指对员工实施合理、公平的动态管理的过程，包括：对员工进行合理的绩效考评与素质考评；以评估结果为依据的晋升、调动、奖惩、解雇及离退等活动。为此，还可建立人力资源信息库，设计和实施员工沟通系统。

【知识拓展 1-4】

人力资源管理实操内容

从人力资源管理实务的角度，根据工作内容和侧重点不同，有学者将人力资源管理实务工作分为三个层次（见图 1-3）。

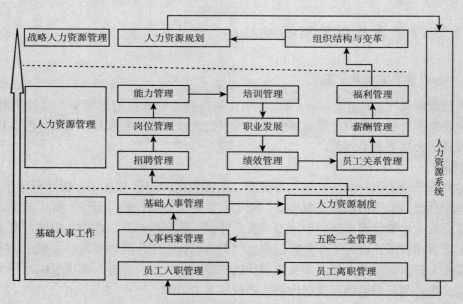

图 1-3 人力资源管理系统

（1）基础人事工作层：人力资源管理人员的基础人事工作主要是办理入职和离职手续、计算和缴纳社会保险和公积金、保管和管理员工人事档案、记录并核对员工考勤、计算并发放员工工资等一系列偏重于基础性的、标准性的、事务性的、重复性的人力资源工作。

（2）人力资源管理工作层：人力资源管理人员从事岗位管理、能力管理、招聘管理、培训管理、绩效管理、薪酬管理、福利管理、职业发展、员工关系管理等以管理性为主、以事务性为辅的人力资源工作。

（3）战略人力资源管理工作层：除了从事前面两个层次的工作之外，还需负责人力资源规划、组织结构设计等战略管理层面的人力资源管理工作。

资料来源：任康磊．人力资源管理实操：从入门到精通［M］．北京：人民邮电出版社，2019：3。局部改编。

（二）人力资源管理的定位

根据时代性的挑战与组织自身发展的需要，人力资源管理的定位也有所变化，主要体现在以下五个方面。

1. 突出以人为本的柔性管理

在管理科学的发展历程中，人的因素一直受到重视。20世纪五六十年代兴起了新人际关系学说，在80年代以后得到广泛的重视与迅速发展。该学说把人性的积极方面与科学的组织管理方法相结合，强调以共同价值为基础的组织文化来激励员工为实现共同目标去主动、积极、灵活地适应复杂多变的环境。柔性管理是软管理，与刚性管理有显著区别，更注重人的内在积极性的发挥，更关心人的内在需要，更注意开发人的内在潜能，是更具人性化的个性化管理。

2. 高度重视人员素质的提高

信息网络的发展与虚拟企业的形成，对高素质人才提出了较高的需求。首先需要魅力型领导，在判断力和能力上有绝对的自信，善于创建组织的共同愿景，能清楚地向下属阐明目标与要求，激励下属为达到目标而努力；其次要求中层管理者由原来的考评、监督者的角色转变为智能型教练，能领导下属顺利开展工作，并提供建议、协助、鼓舞和激励，即能帮助构建创造型关系；最后要求员工具备更多的知识和更强的适应能力，如知识型员工。

3. 加强团队文化建设

组织为实现经营目标，需要员工的积极合作，这就需要形成目标一致的团队文化。员工能够系统地考虑局部目标与整体目标的关系，并在经营或项目实施过程中随时协调、沟通以保持整体目标的一致性。为此，一方面需选聘信誉好、拥有核心技术、具有良好合作意愿的员工，另一方面应在实际工作中积极倡导信息沟通与协作，促进团队文化的建设。

4. 强调上下左右的相互信任与协调

由于员工具有不同的性格、不同的背景、不同的个人利益，难免会自觉或不自觉地产生防卫心理和行为，这将阻碍组织的有效运营。鉴于此，组织必须建立一个良好的信息网络和合作关系网，促进员工之间进行及时充分的信息沟通，准确地理解彼此的需要，建立彼此的信任关系，从而积极推动员工间的合作。

5. 建立人力资源管理专营机构的社会地位

数字经济时代对于人力资源管理的专业性要求越来越高，人力资源管理的专业人才相对稀缺，因此将人力资源管理职能虚拟化，由专业化事务所或服务机构承担相应的职能，不仅能集中组织的优势和资源，致力于提升核心能力与竞争力，还可通过人力资源管理专营机构获得优质服务，达到更好地控制与利用人力资源的目的，使组织对人的管理和对事的管理结合得更好，从而在整体上提高组织的管理效率。

【知识拓展 1－5】

新"学派"眼中的人力资源管理

- 功能学派："人力资源管理工作就是六大模块"——六大模块理论的拥趸。
- 结构学派："人力资源转型升级就是建设三支柱"——IBM 三支柱的践行者。
- 经验学派："人力资源管理至少要五年以上的经验，越长越好"——资深管理者。
- 人际学派："人力资源管理就是与各个部门搞好关系"——非专业出身的从业者。
- 企业家学派："人力资源管理者是老板的助手"——资深管理者。
- 定位学派："人力资源管理要成为业务伙伴"——HRBP 的拥趸。
- 传统学派："人力资源管理就是企业的职能管理，是职能部门"——传统企业。
- 人力资本学派："人力资源管理要升级转型到人力资本管理"——前沿管理者。
- 文化学派："人力资源管理的最高境界是人的价值观"——高级管理者。
- 转型学派："人力资源管理者转型升级就是去做业务、做咨询师、做讲师"——资深实践者。

资料来源：胡明. 人力资源管理：互联网思维［M］. 北京：清华大学出版社，2017：183。

四、人力资源管理的原则

在人力资源管理的实践过程中，逐步形成了一些人力资源管理的基本原则。而这些原则的设定，有助于更好地指导人力资源管理工作实践，促进企业的人力资源管理工作向科学化和规范化的方向不断迈进。常见的原则有：

（一）系统优化原则

系统优化原则是指对人力资源系统进行组织、协调、运行、控制过程中，应遵循使群体的整体功效达到最优的原则。包含以下几方面的内容：

（1）系统的整体功能必须大于部分功能的代数和。

（2）系统的整体功能必须在大于部分功能之和的各值中取最优。

（3）系统的内部消耗必须达到最小。

（4）系统内的人员身心健康、奋发向上、和谐欢乐。

（5）系统的竞争能力、转向能力最强。

简言之，系统优化原则要求群体功效达到最优，是人力资源管理最重要的原则。人力资源系统面对的系统要素是人，人具有复杂性、能动性和社会性。因此，要达到人的群体功效最优，必须注意协调、提倡理解、避免内耗。

（二）同素异构原则

同素异构原则本来是化学中的一个原理，指事物的成分因为空间关系，即排列次序和结构形式上的变化会引起不同的结果，甚至发生质的变化。在人力资源开发与管理领域中，同素异构原则指同样数量的人、用不同的组织网络联结起来，形成不同的权责结构和协作关系，可以取得完全不同的效果。例如在群体成员的组合上，同样数量和素质的一群人，由于排列组合不同，会产生不同的效应；在生产过程中，同样人数和素质的劳动力，因组合方式不同，其劳动效率的高低也不同。同一组员工的能力要素可以通过多种方式组合在一起，不同的组合方式得到的管理效果也可能完全不同。因此，合理的组织结构可以充分地发挥人力资源的潜力，发挥组织的系统功能。

（三）能级层序原则

能级层序是来自物理学的概念。能，表示做功的能量；能级，表示事物系统内部个体能量大小形成的结构、秩序、层次。这样才形成了稳定的物质结构，也就是能级对应关系。而人的能力、知识、经验、道德、价值观往往存在差异，且是多元化的，因此对于具有不同能力的人，应配置在组织中的不同职位上，给予不同的权利和责任，使能力与职位相符，组织结构才会相对稳定，这就是人力资源管理的能级层序原则。在实践中，还表现出人力资源管理的动态性、可变性和开放性，当员工的能力和素质落伍的时候，就下调其职位能级；反之，当员工的能力和素质快速提升时，则应将其上调到更高的能级与职位上。

（四）互补增值原则

互补增值原则指将有差异的群体通过个体间取长补短而形成整体优势，以实现组织目标；换言之，团队成员之间通过气质、性格、知识、专业、能力、性别、年龄等各因素的互补，扬长避短，使整个团队的战斗力更强，达到增值效应。互补原则要求组织在建设团队时要注意成员的能力、知识、专业等各方面的结构和配置。互补的内容主要包括5个方面：

（1）知识互补。通过个体之间在知识的领域、广度和深度上实现互补，从而使整个群体的知识结构全面、合理。

（2）能力互补。通过个体能力类型、大小方面的互补，形成团队优势，使组织的能力结构更加合理。

（3）性格互补。充分利用与协调个体之间不同性格的互补，促进组织内形成良好的人际关系和处理各类问题的良好胜任力。

（4）年龄互补。构建合适的人员年龄结构，在体力、智力、经验、心智上形成互补，从而有效地实现人力资源新陈代谢，焕发出组织持久的活力。

（5）关系互补。利用个体自己特殊的社会关系，从整体上发挥集体的社会关系优势，为组织创造价值。

（五）利益相容原则

当组织中某一群体或个体的利益影响另一群体或个体的利益，包括物质利益、安全和健康、发展机会和权力等时，双方就会产生利益冲突。利益相容原则是指当双方利益发生冲突时，对原方案进行适当的修改、让步、补充或者提出另一个方案，使双方均能接受从而相容于一个统一体中。需要注意的是：第一，利益冲突的各方，可能因处理不好而导致对抗性矛盾难以调和，也可能因处理得当而相容；第二，利益相容必须有一方或多方的让步、谅解和宽容；第三，利益相容必须是矛盾的各方都到场进行协商以求得解决；第四，利益相容要求原则性和灵活性的统一。

（六）激励强化原则

所谓激励，就是创造满足员工各种需要的条件，激发员工的工作动机，使之产生实现组织目标的特定行为的过程。激励是管理的一项重要职能，也是人力资源开发与管理的一个重要内容。

激励强化原则是指通过不断地满足员工的需求，强化期望行为，激发、调动其积极性，从而达到提高生产率、实现组织目标的目的。因此，在人力资源管理实践中，必须了解构成员工为组织工作的动力源泉包括物质动力与精神动力。一方面，要重视员工对基本物质需要和物质享受的追求，包括工资、奖金、保险、住房、医疗、退休和其他一切劳动福利；同时，员工的生存需要、享受需要和发展需要，也可以通过金钱和物质使其得到满足。另一方面，要重视员工对友爱、表扬、奖励、职位、职称、信任、尊敬的需求，通过表扬、精神鼓励、提职等各种手段，表达管理者的友爱、信任和对其能力、工作业绩的肯定，从而激发其内在工作动力并为组织目标而努力贡献个人力量。

（七）弹性冗余原则

弹性冗余原则是指人力资源在聘任、使用、解雇、辞退、晋升等过程中要留有充分的余地，使人力资源在整体运行过程中具有一定的弹性，当某个决策发生偏差时，有纠偏和重新决策的余地。该原则的工作要点有：一是员工编制要有一定余地，虚位以得贤才，使企业有吸纳贤才的空间和能力；二是员工使用要有适度弹性，包括劳动强度、劳动时间、工作定额等方面适度，使员工能保持旺盛的精力为组织工作；三是组织目标确定要有弹性，应是员工经过努力可以达到的目标，这样员工才有足够的工作信心；四是解雇或辞退员工要留有余地，事先做充分调查、核实所有细节，使被辞员工心服口服，对其余的员工又能起到教育和警戒的作用；五是员工晋升要有弹性，尚欠成熟但有潜力的人才可暂缓晋升，晋升中坚持公开、公平、公正的原则。简言之，弹性冗余原则既包括大系统的弹性即全局弹性，也包括小系统的弹性即局部弹性。

（八）动态适应原则

动态适应原则指随着时间的推移，员工个体状况（年龄、知识结构、身体状况等）与组织结构及外部环境（科技进步、竞争加剧等）都会发生变化，人力资源管理也需适时予以调整，以适应各种变化。而且人与事的适应是相对的，从不适应到适应是一个动态的过程。因此，人力资源必须实行动态管理。该原则主要包括：实施岗位的调整或岗位职责的调整；实施人员的调整，进行竞聘上岗，平行调动；实施弹性工作时间，如聘用小时工、临时工等；培养、发挥员工一专多能的才干，实现岗位流动；实施动态优化组合，实现组织、机构人员的优化；等等。从动态适应原则出发，必须权变地对待人力资源的开发与管理。员工要有上有下、有进有出，合理流动；岗位要有增有减，合理调配；工作时间可长可短，富有弹性，在动态中用好人、管好人，充分利用和开发人的潜能和聪明才智。

（九）文化凝聚原则

文化凝聚原则指以价值观、理念等文化因素把员工凝聚在一起。组织的凝聚力大小取决于两个方面：一是组织对个体的吸引力或个体对组织的向心力。组织的凝聚力强，才能吸引和留住优秀人才，才有竞争力。二是组织内部个体之间的吸引力。员工一旦认同组织文化，就会风雨同舟、同甘共苦。一般来说，工资、奖金、福利待遇等满足员工的生存、安全等物质需要，是组织凝聚力的基础；组织目标、组织道德、组织精神、组织风气、组织制度、组织形象可满足员工的社交、尊重、自我实现、超越自我等精神需要，是组织凝聚力的根本，而起决定性作用的则是员工内在的共同价值观。因此，在人力资源管理实践过程中，必须建立良好的群体价值观和组织文化，进行以人为中心的管理。

【管理实践 1-1】

夜走独木桥

四个脚步快慢不同的人，黑夜中要过每次只能走两个人的独木桥。只有一把手电筒，四个人要全部安全走过的话，自然要分批使用手电筒，期间更要有人传递和接应。四个人过桥的时间分别是：甲用时 2 分钟、乙用时 2 分钟、丙用时 5 分钟、丁用时 10 分钟。请问：四人如何分组调配才能使到达对岸的总用时最短？

而现实中，一个组织或团队的成员，其能力也常会高低不同。从人力资源管理的角度看，上述夜走独木桥的小案例对您有什么启示？

第三节 人力资源管理的发展

一、人力资源管理理论基础

人的行为总是部分地建立在个人的基本假设基础之上，包括其可信赖的程度、工作积极性、创造性、行为模式与倾向、性格态度等。人力资源管理正是基于对人的研究与管理而展开的，因此有必要了解关于人性的假设，并为人力资源管理研究提供理论基础。

已有的人性假设理论，主要是通过研究和探索影响人的生产、工作积极性的最根本的人性方面的因素而形成的理论成果，是对人的生产、工作行为中的动力源泉和追求对象的系统认识，是对管理活动中的"人"的本质特征所做的理论假定。人性假设理论属于管理理论的深层次结构，管理者对人性问题所持的基本观点，从根本上影响其在实际经营过程中的管理思想、管理制度、管理方式和管理方法。因此，人力资源管理理论的形成和发展，也在很大程度上受到了人性假设理论的影响。

西方人性假设理论经历了四个阶段的演进（见图 1-4）。

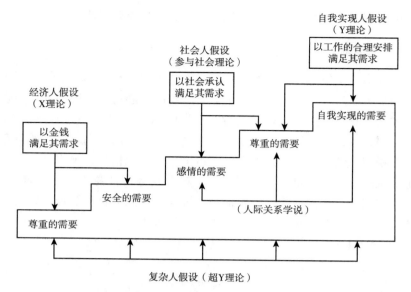

图 1 - 4　人力资源管理的理论基础

（一）经济人（rational-economic man）假设

经济人假设认为：员工所关心和追求的就是金钱及物质待遇，组织只要用经济性奖酬就可以使他们努力工作；他们大多数只能是被管理者，只有少数人才能承担管理的责任。其代表观点是 X 理论，主要内容有：（1）人是由经济诱因来引发工作动机的，目的在于获得最大的经济利益；（2）经济诱因受到组织的控制，因此人总是被动地在组织的操纵、激励和控制之下从事工作；（3）人总是以一种合乎理性的、精打细算的方式行事，力图用最小的投入取得满意的报酬；（4）一般人宁愿受人指挥，希望逃避责任，较少有野心，对安全的需要高于一切。

这种经济人的人性观点对人力资源管理的相应模式会产生一定影响：管理工作的重点在于提高生产率、完成生产任务，而不是考虑人的感情。管理就是为了完成任务而进行计划、组织、指导和监督；管理职责局限于少数人，与一般员工无关，员工的任务就是听从指挥、努力生产；在奖惩制度上，主要依靠金钱来刺激员工的生产积极性，同时对消极怠工者予以严厉的制裁。

（二）社会人（social man）假设

社会人假设认为：员工并非只有金钱物质需要，也有友谊、尊重、关怀等需要，而且社会需要是人类行为的基本激励因素，人际关系则是形成人们身份感的基本要素；员工对管理部门的反应能达到什么程度，取决于主管对下级的归属需要、被人接受的需要以及身份感需要的满足程度。其理论要点是：（1）人类工作的主要动机是社会需要，不是经济需要。人们要求有一个良好的工作，要求与同事之间建立良好的人际关系。（2）工业革命和工作合理化氛围使得工作变得单调而无意义，因此必须从工作的社会关系中去寻求工作的意义。（3）非正式组织有利于满足人的社会需要，其社会影响比正式组织的经济诱因影响力更大。

（4）人们最期望的是领导者能承认并满足他们的社会需要。

在社会人假设理念指导下，人力资源管理会倾向于"参与管理"方式。在不同程度上让普通员工和下级参与企业决策的研究和讨论，实行共同管理；而员工们在这种参与模式下，感到自己被重视，体验到自我价值，从而提高群体的凝聚力、带动劳动生产率。

（三）自我实现人（self-actualizing man）假设

自我实现人假设认为：员工除了物质和社会需要外，还有自我实现的需要，即他们还追求自我充实和发展，以充分发挥自己的潜能、实现自己的价值；给他们提供这种条件和机会，就能激励他们努力工作，这对知识型员工尤为重要。其代表性观点是 Y 理论，要点有：（1）人的需要从低级向高级可分多个层次，其最终目的是满足自我实现的需要，寻求工作上的意义；（2）人们力求在工作上有所成就，实现自治和独立，发展自己的能力和技术，以便富有弹性，能适应环境；（3）人们能够自我激励和自我控制，而外部激励和控制会对人产生威胁、造成不良的后果；（4）个人的自我实现同组织目标的实现并不冲突，是可以达成一致的，在适当的条件下，个人会自动地调整自己的目标，使之与组织目标配合。

在自我实现人的人性观指导下，人力资源的管理模式倾向于"民主管理"，其特点有：管理重点的转变，致力于创造一种适宜的工作环境、工作条件，使人能充分发挥自己的才能，达到自我实现；领导者职能的变化，即努力减少和消除员工自我实现过程中的障碍；奖励方式的改变，注重内在奖励，如知识、才能的增长，自我实现人生价值；管理制度的改变，旨在保证员工能充分地表露自己的才干、达到个体所期望的成就。

（四）复杂人（complex man）假设

复杂人假设认为：人类的需要是多样的，会随着人的发展阶段和生活处境的变化而变化；一个人不仅在同一个时间内，会有多种的需要和动机，而且在不同的组织或同一个组织的不同部门、岗位工作时也会由于各自的能力、个性、经历等不同而形成不同的动机。由于人的需要不同、能力有差别，对不同的管理方式反应也不一样，因此没有适合任何时代、任何人的普遍的管理方法。其代表性观点是超 Y 理论，要点有：（1）人的工作动机不但是复杂的，而且变动性很大；（2）一个人在组织中可以形成新的需求和动机；（3）人在不同的组织和团体中可能表现出不同的动机模式；（4）一个人是否感到心满意足、愿意为组织尽力，取决于其本身的动机结构与组织之间的相互关系、工作性质、本人的工作能力和技术水平、动机的强弱、人际关系的好坏；（5）人可以依自己的动机、能力及工作性质对不同的管理方式做出不同的反应。

在复杂人观念的影响下，人力资源管理模式往往会倾向于"应变理论"，即根据具体的人的不同情况，灵活地采取不同的措施，因人而异，因事而异。换言之，人性是复杂的，必须权变对待、具体分析，尽量因时因地制宜。

综上，人性假设问题是人力资源管理中不可回避的理论前提，是人力资源管理的理论基础和出发点。人性假设的全面性、合理性，直接影响人力资源管理的效果。

二、人力资源管理发展阶段

人力资源管理的发展包括人力资源管理理论和实践两个方面，由于理论与实践总是相辅相成、相互促进，人力资源管理的发展历史也必然是这两方面相互交织发展的过程。人力资源管理发展历程可划分为几个重要的阶段，每一个阶段的时代背景、管理理念、管理地位以及管理目标有着显著区别。

（一）科学管理阶段（1900～1930 年）

随着第一次工业革命与机器大工业方式的兴起，产生大规模的劳动雇佣，从而对处理组织中与人有关的事务提出了需求，包括人事档案、上岗培训、工时记录、报酬支付等。到了第二次世界大战时期，人事管理基本成熟，发挥的作用也越来越大。这一阶段管理思想主要是"经济人"人性观和封闭性环境观，以古典管理学派和科学管理学派为核心，其代表人物主要有：法约尔、韦伯和泰勒，他们所提出的一系列科学管理方法被应用于人力资源管理之中，并表现出以下四个特点：（1）把人视为物质人、经济人，视金钱为一切衡量标准。其管理以"生产技术"为中心，以"目的"为指导，忽视人的需求，忽视人在"金钱""物质"外的需求。（2）"人力资源管理"表现为雇佣管理，并有了管理职能和作业职能之分。出现了劳动人事管理部门。该部门主要功能除了招聘录用和雇佣工人外，还负责协调人力和调配人力。（3）用科学的方法招聘和挑选员工，用企业的系统培训取代以前的自我培训，以提高工人的生产率。推行劳动方法标准化、劳动定时工作制、计件工资制，科学而合理地计算劳动效果；根据标准方法对工人实行有目的的在职培训，并根据工人的特点分配以适当的工作。（4）各种职务和职位按照职权的等级原则加以组织，确立下级服从上级这一严格的等级观念，建立起各级指挥体系。

在管理理念上，这个时期以"事"为中心，故称为人事管理。企业只注重物质资本的价值，人只是为完成"事"而存在。在管理地位上，人事工作仅限于日常行政事务，与组织的战略没有联系，地位较低。在管理目标上，局限于本部门的工作绩效，并以此作为检验工作效果的依据。这个阶段体现了人力资源管理（或人事管理）理论和方法的雏形。

（二）人际关系管理阶段（1930～1960 年）

这一阶段管理思想主要是："社会人"和"自我实现人"人性观、封闭性环境观。先后以人际关系学派和行为科学学派为核心，其主要代表人物有：梅奥、麦格雷戈、巴纳德、马斯洛。需要层次理论、霍桑研究结论、人际关系理论、群体动力学、领导行为与风格、激励理论等被应用于人力资源管理之中。

这个阶段人力资源管理思想非常活跃，从物质人、经济人的管理思想向社会人管理思想转变，是人力资源管理思想的一个质的飞跃期。其主要特点有：（1）认为人是社会人，除了物质、金钱的需要外，还有社会、心理、精神等各方面的需要；开始萌发了对人性的尊重、对人的心理需求的尊重。（2）肯定非正式组织的存在，认识到在法定组织之外，还存在非正式组织的权威，同样影响和左右人们的行为和意愿；开始重视工会和民间团体的利益。（3）认为领导是一门艺术，在管理方法上应以人为核心加以改善。（4）行为科学开始引入人力资源管理中，重视对个体、群体的心理和行为的管理。

在人际关系管理阶段，人力资源管理逐步形成，发生了多方面的变革，包括：在企业中设置培训主管、强调对员工的关心与支持、增强管理者和员工之间的沟通等，被企业作为新的人事管理方法采用；开始从以工作为中心转变为以人为中心，把人和组织看成是相互和谐统一的社会系统。

（三）系统管理阶段（1960～1970年）

这一阶段管理思想主要是：开放性环境观、"经济人"人性观。全球性市场的形成促使企业正视市场环境对内部管理的影响，从而推行开放性环境观；由于计算机技术的迅速发展和量化管理的推广，管理被认为是一门精密科学，因而有所忽视人的作用，人性观又偏向"经济人"假设。以管理科学学派和数学模型学派为核心，其主要代表人物有：西蒙和布法。

这一阶段，企业作为一个具有反馈特性的开放的社会大系统，人力资源管理成为决策系统最重要的参谋系统，其主要特点表现为：（1）必须把人协调和组织成为系统、整体。对人的管理追求整体效益最佳，日益重视群体的协调作用；（2）认为知识就是资金，信息就是财富，对人的素质提出了更高的要求；（3）人事管理信息系统诞生，电脑参与管理，帮助处理大量繁杂的事务性的人事管理工作，如职工的履历管理、档案管理、工资管理等；（4）人力资源管理部门逐步取代劳动人事部，更加重视人的智力开发、人与人之间的协调、人的合理流动和人的最大潜能的发挥，而把大量事务性的工作系统化、程序化，并交由电脑处理。

人们开始清晰地认识到，只有改革管理人力资源的方式、开发人的潜在才能，充分发挥人的主动性、积极性，企业才能真正获得发展。人力资源管理包括了更加广泛的开发功能、培训功能、协调功能和总指挥部的参谋功能，其工作的成败直接关系到企业的生存和发展。

系统管理阶段是人力资源管理的迅速发展阶段，也是传统人事管理向现代人力资源管理转变的时期。

（四）人力资源管理阶段（1970～1990年）

这一阶段管理思想主要是："社会人"和"自我实现人"人性观、开放性环境观。随着行为科学等新的管理理论的推广与广泛接受，人的重要性受到关注，人从机器的附属品转变为组织的重要资源。与此同时，与雇佣有关的立法急剧增加，对工人利益与权力的重视成为重要的管理任务，人事管理职能的重要性日益凸显。再有，日益激烈的竞争也使组织认识到人在竞争中的重要性。于是现代意义上的"人力资源"概念出现了。西方企业中开始出现人力资源部，其业务范围从传统的事务扩大到人力资源规划、政策制定、人力资源开发、职业生涯管理、工作分析与工作设计等领域。人力资源部开始参与企业战略的制定与实施，人力资源管理的责任是确保组织在适当的时间、以适当的成本获得适当数量、类型和技能的员工，以满足组织当前和未来的需要。

在管理理念上，人成为组织的一种重要资源，管理的职能是获取、保持和开发人力资源以实现其有效的利用。在管理地位上，人力资源管理虽已开始参与战略的制定和实施，但这种联系是静态的和不连续的，容易导致人力资源管理职能与战略之间缺乏动态的适应性。人力资源虽然被认为是组织的一种重要资源，但并未被当作战略资源，人力资源部门的工作常常处于被动的地位。人力资源管理的目标除了注重本部门的绩效外，开始关注人力资源管理对组织目标的贡献。

这个阶段是现代人力资源管理的形成与成熟阶段。

（五）战略人力资源管理阶段（1990 年至今）

这一阶段是现代人力资源管理逐步向战略性人力资源管理或国际人力资源管理转变的阶段。由于经济的全球化和知识经济的加速发展，企业对高科技尤其是信息科技和知识型员工依赖程度增强，使人们对人性的看法倾向于"社会人"和"自我实现人"。同时对组织与环境之间的关系认识更为开放。以系统学派、决策学派、经验学派、权变学派等现代管理学派为核心，其主要代表人物有：卡斯特、德鲁克、伍德沃德、卢丹斯等。

20 世纪 90 年代以后，企业面临的竞争环境日趋激烈，理论和实践界认为战略人力资源管理能够有效管理人力资源，能为组织带来可持续的竞争优势。这就要求人力资源管理必须与组织战略之间保持动态的协同，通过规划、政策和实践，创造实施组织战略的适宜环境，发挥战略伙伴的作用。战略人力资源管理的主要特点有：（1）强调以人为本的管理，更加重视人的个体需要和发展需要，尊重个人的意愿；人才流动频繁、择业自由度高，员工可选择最能发挥自己潜能或选择自己最喜爱的工作。（2）重视对人力资源的开发，不断提升员工的技能，培养员工积极主动的工作心态和良好的职业道德，关注员工职业发展，尤其是专业人员职业生涯通道的开发。（3）员工多样化，管理多样性，提倡柔性管理和个性化管理。（4）注重团队建设（包括虚拟团队）、重视协作和沟通，将员工的参与管理作为组织追求的目标。（5）人力资源部门提供专业化的人力资源服务。人力资源总监（HRD）、首席人才官通过人力资源管理的专业活动来支持组织的战略落地和业务增长。（6）部分人力资源职能的外包，成为影响人力资源管理的最重要的力量之一。

战略人力资源管理的理念是将人力资源视为组织获取竞争优势的资源和特殊资本，是竞争优势的根本来源。在管理地位上，人力资源管理被看作是制定和实施组织战略的核心职能，与组织战略之间形成一种动态的多方面的持续联系。人力资源管理的核心职能是参与组织战略决策，根据内外环境需要倡导并推动变革。在管理目标上，关注的焦点是如何通过人力资源管理促进组织实现目标。与之前的几个管理阶段相比，其地位发生了根本性的变化。

在数字经济和互联网时代，人力资本日益成为价值创造的主要要素，人力资源成为最具有活力和创造力的生产要素。战略人力资源管理演变至今，逐渐进入人才管理阶段。人才管理是一个整合的人才发展体系，关注人才吸引、招募、管理、发展和保留的整个循环，并将其看作一个整体进行管理，以保障在经营环境快速变化的新形势下，组织能够保持充足而持续的人才，无论如何调整战略，组织必须评估和重视支撑其发展的人才需求，即重视人才管理。

综上所述，新时代人力资源管理的观念、模式、内容、方法等全方位地发生了转变，与传统的人事管理有本质上的差异（见表 1 - 1），表现出主动性、层次高、活动广、重前瞻、重视人等特征。

表1-1　　　　　　　　　　　　传统人事管理与现代人力资源管理的区别

项目	传统人事管理	现代人力资源管理
管理理念	视人为成本	视人为有价值的重要资源
管理模式	以事为中心	以人为中心
管理视野	狭窄、短期性、偏保守	广阔、长远性、重前瞻
管理性质	战术；业务性	战略；策略性
管理深度	被动；注重管好	主动；注重开发
管理功能	单一；分散	系统；整合
管理内容	简单；人事职能之间的协调	丰富；人事管理与组织发展之间协调
管理地位	执行层	决策层
管理方式	控制、隐蔽	参与透明
管理手段	任务职能评价和部门层面的静态分析	成本效益分析和组织层面的动态分析
管理关系	对立、抵触	和谐合作
管理角色	例行记载	富有挑战、变化
部门属性	非生产效益部门	生产效益部门

【管理实践1-2】

HRBP 的缘起

HRBP（HR business partner）又称为人力资源业务合作伙伴。实际上，HRBP 就是企业派驻到各个业务部门或事业部的人力资源管理者，主要协助各业务单元高层及经理在员工发展、人才发掘、能力培养等方面的工作。其主要工作内容是负责公司的人力资源管理政策体系、制度规范在各业务单元的推行落实，协助业务单元完善人力资源管理工作，并帮助培养和发展业务单元各级干部的人力资源管理能力。做好 HRBP，需要切实针对业务部门的特殊战略要求，提供独特的解决方案，将人力资源和其自身的价值真正内嵌到各业务单元的价值模块中，这样才能真正发挥和实现 HRBF 的重要作用。

HRBP 与人力资源共享中心、人力资源专家共同组成了现代人力资源管理的"三驾马车"，其中 HRBP 是人力资源内部与业务经理沟通的桥梁，他们既熟悉 HR 各个职能领域，又了解业务需求，既能帮助业务单元更好地维护员工关系，协助业务经理更好地使用人力资源管理制度和工具管理员工，同时也能利用其自身的 HR 专业素养来发现业务单元中存在的种种问题，将发现的问题交付给人力资源专家（或领域专家）以便更好地解决问题和设计更加合理的工作流程。

在设置了与 HRBP 相适应的 HR 架构之后，明确 HRBP 的定位和职能就成为发挥其最大功效的关键。

HRBP 必须承担以下职能：

（1）从 HR 视角出发参与业务部门管理工作；

（2）与 HR 研发组（人力资源专家）和 HR 支持组（人力资源共享中心）合作，给出有效的 HR 解决方案；

（3）向人力资源专家和人力资源共享中心反馈 HR 政策、HR 项目和 HR 进程实施的有效性；

（4）协调员工关系，调查培训需求；

（5）制订并执行业务部门 HR 年度工作计划；

（6）运作适应所在业务部门的 HR 战略和执行方案；

（7）参与所在业务部门的领导力发展和人才发展通道建设；

（8）支持企业文化变革并参与变革行动；

（9）建立所在业务部门的人力资源管理体系。

总体来说，HRBP 就是要做好人力资源部与业务部门之间的沟通桥梁，帮助业务部门设定人力资源的工作目标和计划，并树立起对业务部门的客户服务意识，为他们提供专业的人力资源解决方案。目前 HRBP 在国内一些大企业得到了应用，但这种模式在国内企业普遍推广尚需时日，主要是因为企业内部 HR 的专业能力和领导者的认识还存在一定的差距。

资料来源：刘新苗. 人力资源管理一本通 ［M］. 北京：中国铁道出版社，2018：47 - 48。

三、人力资源管理的发展趋势

21 世纪，在全球一体化的大背景下，大数据、人工智能、电子商务等飞速发展与广泛应用，组织将面对前所未有的来自内外部的各种力量的挑战和冲击，包括信息网络化、知识与创新、顾客、投资者、组织变革等。组织的各种职能必须顺应潮流，不断改变自身以应对正在改变着的世界。越来越多的企业认识到，人力资源与知识资本优势的独特性是其重要的核心技能，人力资源的价值成为衡量企业整体竞争力的标志。数字经济时代的人力资源管理既有工业文明时期的深深烙印，又体现新经济时代的游戏规则与基本要求，为此，人力资源管理正经历着新的调整和转变，并呈现出新的发展趋势与特点。

（一）人力资源管理的职能扩展：员工客户化

为适应日新月异的知识经济的挑战，企业必须扩展人力资源管理的职能，以新的思维看待员工：视员工为客户，向员工持续提供客户化的人力资源产品与服务。一方面，从员工需求的角度出发，提供令员工满意的人力资源服务方案，以便吸引、留住、激励和开发企业所需要的人才；另一方面，从企业经营价值链的角度看，企业应同时赢得顾客与员工的满意与忠诚，必须把客户资源与人力资源结合起来，致力于提升客户资本价值与人力资本价值。

为将员工客户化对待，通常企业会向员工提供或分享以下信息：（1）共同愿景。通过提供共同愿景，将企业的目标与员工的期望结合起来，满足员工的事业发展期望。（2）价值分享。通过提供富有竞争力的薪酬体系及价值分享系统，满足员工的多元化的需求，如企业内部信息、知识、经验的分享。（3）人力资本增值服务。通过提供持续的人力资源开发、培训，提升员工的人力资本价值。（4）授权与支持。让员工参与管理，授权员工自主工作，并承担相应的责任；通过建立支持与培训系统，为员工完成个人与组织发展目标提供条件。

（二）人力资源管理的重心转移：知识型员工管理

知识型员工（knowledge worker）指本身具备较强的学习知识和创新知识的能力，并能充分利用现代科学技术知识、提高劳动效率的脑力工作者。其所从事的工作主要是一种思维性活动，相比其他普通员工具有更强的竞争性、自主性与创新精神；强调工作中的自我引导，喜欢宽松的组织环境，能从工作中获得较大的满足。

在知识创新者与企业家主导时代，人力资源管理必须关注知识型员工的特点，注重知识型员工的开发与管理，视知识型员工为人力资源管理的核心对象，并针对不同的知识型员工采用不同的管理策略。（1）知识型员工具有很强的独立性、自主性和成就感，在人员管理方面，必须加强授权与人才风险管理、整合企业价值与员工成就意愿、改变工作模式（如虚拟工作团队方式）等，以激发他们的积极性、主动性和创造性。（2）知识型员工具有较高的流动意愿，不希望终身在一个组织中工作，由追求终身就业工作转向追求终身就业能力，企业必须创新人力资源管理方式来降低其流失率。（3）知识型员工的工作过程难以直接监控，工作成果难以衡量，必须建立合理灵活的价值评价体系。（4）知识型员工的能力与贡献差异大，对需求要素及需求结构也有不同要求，针对此人力资源管理部门必须合理设计报酬体系来适应这种复杂性。（5）知识创新型企业中，知识正逐步替代职务权威，领导与被领导之间的关系以信任、沟通、承诺、学习为基本互动准则；相应地，企业必须要改变领导方式、建立相应的知识工作系统和创新授权机制，以完善工作岗位体系。

（三）人力资源管理的地位上升：战略化转变

21世纪以来，人力资源已成为企业的战略性资源，人力资源管理实践也日益向战略人力资源管理转变，人力资源管理要为企业战略目标的实现承担责任。人力资源管理人员全面参与企业的经营与管理，逐步成为企业的顾问、教练和战略伙伴。人力资源管理工作从企业员工的"保护者和甄选者"向企业发展的"规划者和变革者"转变，为实现组织变革提供保障，参与企业战略决策并制定人力资源战略。人力资源管理在企业中的地位不断提升：参谋和咨询功能不断扩展、直线功能得以加强、制定与执行战略的作用增强，人力资源管理的目标定位于人力资源对企业战略发展的长期影响。

相应地，企业与员工之间的关系也发生了变化，以劳动契约和心理契约为双重纽带的战略合作伙伴关系成为企业与员工关系的新模式，具体表现在四个方面：首先，依据市场法则确定员工与企业双方的权力、义务关系、利益关系；其次，企业重视与员工建立共同愿景，并在核心价值观上达成共识，积极培养员工的职业道德，进行员工的自我发展与管理；再者，企业关注员工对组织的心理期望与组织对员工的心理期望之间达成的默契，在企业和员工之间建立起信任与承诺关系，促使员工自主管理；最后，建立企业与员工双赢的战略合作伙伴关系，人力资源管理部门帮助员工设计职业生涯，从而实现员工与企业共同成长和发展。

（四）人力资源管理的职能分化：业务外包

越来越多的企业跨地域、跨行业经营，加之资本、技术、智力的全球流动与扩散，人力资源管理的边界呈现日益模糊的状态，人力资源职能出现分化，人力资源管理逐渐出现了外包趋向。企业将一些稳定的、非核心的、事务性的项目交给专业化程度高的公司或机构去管理，使企业内部的人力资源管理者能专注于同核心能力营造密切相关的战略性业务管理。比如，越来越多的企业将应聘人员资料筛选、考勤管理、薪酬福利及社会保险等工作交由计算机处理，并将一些诸如用工申请、档案管理、社会保险等事务性工作或非核心业务外包出去，以便有更多的精力去专注人力资源核心业务的管理。

促使人力资源管理职能外包的动因主要有三个：一是为了节约成本。企业的很大部分成本是由人员聘用引起的，因此在开发人才最大潜能的同时应尽可能取消多余的职位，将简单而琐碎的、费时费力的工作外包出去。二是为了专注于核心工作。把部分不太重要的事务性工作交给更专业的机构处理，可以从琐碎事务中解脱出来，结合企业的发展目标与人力资源管理策略，侧重于那些战略性工作。三是为了获取专家建议。通过外包可以从外部企业获得更多资源，同时对企业本身也是一种有效的高质培训，有利于促进企业人力资源管理体系的完善与专业化。

（五）人力资源管理的手段创新：信息化

随着信息技术的迅速发展与推广应用，人力资源管理逐渐变得高度信息化。借助网络技术，企业高层与普通员工增加了交流与沟通渠道，他们的关系日益密切。管理者可以向全体员工发布即时信息，员工可享有前所未有的相互交流信息的权利，并使员工能够跨越时空的局限进行工作及团队合作，交流与协作更具弹性、更富效率，人力资源逐步 E 化。E 化人力资源管理（e-HR），也称电子化人力资源管理，通常是指 ERP（enterprise resource planning）的一个 HR 模块，是运用现代电子通信技术执行人力资源管理工作，将人力资源管理工作电脑化、网络化，提升人力资源管理绩效，是一种基于网络的能够提供实时的、零距离的和交互式的人力资源服务或人力资源外包服务。随着近年来语音应答系统、网络培训系统、在线招聘系统、员工评估鉴定系统、薪酬福利系统、人力资源数据信息库、职业服务网站等的普及应用，加快了人力资源管理现代化、自动化、智能化的进程，大大提高了人力资源的管理效率。

四、人力资源数字化管理思维

在数字经济时代，管理者需要重塑人力资源数字化管理的理念和思维方式，使数字化战略与数字化业务增长相契合，为组织的数字化转型与变革提供有力的人才支撑。人力资源数字化管理主要包括以下几个方面：

一是构建数字化的人性与需求思维。在不久的将来，人才特征与人的需求都可以通过数字化得以精准表达、呈现与画像，人与组织、人与岗位、人与人的协同合作可实现个性化、精准化、敏捷化、动态化的匹配。

二是确立数字化的人才供应链思维。组织的人力资源管理应与组织的战略及其业务对接。由于战略和业务与数字化有关，人力资源管理的人才供应链也必须契合数字化战略和业务发展之需，建立战略、业务数字化与人才数字化的密切连接。

三是具备数字化能力发展思维。管理者要有数字化经营与管理意识，能描绘数字化人才能力发展地图，形成数字化知识体系与任职资格、数字化应用与工作技能、数字化沟通与协同能力、人才数字化信用价值与数字化伦理道德约束相一致的思维方式。

四是确立数字化领导力。在数字化时代，需要的是愿景与赋能型领导。在组织结构中，中层管理者会减少甚至基本消亡，员工在组织内部做什么、达到什么样的要求，不再靠领导指挥、命令、控制，而是靠数据，同时领导者的职能就是愿景牵引与赋能。

五是打造数字化的人力资源平台与基于大数据的人才决策体系。通过集成化数据平台，实现分布式精准人才配置；构建起基于大数据的人才决策机制与系统。

六是人才价值创造过程与成果以数字化衡量、数字化表达、数字化呈现。除少量创新性工作外，大量的工作将被数字化，人的价值创造过程及成果可以精确计算到每一流程节点、每一分钟；人才的协同合作价值可计分，可以虚拟货币交易。

七是数字化工作任务与数字化人才团队建设。消费者需求数字化形成工作任务数字化，工作任务数字化形成人才数字化需求与组合，进而形成数字化合作团队。于是工作任务管理成为人力资源管理的核心内容。

八是组织与人的关系数字化。其主要指实现人员与岗位间数字化动态匹配、人员之间沟通与协同的数字化、组织雇佣关系与合伙关系的数字化连接、半契约与非雇佣合作员工的工作任务数字化关联。

九是构建模块化、组合化、插件化的赋能型人力资源专业职能，随时依据工作任务和团队的灵活组合，提供能为员工赋能的专业化职责和服务。

本章小结

1. 人力资源概念有多种不同观点，通俗的角度来说，人力资源是指能够推动社会和经济发展的、具有智力和体力劳动能力的劳动者总和；专业的角度来说，人力资源是一个组织或个人所拥有的潜藏在人身上的、能够被开发和利用的体力和脑力的总和；包括知识、技能、经验、品行、态度以及身体健康等各种要素的有机结合。

2. 人力资源管理是指根据组织与个人发展的需要，运用现代管理方法，对人力资源的获取（选人）、开发（育人）、保持（留人）和利用（用人）等方面所进行的计划、组织、指挥、控制和协调的一系列活动，最终达到实现企业发展目标的管理行为与活动。

3. 人力资源管理职能，是指组织中用于提供和协调人力资源的任务与责任。主要职能有：人员配置、人力资源开发、薪酬和福利、安全与健康、劳动关系等。

4. 人力资源管理在实践过程中形成了九个基本原则：系统优化原则、同素异构原则、能级层序原则、互补增值原则、利益相容原则、激励强化原则、弹性冗余原则、动态适应原则、文化凝聚原则。

5. 人性假设理论是人力资源管理的基础理论与出发点，主要的人性假设通常有：经济人假设、社会人假设、自我实现人假设与复杂人假设。

6. 人力资源管理发展阶段不同学者有不同的划分，可简单地描述为 5 个阶段：科学管理阶段、人际关系管理阶段、系统管理阶段、人力资源管理阶段、战略人力资源管理阶段。

7. 人力资源的发展趋势主要表现为：职能扩展，员工客户化；重心转移至知识型员工管理；地位上升，向战略化转变；职能分化，非核心业务外包；手段创新，管理信息化、数字化等。

8. 数字化人力资源管理思维的要点：明确数字化的人性需求、确立数字化的人才供应链、具备数字化能力发展、确立数字化领导力、打造数字化的人力资源平台、数字化衡量人才价值与成果、建设数字化人才团队、实现组织与人的关系数字化、构建赋能型人力资源专业职能等。

复习思考题

1. 什么是人力资源？具有哪些主要特征？

2. 如何理解人力资源管理的战略地位变化？

3. 人力资源管理的基本原则如何指导实践？

4. 人力资源管理的核心是什么？

5. 调查一家企业，了解有哪些制度与人力资源管理有关。

6. 人力资源管理的主要趋势与经济大环境的关系如何？

7. 数字经济时代具有竞争力的 HR 应具备哪些素质？

8. 如何看待人力资源数字化管理？

【实战案例】

中国平安人力资源数字化转型：支持战略，赋能经营

"人力资源数字化转型是以管理为根本、以技术为驱动的。平安的智慧人事实践以科技赋能主管为全新定位，是管理模式的改变和创新。"平安智慧人事的王金德在 2021 年（第十七届）中国人力资源管理新年报告会的演讲中表示。

平安为什么做人力资源数字化转型？中国平安队伍复杂，体量大、层级多、分布广、更迭快；业务多元，横跨金融、科技、医疗、房产、汽车等领域；科技创新引发商业模式变化；国际形势、新冠肺炎疫情等因素带来不确定性。随着外部环境快速变化和组织转型升级，人力资源如何跟上业务发展的节奏，是平安人力资源管理面临的新挑战。

目前很多企业已经开始抛开部门概念，以项目的管理为核心建设团队，现在要探索的不是集团军的战斗力，而是单兵作战和小团队敏捷作战的实战能力。进入数字技术引领的工业 4.0 时代，传统的相对静态的管理模式已经无法适应高度动态变化的组织，人力资源要成为企业的战略性合作伙伴、真正支持企业经营，必须要转变思路。

怎么变？平安提出了人力资源工作的"三大转变"。

（1）服务对象，从"赋能 HR"向"赋能各层级组织的管理者"转变。

（2）核心目标，从"HR 日常管理"向"助力管理者带队打仗"转变。

（3）平台支持，从"HR 操作线上化"向"管理场景端到端打通"转变。

团队管理的主人公是各级主管而非 HR，人力资源的核心工作应该是为各级主管搭建团队管理的平台，辅助管理者智慧决策。"三大转变"直接带来了平安智慧人事转型的全新定位——科技赋能主管。未来人力资源管理是否能真正发挥价值，关键在于能否帮助各级管理者提升团队战斗力、执行力。

在全新定位的引领下，平安提出了智慧人事管理的"三维心法"——运营提速、执行提效、创新提质，并依托大数据、人工智能、云等新技术自主研发了平安智慧人事一体化平台 HRX，将心法落到实处，助力企业打造高效执行的创新型组织。"三维心法"从管理角度看，与现今国企对标一流和三项制度改革中人力资源转型的思路相通，人力资源要优化服务、提升效率，激发活力、支持战略。

2020 年春节后到 3 月底疫情期间，平安的人才招聘没有受到影响，总计进行了超过 10 万人次面试，有 1.8 万人入职。这是怎么实现的呢？"从发布招聘需求、简历筛选、视频面试、在线测评到合同签署等环节，部门主管通过一部手机就可以解决，平安实现了全线上智能化招聘。"

平安已通过智能"空中服务"实现了人力资源管理全场景去手工化，极大提升了运营

效率。在人事服务上赋能员工，证明办理、考勤请假等事务一键线上自助办理，打破时空局限，释放员工精力；在人才选聘上赋能主管，全流程线上化管理、多渠道对接人才、智能解析工具筛选，帮助主管自助实现又快又准的人才招聘；在人才培养上赋能业务，体系化课程贯穿员工全职业生涯，线上学练结合，满足多元业务需求。

有了"运营提速"的基础，组织才有能力讨论"执行提效"，人力资源在这个阶段要为各级管理者提供抓绩效、管团队的模式、方法和工具。

平安"执行提效"的关键就在于通过绩效管理、队伍管理和薪酬激励的工具智能化，帮助管理者以绩效为核心，打通目标、组织和人员，将战略目标"横到边"——横贯30余家子公司和4000多家分支机构，实现全国一盘棋；"纵到底"——纵贯各级、层层穿透至组织末梢，同时利用人岗画像匹配知事识人，薪酬激励挂钩绩效精准兑责，最终实现人业一体、上下一致、执行到位、赋能经营。

"创新提质"是更为高阶的智慧人事管理目标，从机制上创新人才引进，驱动全员学习，贯彻增量考核、结果导向的文化来激发组织可持续发展的创新能力。

从管理理念创新到智慧人事系统研发，为什么平安能高效实现数字技术和人力资源管理的融合，获得智慧人事的成功实践？平安提出了"四个建在"方法论：管理建在制度上，制度建在流程上，流程建在系统上，系统建在数据上。HRX绝非人力资源单点功能的整合，而是一套依托平安30余年成功管理经验，贯穿理念、制度、流程和数据的一体化系统，也是平安确保智慧人事转型取得实效的根本原因。

资料来源：根据2020年12月19日举办的2021（第17届）中国人力资源管理新年报告会暨新就业论坛上平安集团智慧人事王金德先生的主题演讲"智慧人事：支持战略，赋能经营"整理，https://www.sohu.com/a/440617122_120054577，局部改编。

思考分析：

1. 根据案例资料，你认为中国平安的智慧人事管理的理念与实践，有哪些值得借鉴之处？对人力资源数字化转型有什么启发？

2. 从人力资源管理者的角度谈谈如何应对数字化机遇与挑战，怎样创新突破以服务企业战略，针对不同性质和规模的企业应采取怎样的策略？

第一章 习题

第二章

人力资源规划

【学习目标】

- 理解人力资源规划的内涵；
- 熟悉人力资源规划的内容与步骤；
- 掌握人力资源需求预测的方法；
- 掌握人力资源供给预测的方法；
- 树立人力资源供求平衡的理念；
- 了解人力资源规划在管理中的作用。

【案例导入】

某公司的人力资源规划

某电器制造公司现有员工285人。其中行政管理和公关人员47人，生产与维修工人105人，销售人员74人，技术研发人员53人，财务人员6人。当前公司稳健发展，处于规模扩张阶段，员工总人数逐年增加。根据近三年的在册人数和当年员工流动情况看，员工的平均离职率为2.0%，不同工作性质人员的离职率有所不同。生产工人、财务人员最为稳定，三年来无一人主动离开公司，且每年都有新进人员；技术研发人员颇受同行青睐，常有猎头公司伸来"橄榄枝"，年均离职率在4%左右；行政管理者离职率2%，销售人员3.5%。今年年初成功推广上市的两款新产品，市场反响非常好，预计年内订单销售量可增加两倍，未来五年内的年增长率可在15%左右。为抢占市场先机，公司决定增建两条全自动生产线来扩大产能，为此拟增加销售人员10%~12%、技术研发人员6%~8%、行政管理3%、生产工人10%，财务人员不增也不减。

针对上述情况，公司要求人力资源部制定未来五年的人力资源规划，包括预测各类员工的供需情况、外部招聘的人数，以及新产品上市、生产规模扩大和销量增长对公司各类员工需求的影响。

企业处于瞬息万变的商业环境中，为了保证管理实践对商业需要的支持，必须根据环境变化及时制定相应的人力资源管理策略来应对，这就需要进行人力资源规划。人力资源规划是让组织可以识别未来人力资源的需求，并满足这些需求的实践。在数字技术飞速发展和广泛应用的新时代，为了提高组织的竞争优势和战略实施效果，人力资源规划必须能有效管理员工和职位等信息，提高人力资源管理效率，这势必需要数字化人力资源管理系统的支持。本章将阐述人力资源规划的含义和内容，详细介绍人力资源供给和需求预测的方法，并系统阐述新时代数字化人力资源管理系统以及如何顺应技术发展推进数字化、智慧化人力资源管理。

第一节　人力资源规划概述

一、人力资源规划的概念和作用

（一）人力资源规划的概念

人力资源规划（Human Resource Planning），又称人力资源计划，指组织根据自身的发展战略、目标及组织内外部环境的变化，运用科学的方法对组织未来的人力资源需求和供给进行预测，并制定相宜的政策和措施，使组织人力资源供求达到平衡，实现人力资源合理配置的过程。

人力资源规划包括三重含义：

（1）人力资源规划要适应环境的变化。无论是组织内部的结构或是组织外部的环境，都是不断变化的，因此组织对人力资源的需求和市场上人力资源的供给也是不断变化的，人力资源规划要对这些变化进行合理的预测，使组织的人力资源管理处于主动的地位。

（2）人力资源规划的对象是组织内外的人力资源。为了随时满足组织对人力资源的需求，人力资源规划要对人力资源的供求状况进行预测与分析，即包括对组织外人力资源的招募、甄选和培训，也包括对内部人力资源的培训、晋升降职以及发展等。

（3）人力资源规划是组织文化的体现。组织在实现目标的同时，要满足员工个人的利益。因此人力资源规划要给员工创造良好的环境，充分发挥组织中每个人的主动性、创造性和积极性，使员工能提高自己的工作效率，提升组织的效率和效益，使组织的目标得以实现。只有处于良好的企业文化环境之中，才能吸引和招聘到所需要的人才，实现组织长期利益的最大化。

（二）人力资源规划的作用

人力资源规划的目的是为了承接和满足组织的总体战略发展要求，促进人力资源管理工作顺畅开展，协调人力资源管理各模块的工作，提高组织人力资源管理效率，使组织目标和员工个人目标达成一致。具体来说，人力资源规划的主要作用如下：

（1）有利于组织战略目标和发展规划的制定和实现。组织在制定战略目标和发展规划以及选择方案时，首先要考虑的是组织所拥有的以及可以挖掘的各种资源，尤其是人力资源状况。科学的人力资源规划，有助于管理层全面深入地了解内部人力资源的配置情况，从而实现科学决策。也就是说，人力资源规划要以组织自身的发展战略为依据，同时，人力资源规划又有利于战略目标和发展规划的制定，并可以促进其顺利实现。

（2）有助于满足组织发展对人力资源的需求。人力资源规划为组织发展战略的实施提供了人力资源方面的支撑体系，组织内外环境的变化，必然会引起组织对人力资源需求的变化，从而造成组织人力资源供需之间的失衡，人力资源规划根据企业的发展战略、企业目标及人力资源现状，制定必要的人力资源政策和措施，从而保持人力资源供给与需求的动态平衡，以及人力资源的合理配置，增强组织的竞争实力。

（3）人力资源规划有助于调动员工的创造性和主动性。现代组织在实现组织目标的同时，非常关注组织内员工的个人利益，包括物质和精神利益，只有当组织所提供的机会或者福利待遇与员工所期望的需求大致相同时，员工的积极性才能被相应地调动起来，而只有进行合理的人力资源规划，员工对自己需求的可满足程度才明确。因此人力资源规划促使组织将自身发展和员工发展相匹配，以提高员工的满意度和归属感。

（4）人力资源规划可以有效控制人力资源的成本。人力资源成本中最大的支出是薪酬支出，而薪酬总额在很大程度上取决于组织中的人员分布状况，即处于不同职务、不同级别的人员数量。在组织成长、成熟过程中，人力资源的数量和质量都会相应提高，甚至可能会超过组织所能承受的范围。如果没有合理的人力资源规划，必然使组织在人力资源成本控制方面处于被动和盲目的困局。因此通过人力资源规划，把人力资源成本控制在合理的支付范围内，对组织来说非常重要。

（5）人力资源规划有利于组织的人力资源管理。人力资源规划是人力资源管理的基础工作，能够优化组织内部的人力资源组合结构，做到适人适位，让员工较大限度地发挥自己的才能与作用，提高员工工作效率。

二、人力资源规划的类型和内容

（一）人力资源规划的类型

根据时间跨度来分，人力资源规划可以分为长期规划、中期规划与短期规划。短期规划的时间跨度为一年或更短的时间；中期规划的时间跨度一般为一年以上、五年以内，主要是根据战略规划来制定人力资源的战术规划；长期规划的时间跨度一般在五年以上，主要是确立组织的人力资源管理战略。需要指出的是，人力资源规划时间跨度的划分，必须与组织总体的发展计划保持一致。

按照人力资源规划的层次，可以分为战略规划、战术规划以及管理计划。战略规划是研究组织的发展目标和各种内外环境因素的影响，预计组织未来对人力资源的总体需求，决定了组织未来的人力资源运动方向，并在相当长的时间内发挥指导作用；战术规划是对组织未来面临的人力资源供需形势做出详细的预测，描述如何实现战略规划的整体目标，从而确保组织人力资源的获取及有效运用；管理计划（行动方案）则是根据预测结果而制定的具体措施和实施步骤。

（二）人力资源规划的内容

根据人力资源规划所包含的人力资源活动的不同职能，可分为人力资源总体规划和具体的人力资源子计划。

人力资源总体规划是指关于组织在规划期内人力资源开发和利用的战略目标、政策的总体筹划安排，包括总体的战略目标、总的配套政策、总的筹划安排、总的实施步骤以及总预算等。

人力资源子计划是指总体规划的具体实施和人力资源管理具体业务的部署，包括：人力资源补充更新计划、人力资源使用和调整计划、人力资源发展计划、薪酬福利计划、培训计划、评估计划、员工关系计划、员工退休解聘计划等。每一项具体的人力资源子计划都有其特定的目标和任务，并与多项专门的人力资源政策相关。如，与人力资源补充更新计划相关的政策包括老员工的退休政策以及新员工的招聘政策；与人力资源使用和调整计划相关的政策包括岗位轮换制度、组织内部员工流动制度等（见表 2 – 1）。

表 2 – 1 人力资源子计划的主要内容

计划项目	计划目标	主要内容	相关政策、措施	预算内容
人力资源补充更新计划	优化人力资源结构（数量、质量）	需补充人员的岗位数量及要求、员工招聘	老员工的退休政策 新员工的招聘 工作分析	招募、选拔费用
人力资源使用和调整计划	提高使用效率、适人适岗	人员晋升、岗位轮换、岗位责任和资格	岗位轮换制度 内部员工流动制度 岗位责任制	职位变化引起的薪酬福利等支出变化
人力资源发展计划（职业计划）	选拔后备人才、规划员工职业生涯	骨干人员的使用和培养方案、员工职业生涯规划	岗位选拔制度 员工职业生涯计划	产生的各项费用
薪酬福利计划	形成有效的绩效薪酬管理	薪酬结构、工资总额、福利项目等	薪酬制度 福利计划	薪酬福利的变动额
培训计划	提高培训效率	拟定培训项目、确定培训对象、确定程序	各类人员培训制度	培训总投入、脱产人员工资及脱产损失
评估计划	增进绩效、增强凝聚力、改善企业文化	个人及部门的绩效标准、衡量方法、绩效与薪酬的对应关系	绩效评估计划 奖惩制度	增加工资、奖金等
员工关系计划	增进沟通，协调员工关系、提高满意度	各种减少和预防劳动争议、改进关系的措施：员工参与管理制度	员工沟通机制 员工参与管理制度	诉讼费用、可能的赔偿等
员工退休解聘计划	规范员工退休解聘工作	员工退休解聘的政策制度、离职人员情况等	员工退休政策 员工解聘制度	安置费

三、人力资源规划的影响因素

（一）人力资源规划的内部因素

1. 组织目标的变化

在激烈的市场竞争环境下，组织为了谋求生存和发展，需要随时根据自身情况和外部环境的变化来调整发展目标。组织发展目标的调整无疑会影响人力资源规划，它必须及时进行相应的调整，以适应组织目标变化的需要。例如吸引并留住核心人才的制度和方法等。

2. 员工素质的变化

随着科学技术水平以及人们受教育水平的提高，现代组织中的员工素质较以往有了重大的变化，知识型员工成为组织发展的主力军，传统的员工人事管理体制和管理方法已经远远落后于时代前进的步伐。因此人力资源规划必须考虑到这一点，进行适时相应的调整，以保证组织的人力资源管理活动能够适应员工素质的变化，促进组织生产效率的不断提高。

3. 组织形式的变化

传统的组织形式层次过多、人员复杂，不仅使组织的信息传递层层过滤，而且还会使组织的人际关系复杂，降低员工的工作效率。现代组织结构趋向扁平化，目的在于减少中间层次的信息与资源损耗，改善人际关系，进而提高员工的工作效率。因此人力资源规划也必须做出相应调整，支持组织结构或形式的变化，促进组织结构走向合理化和完善化。

4. 管理层理论的变化

组织管理者，尤其是高层管理者对人力资源管理所持的态度和观念，直接影响着他们对组织人力资源工作的支持程度，也直接影响组织人力资源规划的有效作用。如果高层管理者能够充分认识到人力资源管理工作的重要性，能够重视组织的人力资源规划工作，那么组织的人力资源规划就能很好地与发展战略相匹配，支持组织发展战略的实现。

（二）人力资源规划的外部因素

1. 劳动力市场的变化

劳动力供给或者需求的变化，都会影响组织的人力资源规划，不同的人力资源供求状况下，组织应该采取不同的人力资源规划。在目前专业技术人才和优秀管理人才短缺的情况下，人力资源规划就应该加强对员工招募、培训、薪酬激励等方面的计划，力争为组织招聘到或培养出合格的短缺人才，并激励他们长期为组织服务。

2. 政府相关政策的变化

在我国，政府相关政策的制定或修订，也会在不同程度上影响到企业的人力资源规划，例如户籍政策、人才流动政策、大学生就业政策的变化等，因此组织必须随时关注有关政策的变化，及时调整人力资源规划，并在政策允许的范围内实施人才战略。

3. 行业发展状况变化

不同阶段的行业发展状况都会对组织人力资源规划产生影响，对于所谓"朝阳行业"，例如高新技术产业，发展潜力巨大，人力资源规划应该着重于如何吸引、激励高新技术人才，保持长足发展；对于某些传统产业，发展前途有限，人力资源规划侧重于培养和引进组织新的经济增长点所需要的人才。

四、人力资源规划的程序

人力资源规划的制定具体包括五个步骤，如图 2-1 所示：

（1）分析人力资源规划的基础条件。主要由外部因素和内部因素组成：外部因素包括经济环境（宏观经济形势、人力资源市场的供求情况），社会环境（劳动者素质、择业倾向、工资水平），政治环境（政策、法律、法规），科技环境（教育水平、数字经济、人工智能、技术发展）。内部因素包括组织的发展重点、组织结构、生产规模，技术设备特点、工作环境、产品销售情况等。

（2）分析组织现有的人力资源状况。对照组织发展要求，对现有的人力资源整体存量情况进行分析，包括人力资源的数量、质量、配置结构等，在此基础上，充分挖掘现有的人

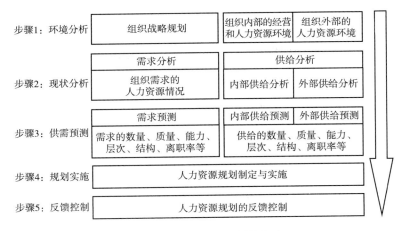

图 2 - 1　人力资源规划的程序

力资源的潜力，考虑通过人力资源的培训、内部流动等方式满足组织的人力资源需求，同时找出现有人力资源与组织发展要求之间的差距及其原因。

（3）对组织的人力资源供求状况进行预测。运用各种定性和定量的分析手段和方法，弄清组织对各类人力资源的需求状况，以及可以满足需求的内外部的人力资源供给情况。

（4）制定人力资源规划。根据以上三个步骤，制定总体规划和人力资源子计划，并确定计划的时间跨度，同时要注意计划各部分以及不同子计划之间的衔接和平衡。

（5）设置人力资源规划的反馈系统和控制系统，以保证人力资源规划的实施。当人力资源规划执行完毕时，应该及时评估有关规划的效果，找出不当之处并予以调整，从而保证人力资源规划的科学性与有效性。

【知识拓展 2 - 1】

人力资源规划的目标

人力资源规划是通过预测未来的组织任务和环境对组织的要求，以及为了完成这些任务与满足这些要求而设计的、提供人力资源的过程。人力资源规划通过收集与利用相关信息对人力资源活动中的资源使用状况进行管理。人力资源规划的制定就是为了确保组织目标的实现，其四大目标如图 2 - 2 所示。

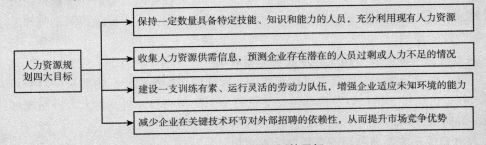

图 2 - 2　人力资源规划的目标

资料来源：赵纪诚，余佳，管布钧 . 人力资源管理实战指南［M］. 北京：人民邮电出版社，2020：8。

第二节 人力资源供需预测

一、人力资源预测的概念和特点

（一）人力资源预测的概念

人力资源预测是以人力资源现状为基础，在充分掌握相关资料的前提下，借助各种分析支持手段，对人力资源发展的未来状态作出估计、推测和判断。人力资源预测可分为人力资源需求预测和人力资源供给预测。人力资源需求预测是指组织为实现既定目标而对未来所需员工数量和种类的估算；人力资源供给预测是确定组织是否能够保证员工具有必要能力以及员工来自何处的过程。人力资源预测是在组织人力资源现状、人力资源内外部环境分析等基础上，综合人力资源供给和需求的各因素，对组织的人力资源供求做出判断、分析和预估。为此，在人力资源预测过程中需注意以下问题：

（1）人力资源管理在稳定员工上所发挥的作用；

（2）市场上人力资源的供求状况和发展趋势；

（3）本行业其他组织的人力资源政策；

（4）本行业其他组织的人力资源状况；

（5）本行业的发展趋势和人力资源需求趋势；

（6）本行业的发展趋势和人力资源供给趋势；

（7）本组织的人员流动率及其原因；

（8）员工的职业发展规划情况；

（9）员工的工作满意度情况。

（二）人力资源预测的特点

1. 人力资源预测是综合性的预测

人力资源的活动和发展与社会、经济、科技、人口、教育以及法制等一系列领域的发展密切相关，它们的任何变化都会影响到人力资源的供求，因此人力资源预测是包含上述各个方面的综合性的预测。

2. 人力资源预测必须与组织的发展目标相联系

人力资源预测是为组织的总体目标服务的，因此应根据组织目标的要求，对所需人力资源的供求数量、质量、结构以及流动情况等进行全面的预测和分析，为人力资源规划的制定和管理决策提供方案。

3. 人力资源预测要兼顾组织发展与个人发展

人力资源管理强调的是组织与个人的共同发展，因此在人力资源的预测和规划中，要注意在组织发展的背景下，兼顾员工个人的发展，在人力资源的预测阶段形成组织与员工协同发展的良好开端，力求从根本上调动员工的积极性，提高工作效率。

4. 人力资源预测应注重经济效益

人力资源管理的基本目标是提高工作效率，优化资源配置。因此在人力资源预测中，应当注意人力资源的成本和效益问题。对组织内的人力资源供求数量和结构、职位的设置以及人力资源开发的投入等应作出科学的预测，以控制人力资源成本并提高人力资源的效率。

二、人力资源需求预测的方法

作为一套有效的人力资源规划，必须要估计组织需要多少员工，需要什么样的员工，人力资源需求预测能够为这种估计提供参考。以下介绍几种常用的预测方法。

（一）经验预测法

经验预测法是人力资源预测中最简单的方法，就是用以往的经验来推测未来的人员需求，它适合于较稳定的小型企业。主要包括管理部门预测法和基层分析法两种。

管理部门预测法是组织内有关管理部门根据以往的经验和未来的发展情况，对人力资源进行预测。例如，管理者可以根据前期的任务完成情况，来预测未来某个时期内，增加相同的任务量将需要增加多少员工。不同的管理者的预测可能有偏差，但可以通过多人综合预测或查阅历史记录等方法提高预测的准确率。

基层分析法是由组织下属的各部门和基层单位，根据各自的生产任务状况、设备情况以及人员配置情况等，对本部门的人力资源需求进行初步预测。在此基础上，组织的职能部门（通常是人力资源部门）再对基层的预测数据和结果进行专门的分析和处理，最终形成组织对人力资源需求的总体预测。

要注意的是，经验预测法只适合于一定时期的组织的发展状况没有发生方向性变化的情况，对于新的职务或者工作的方式发生变化的职务并不适用。

（二）德尔菲法

德尔菲法也可称作集体预测方法，是由美国兰德公司在 1940 年由公司的"思想库"发展起来的。这种方法既可用于预测"渐变式"的发展过程，也可用于预测"跃变式"的变化过程，适用于中期和长期的预测。德尔菲法的具体实施步骤如下：

（1）组成专家小组。按照需要的知识范围来确定专家。专家人数一般不超过 20 人。

（2）向所有专家提出所要预测的问题及有关要求，并附上有关这个问题的所有背景材料，同时请专家提出还需要什么材料。然后，由专家做书面答复。

（3）各个专家根据所收到的材料，提出自己的预测意见，并说明自己是怎样利用这些材料并提出预测值的。

（4）将各位专家第一次判断意见汇总，列成图表，进行对比，再分发给各位专家，让专家比较自己同他人的不同意见，修改自己的意见和判断。

（5）将所有专家的修改意见收集、汇总，再次分发给各位专家，以便做第二次修改。逐轮收集意见并为专家反馈信息是德尔菲法的主要环节。收集意见和信息反馈一般要经过三四轮。在向专家进行反馈的时候，只给出各种意见，并不说明发表各种意见的专家姓名。这一过程重复进行，直到每一个专家不再改变自己的意见为止。

（6）对专家的意见进行综合处理。

德尔菲法的基本特点：一是专家参与，即吸收不同学科或同学科的专家共同参与预测，博采众长；二是匿名进行，参与预测的专家不见面也不知情，单独地做出自己的判断；三是多次反馈，即预测过程必须经过几轮反馈，使专家的意见互相补充、启发，并趋于一致；四是采用统计方法，即将每一轮反馈来的预测结果用统计方法加以处理，作出定量的判断。

（三）定员法

定员法适用于大型企业和历史久远的传统企业。由于企业的发展思路相对比较稳定，所以每个职务和人员编制也相对确定。这类企业的人力资源预测可以根据企业人力资源现状来推算未来的人力资源状况。在实际应用中，有设备定员法、劳动效率定员法、岗位定员法和比例定员法等方式。

（1）设备定员法是指根据工作量确定机器设备的数量，再根据设备数量、设备利用率、开动班次以及工人看管定额和出勤率来确定定员人数的方法。

（2）劳动效率定员法是根据生产任务和工人的劳动效率以及出勤率、公休日等因素来计算定员人数的方法；其实质是根据工作量和劳动定额来计算定员人数。适用于实行劳动定额的人员，特别是以手工操作为主的岗位。劳动定额的基本形式有产量定额和时间定额两种。

如果采用产量定额，其定员人数的计算公式为：

定员人数 = 计划期生产任务总量 ÷（员工劳动效率 × 出勤率）

如果采用时间定额，定员人数的计算公式为：

定员人数 = 生产任务 × 时间定额 ÷（工作时间 × 出勤率）

（3）岗位定员法是根据岗位数量和岗位工作量计算定员人数的方法，是依据总工作量和个人劳动效率计算定员人数的一种表现形式。用岗位定员法确定定员人数所依据的工作量不是生产任务总量或其转化形式，而是各岗位所必需的生产工作时间总量；工人劳动效率也不是按照劳动定额计算，而是按照一个员工在工作日内应有的工作负荷量计算。

（4）比例定员法是指以某一同岗位工作任务量相关的代表性标志物为对象，用该代表物的数量同定员人数的比例关系来体现定员标准的方法。比例定员法的特点是定员人数随职工总数或某一类人员总数成比例地增减变化。因此，应用此种方法时，首先必须确定所要定员的这类人员同职工总数或另一类人员总数之间是否切实具有客观的比例关系。如，食堂工作人员的比例定员标准根据就餐人数多少和开放次数多少而定。

【例2-1】已知大地公司计划生产的产品任务总量为100万件，单位产品的时间定额为0.8小时（或时间定额），工人平均生产效率每天为10件（或劳动产量定额），工人的年均出勤率为90%。请分别用产量定额和时间定额两种形式计算该公司工人的定员人数（一年按365天、52周、实行双休、法定节假日11天、每天工作8小时计算）。

解：（1）产量定额时定员人数 = $(1 \times 10^{6}) \div [10 \times (365 - 2 \times 52 - 11) \times 90\%] \approx 444$（人）

（2）时间定额时定员人数 = $(1 \times 10^{6}) \times 0.8 \div [8 \times (365 - 2 \times 52 - 11) \times 90\%] \approx 444$（人）

（四）数学模型法

数学模型法是通过数学建模对人力资源供需的未来趋势进行预测。如，通过分析企业自身和同行企业的相关历史数据，建立数学模型，继而根据模型确定销售额增长率和人员数量增长率之间的关系，进而通过企业未来的预期销售增长率来预测企业人员数量增长。模型法适合于大、中型企业的中长期人力资源预测，常用的数学模型法有：趋势分析、比率分析和回归分析。

1. 趋势分析

趋势分析是指在某个要素的发展趋势的基础上对未来的人力资源需求加以预测。计算公式为：

$$NHR = a \times [1 + (b\% - c\%) \times T]$$

其中，NHR 是期末人力资源需求量，a 是目前已有的人力资源量，$b\%$ 是平均每年发展的百分比，$c\%$ 是企业允许的计划人力资源发展与企业实际发展的百分比差异，T 为年限。

【例 2 - 2】某企业目前有 200 人，计划每年以 15% 的速度发展，计划与实际发展的差异控制在 10%，三年后该企业需要多少人？

解：已知 $a = 200$，$b\% = 15\%$，$c\% = 10\%$，$T = 3$

三年后员工需求量为：$NHR = 200 \times [1 + (15\% - 10\%) \times 3] = 230$（人）

故，根据趋势分析预测三年后该企业需要 230 人。

2. 比率分析

比率分析就是通过计算某个因素和所需要的员工数量之间的精确比率来确定未来人力资源需求的方法。比如，根据师生比（学生/教师的比率）测算大学对专业教师的需求量。

【例 2 - 3】2021 年某企业有员工 150 人，销售额 4500 万元；预计 2023 年企业的年销售额将达到 6300 万元，届时需要多少员工？

答：根据 2021 年的相关数据可知：

企业人均年销售额 = 4500 ÷ 150 = 30（万元/人）

故，2023 年企业所需的员工数 = 6300 ÷ 30 = 210（人）

3. 回归分析

回归分析包括一元线性回归模型、多元线性回归模型和非线性回归模型。与前两种方法相比，回归方法更具有统计的精确性。

【例 2 - 4】某企业生产工人与产量的相关数据如表 2 - 2 所示，如果来年要实现产量 1200 吨，那么预计需要多少员工？（用回归分析法预测）

表 2 - 2　　　　　　　　　　　　　产量与员工数

产量（吨）	员工（人）	产量（吨）	员工（人）
200	24	600	62
300	26	700	60
400	47	800	82
500	50	900	86

解：运用线性回归法分析工人数量与产量的关系，原始数据的拟合曲线如图 2 - 3 所示。可知，工人数量与产量的函数关系为：

$$y = 0.0911x + 4.5357$$

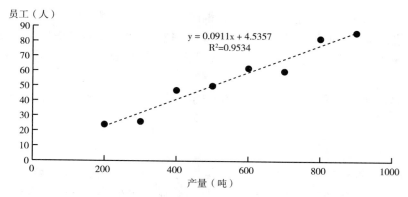

图 2 – 3　产量与员工数量的回归分析结果

故，为了实现来年 1200 吨的产量，需要员工数量为：

$$y = 0.0911 \times 1200 + 4.5357 = 114(人)$$

【知识拓展 2 – 2】

"六定"概念：定责、定岗、定编、定额、定员、定薪

◆ 定责

定责是指在明确组织目标，对组织目标进行设定、分解，并进行系统的岗位分析的基础上，对部门职能和岗位职责进行分解和设计，达到各部门与各岗位职责明晰、高效分工与协作，最终制定出部门职责说明书、岗位职责说明书的过程。

◆ 定岗

合理、顺畅、高效的组织结构是企业快速有序运行的基础，其中岗位是企业组织结构中最基本的功能单位。定岗就是在生产组织合理设计以及劳动组织科学化的基础上，从空间和时间上科学地界定各个工作岗位的分工与协作关系，并明确规定各岗位的职责范围、人员的素质要求、工作程序和任务总量。因事设岗是岗位设置的基本原则。

◆ 定编

定编就是在定责、定岗的基础上，对各种职能部门和业务机构的合理布局和设置的过程。定编为企业制订生产经营计划和人事调配提供了依据，有利于企业不断优化组织结构，提高劳动效率。

广义的定编指国家机关、企事业单位、社会团体及其他工作单位中，各类组织机构的设置以及人员数量定额、结构和职务的配置。编制包括机构编制和人员编制两部分，对工作组织中各类岗位的数量、职务的分配，以及人员的数量及其结构所作的统一规定的人员编制。

◆ 定额

定额是在规范的劳动组织和合理使用材料、机械、设备的条件下，预先规定完成单位合格产品所消耗的资源数量的标准，反映一定时期的社会生产力水平的高低。在企业中实行劳动定额的人员约占全体员工的 40% ~ 50% 左右，企业以工时定额等数据为依据，核定出有定额人员的定员人数。

◆ 定员

定员是在一定生产技术组织的条件下，为保证企业生产经营活动正常进行，按照工作任务所需的一定素质要求，对企业配备各类人员所预先规定的限额。

企业劳动定员的范围，通常以企业劳动组织常年性生产、工作岗位为对象，具体既包括从事各类活动的一般员工，也包括各类初、中级经营管理人员、专业技术人员，乃至高层领导者。定员范围与用工形式无关，其员工人数根据企业生产经营活动特点和实际的可能确定。

◆ 定薪

企业薪酬体系对企业的发展起着举足轻重的作用。薪酬是每个员工都关注的问题，也是影响员工满意度的关键因素之一。定薪是指在岗位评价基础上，运用各种方法或模式构建由外在薪酬和内在薪酬构成的薪酬体系。

资料来源：孙兆刚，王连海．人力资源管理与实务［M］．北京：化学工业出版社，2021：5-9。

三、人力资源供给预测的方法

人力资源供给预测是确定组织是否能够保证员工具有必要的能力以及员工来自何处的过程，可以帮助组织确定所需员工是从内部还是外部获得。

组织内部的人力资源供给预测一般有两个步骤。第一步，把职位按头衔、职能和责任等级进行分组。例如，人力资源管理类可能包括的工作头衔为人力资源助理、人力资源经理和人力资源总监之类的职位，秘书类则包括秘书职员、主管秘书、高级秘书和行政助理。第二步，估计在计划期内每个职位类别里，将留在原职位的人数、企业内部职位流动的人数以及离开企业的人数等，这部分预测将以过去的流动率趋势为基础，同时考虑其他相关因素，如合并、购买、部门削减、裁员等。组织内部人力资源供给预测的常见方法如下。

（一）技能清单法

技能清单是一种用来反映员工工作记录和能力特征的列表，这些特征包括培训背景、以前的经历、持有的证书、通过的考试、主管的评价等，如表2-3所示。技能清单是对员工实际能力的记录，可以帮助人力资源规划人员估计现有员工调换工作岗位可能性的大小，以及确定哪些员工可以补充到当前空缺的岗位等。技能清单其实是一种"员工储备与开发记录卡"，它的用途包括晋升人员的确定、管理人员的接替计划、工作调配、培训、薪酬与奖励计划等。

（二）管理人员接替图

管理人员接替图是对现有管理人员的状况进行调查评估后，列出未来可能的管理人选。这种方法用于记录各个管理人员的工作绩效、晋升的可能性和所需要的训练等内容，由此来决定有哪些人员可以补充企业的重要职位空缺。一般有以下步骤：

表 2 - 3 技能清单示例

姓名：		职位：		部门	
出生年月：		婚姻状况：		到职日期：	
教育背景	类别	学校		毕业日期	主修科目
	大学				
	研究生				
技能	技能种类			所获证书	
训练背景	训练主题		训练机构		训练时间
志向	是否愿意从事其他类型的工作？			是	否
	是否愿意到其他部门工作？			是	否
	是否愿意接受工作轮换以丰富工作经验？			是	否
	你最喜欢从事哪种工作？				
你认为自己需要接受何种训练	改善目前技能和绩效的训练				
	晋升所需的经验和技能训练				
你认为自己可以接受何种工作					

（1）确定人力资源规划所涉及的工作职能范围；

（2）确定每一个关键职位上的接替人选；

（3）评价接替人选的工作情况和是否达到晋升要求；

（4）了解接替人选本人的职业发展需要，并引导其将个人的职业目标与组织目标结合起来。

原理与计算方法如图 2 - 4 所示。

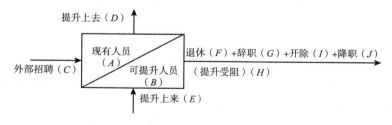

图 2 - 4 管理人员接替示意

其中，A1 为某职位内部人员供给量；$A1 = A + C + E - D - F - G - I - J$；$B = D + H$。

【例 2 - 5】 观察图 2 - 5，指出可提升人员、提升受阻人员有多少，并计算期末本职位内部人员人数。

解： 可提升人员：$B = 9$（人）

提升受阻人员：$H = 5$（人）

期末本职位内部人员人数：$A1 = 19 + 4 + 3 - 4 - (3 + 2) = 17$（人）

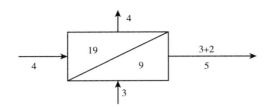

图 2 - 5　人员提升和受阻情况

（三）马尔可夫法

马尔可夫法又称转换矩阵方法，它通过使用统计技术来预测未来的人力资源变化。此方法描述组织中员工流入、流出和内部流动的整体形式。

马尔可夫法的基本假设是：组织内部的员工流动模式与流动比率会在未来大致重复，即在一定的时间段中，从某一状态（类）转移到另一状态（类）的人数比例与以前的比例相同，这个比例称之为转移率，以该时间段的起始时刻状态的总人数的百分比来表示。

$$某类人员的转移率 = \frac{转移出本类人员的数量}{本类人员原有总量}$$

马尔可夫法的步骤是：先计算组织员工的转移率，然后将此概率乘以期初人数就得到了预测数（净供给量），最后纵向相加，便可以得出未来组织内部不同岗位人员的供给量。

【例 2 - 6】某公司业务部人员的现有人员分布情况和年均变动概率如表 2 - 4 所示，用马尔可夫分析法预测下一年度公司人员的供给情况，并计算出各种人员的变动数和需补充的人数。

表 2 - 4　　　　　　　　某公司业务部人员的现有人数和年均变动率

职务	现有人数	人员转移矩阵			
		经理	科长	业务员	离职率
经理	10	0.8	0.0	0.0	0.2
科长	20	0.1	0.8	0.05	0.05
业务员	80	0.0	0.05	0.8	0.15

解：在预测时，首先要确定各职位的人员转移率。根据表 2 - 4 可知该公司人员的转移率（即年均各职位变动概率）及转移矩阵。

表 2 - 4 的人员转移矩阵中，每个数字表示在一定时期内（通常为 1 年）两种职位之间转移的员工数量。例如，科长有 95% 留在该公司，其中 10% 的人晋升到经理职位、5% 的人调整为业务员、80% 的人留在原岗位。于是根据经理、科长、业务员的原始人数和转移率，就可以预测出下一年度的人力资源供给情况（见表 2 - 5）：经理、科长、业务员的供给分别为 10 人、20 人和 65 人。

表 2 – 5　　　　　　　　　　　　第二年公司业务部人员的分布情况

职务	期初人数	人员转移情况（人）			
		经理	科长	业务员	离职
经理	10	8	0	0	2
科长	20	2	16	1	1
业务员	80	0	4	64	12
供给预测		10	20	65	（15）
需求预测		0	0	15	

可见，经理和科长的数量没有发生变化，尽管发生了人员调整，如经理离职 2 个、由科长晋升上来 2 个。如果该公司下一年度的岗位定员人数不变的话，那么经理和科长的人员供需持平。而业务员则缺 15 人（ = 80 – 65），在下一年度需进行补充。

使用马尔可夫法进行人力资源供给预测的关键是要确定人员转移率，而在实际预测中，由于受到各种因素的影响，人员转移率很难准确确定，通常是大致估计，这会影响预测结果的准确性。

以上讨论的是组织内部人力资源供给的预测，而组织外部人力资源供应的预测，主要是预测未来几年外部劳动力市场的供给情况，不仅要调查组织所在区域的人力资源供给情况，还要调查同行业或者同地区其他组织的人力资源需求情况。一般可以通过文献查阅、直接调查或者对应聘人员进行分析等渠道获得相关信息。在对组织外部人力资源供给进行预测时，需考虑以下因素：

（1）组织所在地区人口总量与人力资源率。当地人口数量越大，人力资源率越高，则人力资源供给就越充裕。

（2）所在地区人力资源的总体构成。包括年龄、性别、教育、技能、经验水平等，这些决定了可提供的人力资源的数量和质量。

（3）所在地区的经济发展水平。它决定了对外地人力资源的吸引力，当地经济水平越发达则对外地劳动力的吸引力就会越大，则组织外部的人力资源供给也就越充分。

（4）所在地区的教育情况，包括教育机构情况，政府或组织对培训和再教育的投入情况等，它直接影响了人力资源供给的质量。

（5）组织所在地区的地理位置。这也会影响对外地人力资源的吸引力。

（6）同行业对人力资源的需求也会影响组织的人力资源供给情况。包括本地区同一行业劳动力的平均工资水平，与外地相比较的工资水平，同行业发展战略等。

此外，还需考虑的因素有：全国人力资源的增长趋势；全国对各类人员的需求与供给情况（如失业率、应届毕业生人数等）；国家整体教育情况；劳动法规；以及世界经济状况；等等。

【知识拓展 2 – 3】

人力资源盘点

人力资源盘点是对现有的人力资源数量、质量、结构等方面，从静态和动态层面进行的统计、分析和汇总。通过盘点，组织能理清整个年度的人力资源管理工作的现状，为人力资源规划提供参考依据。

对组织内部人力资源进行盘点，主要内容包括三方面（见表2-6）。

表2-6　　　　　　　　　　　　　人力资源盘点内容

内容	人力资源盘点的内容说明
人力资源 基本情况分析	人力资源结构分析（在职员工数量、学历分布、年龄分布、职位结构等）
	人力资源动态数据分析（新入职员工数量、离职员工数量、晋升员工数量等）
人力资源能力分析	对现有人力资源能力进行数据统计分析、骨干员工能力盘点等
外部环境分析	人力资源政策、行业和地区人才供给状况、人力资源对标分析等

人力资源盘点的常用方法有：资料查询法、问卷调查法、访谈法、绩效考核法、素质测评法等。各种方法应用的侧重点有所不同。

- 资料查询法：用于了解人力资源的基本信息。
- 问卷调查法：用于了解人力资源的基本信息和人力资源管理的现状。
- 访谈法：用于深入了解组织的人力资源管理现状和员工的能力状况。
- 绩效考核法：用于评估员工的能力状况。
- 素质测评法：关注员工相对稳定的个性和能力特征。

在收集和整理上述人力资源相关资料的基础上，人力资源部对相关数据进行统计分析，并形成人力资源盘点报告，作为人力资源供给和需求预测的基础。人力资源盘点报告一般包括六个方面，常见的框架如下：

1. 盘点目的
2. 盘点内容
3. 盘点情况说明
4. 盘点结果说明
   4.1 人员基本状况分析与说明
   4.2 内部人员流动分析与说明
   4.3 人才梯队建设分析与说明
   4.4 工作饱和度分析与说明
   4.5 人力资源管理制度分析与说明
5. 建议与对策
6. 必要的附表

资料来源：孙兆刚，王连海．人力资源管理与实务［M］．北京：化学工业出版社，2021：13。

四、人力资源供需的平衡

在实际经济活动中，人力资源供给与需求经常反映出不平衡的状态：一是总量上的人力资源过剩；二是总量上的人力资源短缺；三是人力资源供求结构失衡，即组织中的某类人员供不应求，而另一类人员供过于求。人力资源规划，就是要对人力资源的失衡进行调解，使之尽可能趋于平衡。

（一）人力资源总量过剩的解决途径

当人力资源总量过剩，即员工过剩时，可以采取的措施包括：裁员、提早退休、创造额外工作机会、降职以及终止合同等。

1. 裁员

裁员是企业应对内部人力资源过剩常用的方法，短期可能会起到迅速解决员工过剩现象的作用。但是从企业的长期发展看，裁员会带来许多不利影响，企业内部的士气可能因此受到打击。事实上，企业内部的人力资源过剩现象在很多时候并不是由那些被认为"过剩"的员工所造成的，原材料短缺、产品市场销路不好，以及经济危机等都有可能使企业拥有过多的员工。同时裁员对企业而言，是一种人才资源的浪费，因为损失了已经培养过的人才，无论对企业现有员工还是对被解雇的员工都是很大的打击。

2. 提前退休

企业通过制定某些优惠政策，鼓励那些即将达到退休年龄的员工提前退休，这也是解决员工过剩的一个常用途径，我国在 20 世纪国有企业改制过程中曾经大范围的使用这种方法。它实际上是一种变相的裁员，与直接裁员相比，它对企业带来的"震动"会小一些。但是如果提前退休的方案设计得不好，可能会产生许多意想不到的弊端。首先，那些接近退休年龄的员工往往具有丰富的工作经验，这类员工的提前退休意味着经验和传统可能无法继承；其次，接近退休年龄并不意味着健康会比较差，相反，随着现代人生活水平的提高，50 岁左右年龄的员工由于其丰富的工作经验，可能更不容易有工伤；最后，大量提前退休可能会导致熟练工人的不足，从而不利于组织在市场上的竞争力。

3. 创造额外工作机会

除了前面这两种传统的解决途径（裁员、提早退休）之外，现在越来越多的企业更倾向于通过创造额外的工作机会来解决企业内部的人力资源过剩问题。它包括两方面的内容，一是企业开拓新的发展生长点来调整人力资源供给配置，例如，企业可以通过扩大经营规模、开发新产品、转变经营模式、实行多种经营等增加人力资源需求的方式来吸收过剩的人力资源供给；二是企业加强培训工作，使员工掌握多种技能，不仅可以增强员工择业能力，也可为企业将来的发展储备人力资源。

此外，还可以通过压缩工作时间、冻结雇佣、终止合同等方式来减少人力资源的供给。

（二）人力资源总量短缺的解决途径

对于总量上的人力资源短缺，必须增加人力资源的供给。如果短缺情况不严重，而且现有员工愿意加班加点，那么企业可以通过加班或者工作重新分配等方法来解决企业的人力资源短缺问题。但是如果短缺的现象比较严重，或者短缺的是某些特殊技术的员工，那么可以通过人才引进、外部招聘等办法，满足人力资源的需求。

（三）人力资源结构失衡的解决途径

对于结构性的人力资源供求失衡，组织需要对现有的人力资源进行结构性调整，包括提升、平调、培训等，通过这些方法将一部分人从某些供过于求的岗位转移到另外一些供不应求的岗位，再辅以招聘和辞退，以保证人力资源结构的平衡。

实际上，组织面临的人力资源供求问题不一定是单一某种情况，不同部门、不同层次的不同情况往往会同时出现，因此在制定人力资源规划时，应该具体情况具体分析，使人力资源在数量、质量、结构等方面达到协调与平衡。

第三节　数字化人力资源管理系统

在新时代，随着互联网、大数据、云计算、人工智能等新一代信息技术的快速发展，企业通过人力资源管理系统的数字化应用进行管理创新，提高工作效率的同时，提升了员工满意度。人力资源管理系统日益成熟，更加标准化、自动化和智能化。据 Gartner 市场报告显示，基于云的人力资源解决方案占所有人力资源规划工具的 50% 甚至更多。通过云计算技术实现人力资源管理流程的自动化越来越受到企业的欢迎。

一、数字化人力资源管理系统的结构

数字化人力资源管理系统是企业资源计划（Enterprise Resource Planning，ERP）在人力资源管理中的应用，是以数字化的思维、系统化的管理为管理层提供人才决策手段，为员工管理提供人力资源解决方案的管理平台。

数字化人力资源管理系统主要由四部分组成（见图 2-6）：一是数据仓库，用于存储关于组织架构、职位分布、员工职位及其个人信息等数据；二是人力资源管理系统平台，用于设置各种人力资源管理的功能和权限、流程控制等；三是人力资源服务平台，通过各种平台之间的交互处理，提供从员工到主管再到人力资源部的自助服务，以及包括员工入职、调转和离职的整个雇佣过程的服务；四是人力资源数据统计分析平台，主要根据企业需求用于各种数据的整合、统计、分析和报表处理，为企业决策提供数据支持。

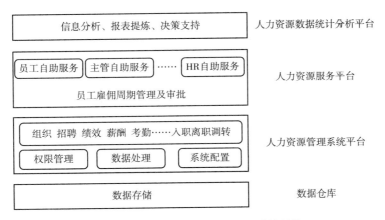

图 2-6　数字化人力资源管理系统的结构

数字化人力资源管理系统可以分解成不同的应用模块，其中系统结构、数据处理规则、系统配置、权限设置等部分，是保证系统平台顺利运行的基础。人力资源管理的系统结构是保障系统正常运行的重要部分，其设计合理与否是系统功能和实用性的决定因素。数字化人力资源管理系统结构中最重要的组成部分是：人员结构、组织结构和企业结构。

1. 人员结构

人员结构是为记录员工各方面数据而设计的，包括员工个人信息和聘用信息。个人信息包括员工个人基本信息（如姓名、身份证号码、性别、国籍）、家庭情况信息（如家庭成员构成）、家庭住址及联系方式、（如通信地址、住址、手机）。聘用信息是连接员工和企业的纽带，包括员工工号、职位头衔、组织代码、成本中心代码等。通过划分员工类型可以对员工进行精细管理，如正式或外派员工、薪酬支付类型等。

2. 组织结构

组织结构反映企业的职位设置和业务单元规划。企业由不同的部门组成，每个部门都是一个组织单位，每个员工在组织单位中都有一个职位，每个职位在系统中都有具体的职位描述，以此来定义具体工作内容，亦可作为招聘时的依据。多个部门和职位组成了组织结构。

3. 企业结构

企业根据经营范围、地域的不同可以包括若干下辖分公司，分公司还可能下设工厂等，这种结构不仅需要对不同子公司进行单独管理，而且需要总部进行有效的全局管理。企业结构可通过公司代码来识别，所有员工都可以根据业务部门的类别归属在不同的企业结构下。

人力资源管理系统运行时所依据的准则是数据处理规则。例如，新员工入职时，需根据相关法律法规，按照不同的合同年限设置不同的试用期。人力资源管理系统会按照设定的规则调用相关数据和配置表进行计算，根据每个新员工的合同类型、合同年限以及是否是初次与企业签订合同等条件计算试用期的期限。

概言之，数字化人力资源管理系统旨在通过先进的技术最大限度地提高人才投资带来的价值，进而实现企业绩效的提升。

二、数字化人力资源管理系统的模块功能

基于云计算技术的数字化人力资源管理系统可以集成各种人力资源管理模块，对接不同部门的应用系统，从而实现跨部门数据共享，为驱动组织变革和战略调整提供重要支持。具体来说，数字化人力资源管理系统的功能模块主要有员工信息管理、薪酬福利管理、招聘管理、学习与发展管理、绩效管理、休假与加班管理，以及员工自助服务平台等。

（一）员工信息管理

数字化人力资源管理系统中的不同模块均以员工个人信息、组织架构以及职位信息为基础来支持人力资源管理活动。员工信息存储与雇佣关系管理是人力资源管理系统最重要的组成部分之一，承担着完成员工从入职到职位转换，再到离职或退休等整个职业生命周期的管理任务。新时代员工信息采集及员工雇佣周期管理倾向于员工自助服务，让员工和主管直接参与到数字化人力资源管理系统中，共同完成全部服务流程。

员工信息的准确性不仅直接影响员工工资发放以及福利、社保等数据采集，还影响组织

对员工数据的分析，直接影响组织战略发展趋势分析的准确性。为了确保员工信息的准确性，人力资源部需定期组织相关培训以帮助员工了解信息的用途、保持信息的准确性，同时进行信息核查。主管不仅担任着推动业务发展的任务，还承担着助力组织内部员工成长和职业发展的职责。数字化人力资源管理系统中的自助服务平台可以帮助主管实现灵活的内部人员配置，快速完成组织调整以适应业务模式的转变。

（二）薪酬福利管理

薪酬福利管理是人力资源管理的基本职责和管理范畴，早期人力资源部引入 ERP 时的应用领域主要就是薪酬管理。薪酬福利管理模块通过系统收集员工的各项薪酬福利、出勤加班、奖金补助以及扣除额等数据，按照系统中预设的标准计算，生成员工工资单和税务报表，实现自动化支付过程。通过接口与财务管理系统集成，完成财务结算；通过系统提供的自助服务功能，员工可查询工资收入，这节约了大量的人力和办公成本。

（三）招聘管理

招聘系统能够提供从候选人筛选、应聘者信息收集到新员工入职的整个流程的支持。例如，提供标准化的职位介绍与编辑工具，方便快捷地指导招聘人员撰写和编辑职位；招聘专员参考系统提供的职位字典可以快速完成类似职位的定制。人力资源管理系统的这些功能不仅精简了工作量、提高了工作效率，还有助于组织有效管理招聘信息。

通过互联网和云计算技术，直接将职位信息推送至各主流招聘门户网站、微信招聘平台、各类校园职业信息社区，并对这些信息进行更新、发布、暂停、删除等实时管理。自动收取求职者投递的简历，按系统设置的关键字收集、筛选简历，经分拣后加入人才库；然后根据招聘需求和候选人信息进行统计，生成招聘数据分析报告，确定符合条件的候选人。同时还可以清楚地了解外部市场人才的供需情况。此外，视频技术、互联网和网络会议软件等在招聘中的应用也使面试更加灵活、便捷，克服了时间和地域上的限制，使人才招聘过程更加顺畅、高效。

（四）学习与发展管理

良好的学习与发展计划是吸引和留住员工的有效手段。数字化和网络发展给员工培训与发展带来了可能性和便利性，员工自主学习、在线学习和自我管理的模式逐渐取代了传统的面授培训模式。员工可以利用移动设备，在工作间隙进行学习，通过组织提供的网络环境自主选择对职业发展有益的课程；员工还可以通过内部学习平台、微信学习群、企业公众号、智能机器人协助等方式进行课程学习，并与有共同学习需求的同事进行交流分享，互相督促，以提高学习的效率。组织可以随时推送文化理念和组织目标等相关的微培训课程，使员工在组织发展目标和核心价值观方面保持一致。此外，培训系统提供的历史记录查询、报表功能可以协助组织内部培训支持团队对员工的培训、制订培训计划，从而有效地按照组织发展目标和员工发展需求来设置与安排培训内容。

（五）绩效管理

绩效管理系统通过标准的沟通模板和问题设置工具可以帮助员工完成个人工作、设定发展目标，还可为员工和主管之间创建有效的沟通渠道。员工在绩效管理系统中设定工作目标并提交，主管收到员工的目标计划，审核并将建议或改进意见反馈给员工，双方充分讨论后达成一致。员工通过系统收集同事、主管或下级对自己工作目标完成情况的反馈意见，了解自己的强项、存在的不足与发展需求，进而取得更好的工作绩效，产生更大的个人影响力。

根据多方的绩效反馈、员工的自我评估和主管的意见，人力资源经理可以通过系统生成"员工职业发展分析报表"，并根据分析结果帮助员工了解自己的职业发展方向，制订可行的培训计划和发展计划。

（六）休息休假及加班管理

人力资源管理系统对员工进行工时考勤，可以汇集工时管理及休假申请等相关管理功能。由于其前端连接员工与主管的自助服务平台，相关数据的采集工作皆通过自助模式完成。

基于数据存储和管理的系统模块在数据收集、劳动力分配和数据分析等方面使管理更加灵活可靠。可以根据内部考勤制度的要求进行系统设置，完成休假及考勤管理，并通过数据报表使人力资源部掌握员工出勤休假情况，为薪酬计算提供相应数据，提高工作效率。人力资源部通过相关的数据分析清楚地了解全体员工的休假加班情况，确定员工休息休假和加班的发展趋势，评估休假及考勤管理政策的合理性，并据此调整相关政策和管理流程规范员工休息休假和加班等行为。

（七）员工自助服务平台

员工自助服务平台可为组织和员工提供双赢的解决方案，不仅能够为员工提供标准化的服务使各种问题得到快速响应和解决，而且能通过系统提供的各种分析工具发现工作中存在的问题，不断改进和优化人力资源服务流程，提高人力资源服务的质量和效率。员工自助服务平台主要包括员工热线电话、网络即时应答、邮件回复以及客户关系管理（customer relationship management）系统等方式。

员工自助服务平台的设计以员工服务为中心，通过系统处理员工的咨询，为员工解答和解决问题，提高员工的体验和满意度。员工自助服务平台可以通过科学的系统管理缩短响应时间，为员工提供个性化的咨询服务，快速满足员工的需求。

员工自助服务平台通过数据处理方式，对员工需求进行统计分析生成相关报告，以了解具有代表性和员工普遍关心的人力资源相关问题，并组织内部不同领域的专家对问题进行研究与解答，提供标准答案或解决方案，形成员工问题的标准知识库，保证了不同人力资源服务人员对同一问题解答的准确性和一致性，有利于改善员工的服务体验；员工自助服务平台通过内部监控分析关键绩效指标的达成情况来管理团队的绩效，提高了改进人力资源服务的可能性。

本章小结

1. 人力资源规划的含义和主要内容。人力资源规划是企业根据自身的发展战略、企业目标及企业内外环境的变化，预测未来企业任务和环境对企业的要求，为完成这些任务和满足这些要求而对所需人力资源进行供求预测、制定系统的政策和措施，以满足自身人力资源需求的活动，它包括人力资源总体规划和人力资源子计划。人力资源总体规划是关于组织在规划期内人力资源开发和利用的战略目标、政策的总体筹划安排，人力资源子计划是总体规划的具体实施和人力资源管理具体业务的部署，具体包括：人力资源补充更新计划、人力资源使用和调整计划、人力资源发展计划、薪酬福利计划、培训计划、评估计划、员工关系计划、员工退休解聘计划等等。

2. 人力资源规划在人力资源管理系统中的作用。人力资源规划不仅有利于组织战略目标和发展规划的制定和实现，有助于满足组织发展对人力资源的需求以及调动员工的创造性和主动性，还能帮助组织有效控制人力资源的成本，提高员工工作效率。

3. 人力资源预测的特点。人力资源预测是以人力资源现状为基础，在充分掌握相关资料的前提下，借助各种分析支持手段，对人力资源发展的未来状态作出估计、推测和判断，可分为人力资源需求预测和人力资源供给预测。人力资源预测是综合性的预测，既要与组织的发展目标相联系，又要兼顾组织发展与个人发展，同时还应注重经济效益。

4. 人力资源供给和需求预测的方法。人力资源需求预测的方法包括经验预测法、德尔菲法、定员法以及数学模型法等；企业内部的人力资源供给预测方法包括技能清单法、管理人员接替图法、马尔科夫法等；企业外部的人力资源供给预测不仅要调查组织所在区域的人力资源供给情况，还要调查同行业或者同地区其他组织的人力资源需求情况，通常可以通过文献查阅、直接调查或者对应聘人员进行分析等渠道获得相关信息。

5. 数字化人力资源管理系统是以数字化的思维、系统化的管理为管理层提供人才决策手段，为员工管理提供人力资源解决方案的管理平台。

6. 数字化人力资源管理系统的组成：数据仓库、人力资源管理系统平台、人力资源服务平台和人力资源数据统计分析平台。

复习思考题

1. 企业如何通过人力资源规划获得竞争优势？
2. 人力资源规划的主要内容是什么？
3. 人力资源供需预测的常用方法有哪些？
4. 如何通过数字化人力资源管理系统来提高人力资源服务管理价值？
5. 已知某企业有 A、B、C、D 四种职位，各种职位的现有人数和每年平均变动概率（转移矩阵）见表 2-7，问：下一年度各种人员的变动数和需补充的人员情况怎样？

表 2-7　　　　　　　　　　　某企业人员分布情况与转移矩阵

职位	现有人数	A	B	C	D	离职率
A	62	0.70	0.10	0.05	0	0.15
B	75	0.05	0.80	0.05	0	0.10
C	50	0	0	0.80	0.05	0.15
D	45	0	0	0.05	0.85	0.10

【实战案例】

B 银行人力资源规划情况分析

B 银行是成立于 1996 年的股份制商业银行，历经 20 余年的发展，从 13 亿元资本金的小银行，发展成为核心资本超过 3200 亿元、资产总额超过 5.2 万亿元、分支机构近 3000

家、员工达 6 万人的大型商业银行。当前该行的人力资源状况可从以下四个方面来了解。

（1）总行员工。B 银行总行的员工大多是根据临时需要而配置的，缺乏长期的规划。目前，银行正处于快速发展期，对总行员工规划的需求虽然还不强烈，但是长远来看明确总行的职能和对分支行的管控模式很有必要。

（2）分支行员工。B 银行基于业务量制定了《分支机构人员动态配置管理办法》，这一政策在确定分支机构人员配置和控制工资费用方面发挥了重要作用，但在实际操作过程中，出现了根据该办法配置的人数超过薪酬预算（基于利润）所能承担的人数的现象。经分析发现，原因在于该方案缺乏战略层次的考虑，缺乏业务变化对员工需求尤其是关键员工需求的预测，因此很难做到未雨绸缪。当新业务出现时，经常出现关键人员短缺、外部招聘成本高、效果不理想等问题。

（3）关键人员。B 银行有《客户经理制实施办法》等关键人才的管理办法，制定了业绩考核和能力考核的标准，处于准备实施阶段；但缺少对不同能力层次的关键人才和继任管理人员的深度分析和预测的办法。

（4）人力资源管理情况。B 银行《五年发展规划纲要》提出了多渠道引进人才、实施员工职业生涯规划、加强培训，以及培育银行企业文化的人力资源战略目标。但是经分析发现，该规划缺乏对人力资源管理理念的关注、高层管理人员继任计划以及关键人才的管理计划，对未来的人力资源管理提升方向缺乏明确的规划。

根据 B 银行员工数据，员工队伍的规模与结构、员工费用、员工技能、员工流动性的状况见表 2－8。

表 2－8　　　　　　　　　　　　　　员工队伍状况

员工队伍	指标（部分）	情况
员工数量与结构	总行占全行员工比例	B 银行总行员工占全行的比例呈幂函数曲线形式
	管理人员数量与比例	B 银行管理人员的跨度是 6.6 人，优于国际银行 75%
	员工学历构成	B 银行员工学历构成优于国内股份制银行
员工费用	薪酬福利占营业收入的比例	薪酬福利占收入／支出的比例均低于美国银行 25%
	薪酬福利占营业支出的比例	
	福利费用占薪酬费用的比例	B 银行福利占薪酬的比例高于国际银行 75%
员工技能	人均营业收入	人均营业收入和人均税前利润与国际银行的 25 分位数相比，有很大差距
	人均税前利润	
	人力资本投资回报率	优于国际银行 75%
员工流动性	员工退休率	0
	员工辞职率	3%
	员工淘汰率	5%
	外部招聘人员比例	27.10%

为了在未来谋求更好的发展，B 银行决定未雨绸缪，解决存在的人力资源方面问题，尤其是关键人才短缺等境况，拟制定人力资源五年规划。那么，如何制定人力资源规划呢？

资料来源：张轶楠，易培琳．人力资源管理应用与实践［M］．北京：北京大学出版社，2020：61 – 63。局部改编。

思考分析：

（1）根据上述情况和人力资源数据，应采用怎样的人力资源规划原则、方法和步骤？

（2）从 B 银行战略视角出发，如何解决关键人才和继任管理者的问题？亦可参看招聘、培训、绩效、薪酬等章节内容以获得更多的启发。

第二章　习题

第三章

工作分析与工作设计

【学习目标】

- 理解工作分析的含义与内容；
- 熟悉工作分析的原则和过程；
- 学会运用工作分析的常用方法；
- 掌握工作说明书的编写要求与内容；
- 了解工作设计的原理。

【案例导入】

谁来清扫?

A 公司的一个机床操作工把大量液体洒在他机床周围的地板上。车间主任叫操作工把洒掉的液体清扫干净，操作工拒绝执行，理由是他的工作职责中并没有包括地面清扫的条文。车间主任只得找来一名服务工来做清扫工作。但服务工同样拒绝，他的理由是工作说明书里没有包括清扫工作。车间主任威胁说要把他解雇，因为这种服务工是分配到车间来做杂务的临时工。服务工勉强同意，但是干完之后即向公司投诉。有关人员看了投诉后，审阅了这三类人员的工作说明书：机床操作工、服务工和勤杂工。机床操作工的工作说明书规定：操作工有责任保持机床的清洁，使之处于可操作状态，但并未提及清扫地板。服务工的工作说明书规定：服务工有责任以各种方式协助操作工，如领取原料和工具，随叫随到，即时服务，但也没有包括清扫工作。勤杂工的工作说明书中确实包含了各种形式的清扫，但是他的工作时间是从正常工人下班后开始。

组织中遇到类似"工作职责分歧"问题，往往是因为工作分析做得不到位。工作分析是有效保证组织工作效率和员工满意度的基础性工作。本章将阐述工作分析的原则和程序，讲解工作分析的基本技巧和工作设计的方法。

第一节　工作分析概述

工作分析（job analysis）又称职务分析、岗位分析，是指对组织中某一特定工作或职务的目的、任务或职责、权力、隶属关系、工作条件等相关信息进行收集和分析，做出明确规定，并确定任职者所需要的资格、条件的过程。工作分析是新时代人力资源管理各职能工作的重要基础，在完成工作分析之后需进行组织设计、层级关系设计和岗位设计，并编写工作说明书。工作说明书对岗位在组织中的定位、工作使命、工作职责、能力素质要求、关键业绩指标以及相关工作信息进行书面描述。

一、工作分析的内涵

(一)相关概念

在实践中，诸如"工作""任务""职责""职位""职务"等术语容易被混用，准确理解它们的含义，有助于进行科学有效的工作分析。

工作要素是指工作活动中不能再进一步分解的最小动作单元，比如，签字、发传真等。

任务是为了达到一个特定目的所进行的一项活动，通常表现为工作要素的集合，比如，文员打印一份文件、程序员编一个应用软件。

职责是指一个个体担负的一项或多项任务组成的活动，比如，打字员的职责包括打字、校对、机器维修等任务。

职位由一个特定个体所担负的一个或多个相互联系的职责所组成，比如，营销部经理是一个职位。通常，组织中职位的数量与成员的数量对等，即有多少员工，就有多少职位。

职务由一组主要职责相似的职位所确定。根据组织规模的大小和工作性质，一种职务可以有一个或多个职位。例如，一个公司可以设几个副经理，分管生产、销售、产品开发等。

职业是指在不同组织中从事相似活动的一系列职务的集合，比如会计师、工程师等。这是较为宽泛的工作分类，故而在工作分析中职业不作为分析和描述的对象。

职业生涯是一个人一生所有与职业相连的行为与活动以及相关的态度、价值观、愿望等连续性经历的过程，也是一个人一生中工作、职位、职务的变迁及职业目标的实现过程。简言之，一个人所经历的一系列工作、职务或职业发展的状态、过程及结果构成个人职业生涯。

【知识拓展 3-1】

岗位序列的分类

在大中型企业中，工作岗位众多，为了便于对岗位任职者采取差异化管理，通常将不同岗位划分为不同的岗位序列。根据工作内容、工作性质的不同，常见的岗位序列有五种（见表3-1）。

表 3-1　　　　　　　　　　　　　　　　　岗位序列

分类	说明
管理序列	从事管理工作并拥有一定职务的职位。通俗的理解是"手下有兵"的管理者，企业把其承担的计划、组织、领导、控制职责作为主要的付薪依据。在一般企业管理序列业中常用所谓的"中层和高层"的概念
职能序列	从事某方面的职能管理、生产管理等职能工作，且不具备或不完全具备独立管理职责的职位。与"管理序列"岗位的区别在于，该岗位可能也有下属人员，但企业付薪的主要依据不是其承担的计划、组织、领导、控制职责，而是其指导、监督、督促执行、辅助、支持等方面的职责

续表

分类	说明
技术序列	从事技术研发和设计等工作的岗位,有一定的技术含量。企业付薪的主要依据是其专业技能,付薪依据不体现为计件的产品,但不排除会有类似项目奖金的目标性激励
营销序列	从事销售或市场开拓等工作的岗位,这类工作的工作场所不固定,甚至在外时间比在公司时间还要长。这些岗位绩效考核、薪酬激励的内容相对其他岗位而言,差异较大
操作序列	从事生产作业类工作的职位。这类工作一般工作场所比较固定,专业化程度较高,工作内容的重复性较强,创造性较少。这类工作的任职者通常是构成"基层员工"的主要群体

岗位序列划分以岗位工作性质和任职资格要求为主要依据,将同类岗位归并而成。这些岗位要求任职者具备的素质相同或相关,承担的责任和功能相似或相同。岗位序列划分要明确各序列的定义,并与企业的薪酬体系、员工的职业生涯规划联系起来,有利于企业实际运作。

资料来源:乔继玉.人力资源规划操作指南 [M].北京:人民邮电出版社,2021:123-124。

(二) 工作分析的内容

工作分析主要包括两方面的内容:一是对工作本身作出规范的工作描述 (job description);明确对工作承担者的行为和资格要求的工作规范 (job specification)。

1. 工作描述

工作描述对组织内各职位所要从事的工作内容和承担的工作职责进行清晰的界定和说明,比如工作内容和特征、责任与权力、标准与要求、工作时间与地点、工作流程与规范等。一般包含以下内容:

(1) 工作识别项目。工作识别项目用以区别该工作与组织中的其他工作,包括工作名称、编号、所属部门、职务等级、撰写人、审核人、制定日期等(见表3-2)。

工作识别项目中,工作名称是最重要的项目,可用几个词来对工作进行定义;这个定义要指出工作大致领域和工作性质,以把一项工作与其他工作区分开来。在实际工作中,常常有名称与工作职责不相符合的情况出现,比如曾经有一名毕业生应聘的工作名称是某超市的门店经理助理,但是他的工作职责不过是清点超市上架商品货物数量,并从仓库搬运货物至货架上,因此更适合的工作名称应该是上架商品检查搬运员。

表3-2   **工作识别项目示例**

职务名称:培训主管		所在部门:人力资源部	
职位编码:122-418		职级:	
……		……	
撰写人:	批准人:	制作日期:	批准日期:

（2）工作内容。工作内容一般包括工作概要和工作职责。工作概要是对工作内容的简单概括，通常用一句话对工作内容和工作目的进行归纳。工作职责则是对工作内容的细节描述，应该包括所有的主要职责和要求。要求对所要完成的工作任务、工作责任、所要使用的设备与机器、工作流程、与组织内外部人员的工作关系、与上级和下级的权责关系等进行描述。工作内容的描述通常用动词开头，所有的描述句子都应该具有一定的顺序与关联性。例如"人力资源总监"的工作概要为：规划、指导和协调公司的人力资源管理与组织建设。工作分析常用动词库如表 3-3 所示。

表 3-3　　　　　　　　　　　　　　工作分析常用动词库

工作内容	常用动词
决策或设定目标	批准 指导 授权 建立 制订 规划 决定 准备 预备 发展
执行管理	达成 增进 评估 建立 赢得 评定 吸引 限制 确保 维护 评估 衡量 监控 取得 认同 审核 找出 设定 执行 指明 改善 标准化
专业与支援	分析 辨明 界定 建议 提议 促使 预测 协调 解释 支援
特定性或基层工作	检查 检验 执行 履行 对照 提出 分配 处理 收集 汇集 生产 制造 分发 进行 提供 获得 提交 操作 执行 供应
一般性工作	管理 联系 协助 控制 监督 协调

资料来源：刘新苗. 人力资源管理一本通［M］. 北京：中国铁道出版社，2018。

（3）工作环境。工作环境是指工作的物理环境和社会环境。工作物理环境是指对工作所处环境的测定结果，包括工作地点的温度、光线、湿度、噪声、安全条件、地理位置、室内或室外等。通常情况下，我们重点关注的是劳动环境中不良环境条件和各种有害因素。不良环境条件主要指高空、野外、水下等特殊工作环境。劳动环境中有害因素的基本测定方法是：测定劳动者接触有害因素的时间和有害因素的强度（浓度），根据有害因素的种类，按照相应的国家标准、部颁标准和岗位劳动评价标准定量分级，做出评价。工作社会环境包括工作群体中的人数，完成工作所要求的人际关系，工作点内外的文化设施及社会习俗等。

（4）聘用条件。聘用条件主要描述工作人员在正式组织中的有关工作安置等情况，包括工作时数、工资结构、支付方式、福利待遇、该工作在组织中的正式位置、晋升机会和工作的季节等。

表 3-4 是工作描述的一个示例。

表 3-4　　　　　　　　　　　　　　副总裁工作描述

职务名称	副总裁（1-02）
职务等级：	2 级（注：总裁为 1 级，此为薪酬依据）
直属领导：	总裁
主要下属：	海外事务子公司总经理，驻外办事机构主任共×××人
主要概要：	根据公司的战略规划，负责海外销售业务的业绩与发展

续表

职务名称	副总裁（1-02）
工作职责：	1. 协助总裁对总公司海外事务子公司与驻外机构的业务全面指导 2. 制定短期、中期（5年）发展规划，提供战略拓展分析报告 3. 对下属两个系统的财务、人事全面负责，有权任免海外事务子公司和驻外机构的高层领导 4. 制定下属两个系统的工作规范与考核条例，并根据子公司业绩决定分配与业务拓展方案 5. 完成总公司或董事长根据总公司发展需要而规定的其他业务，并向总裁直接负责
工作关系	1. 协调横向关系，主要协调与国内销售系统、工业生产系统的副总裁之间的关系 2. 协调与职能部门之间的关系，主要联系财务部、发展战略部、市场开发部、人力资源部的负责人 3. 不应直接指挥与本职务没有直接关系的岗位，但可以通过正常途径听取他们的意见，并向直属下级提出行政处理办法
工作场所及条件	……

2. 工作规范

工作规范又称任职资格、职务要求，它确定各职位所必须具备的任职资格和要求，如学历、专业、年龄、技能、工作经验、工作能力、工作态度以及生理和心理要求。具体包括：

（1）一般要求：主要包括年龄、性别、教育背景、工作经验、专业技能等。这部分要求包含大量的报酬因素，为薪酬要素的提取提供支持，从而使薪酬具有客观可衡量的依据。

（2）生理要求：主要包括健康状况、体力、运动能力、身体各部分的协调程度、视力、听力以及身高要求等。例如，飞行员的挑选对候选人的视力、平衡性等有特别的要求。

（3）心理要求：主要包括观察能力、记忆能力、理解能力、语言表达能力、学习能力、数学计算能力、分析解决能力、决策能力、创造思维能力、交际能力以及气质、性格、兴趣爱好、事业心、协作性等。

在工作规范的确定中，有两个关键点值得关注。

（1）关注的应该是工作，而非任职者本身。例如："能够运用计算机进行文字处理和通信联系"，而不是"必须精通计算机知识"。要求工作规范应该符合工作的实际要求，不能夸大或者降低，这对于能否将适合该工作的人员配置到相应岗位上非常重要。

（2）工作规范确定的是履行工作职责的最低要求，而不是理想或者期望要求（见表3-5和表3-6）。如果从理想或者期望角度出发，就等于没有确定的标准，会影响管理的客观性和公平性。

表3-5 某岗位任职资格条件

内容	任职资格	期望条件
教育水平	大学本科毕业，具备财务相关专业知识	硕士毕业
工作经验	具有8年以上工作经验	熟悉公司规章制度、业务流程
技能要求	具备一定的英语和计算机水平	熟练的英语听说读写水平，熟练运用办公和财务管理软件
身体要求	身体健康	较强的生理心理承受能力
……	……	……

表 3 - 6　　　　　　　　　　　工作规范（行政秘书示例）

工作名称	行政秘书
教育程度	大学专科以上，受过文员技能培训，掌握经济与行政管理的基本知识
工作经验	两年以上文员工作经验
技能要求	1. 熟练运用计算机进行文字处理、图像和通信联系 2. 具备基本的公文写作能力，能起草常见的公文 3. 具备一定的信息处理能力，能有效管理有关的文件、资料 4. 具备良好的判断力，能灵活处理来电、接待来访者 5. 具备良好的人际关系和沟通技能 6. 具有一定的时间管理能力，能恰当安排上司的工作时间

二、工作分析的作用

工作分析是人力资源管理职能的基础和前提，只有当完成了对岗位的工作分析之后，才能有效地完成人力资源管理工作。工作分析的作用具体表现在以下几个方面。

（一）有利于人力资源规划

组织对内部的人员配备和职位安排，都必须有一个规划，当内、外部环境发生变化时，人力资源规划也必须根据发展趋势和企业战略进行调整。为此，必须测量组织在某一时间节点上所需的人员数量及要求。工作分析能够为人力资源规划提供必要的信息，通过工作分析，管理者才能清楚地了解企业的岗位空缺以及所需人员要求。

（二）为招聘和甄选工作奠定基础

组织进行招聘和甄选的目的在于识别和雇佣最合适的求职者，工作分析的信息可以帮助企业达到这个目的。根据工作分析的结果，人力资源管理者可以明确招聘对象的标准，帮助企业能够尽快找到适应工作岗位的求职者。

（三）有利于科学评价绩效和薪酬确定

绩效评估实质上就是将组织期望员工达到的目标和员工实际达成的目标进行比较的过程，很多组织都是按照绩效评估的结果来支付工资的。在这一过程中，工作分析的结果既为员工指明了努力的方向，又为组织提供了绩效评估的评定标准，从而保证了绩效评估的公平和公正，也使工资发放有了可参考的依据，保证了组织内部薪酬的公平。

（四）有利于人员培训开发

员工培训必须兼顾有效性和低成本的要求，培训的内容、方式、对象等必须与岗位所需的能力相关。通过工作分析，可以明确任职者技能和心理条件的要求，准确地进行培训需求的分析，根据实际工作的要求以及所聘人员的不同情况，设计合理的培训方式和内容，有助于提高培训的有效性，降低培训的成本。

（五）有利于职业生涯规划

从员工职业生涯规划的角度看，工作分析可以帮助员工了解岗位相关信息，为员工规划自身的职业生涯发展方向提供依据。

【知识拓展 3 - 2】

工作分析实施方案撰写内容与要点

三、工作分析的步骤

工作分析是一个连续的、动态的工作，是一个细致和全面的过程。进行工作分析时，组织必须确定：有待收集的信息；如何收集信息；如何分析并制成文件。工作分析的一般过程可分四个阶段：准备阶段、信息收集阶段、分析阶段、完成阶段，这四个阶段彼此相互联系、相互影响（见图 3-1）。

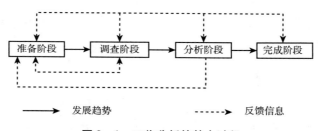

图 3-1 工作分析的基本过程

（一）准备阶段

准备阶段的主要工作包括了解工作职位的基本特征、确定有待收集的信息、选择工作分析人员以及向有关人士解释和宣传工作分析的意义和目的等。准备阶段工作做得越细致，工作分析就越能顺利地开展。具体工作包括：

（1）由工作分析专家、在职人员和上级主管等组成工作小组。

（2）确定工作分析的范围，并选择调查和分析对象的样本。

（3）制定详细的工作分析实施时间表，并请有关人员进行工作分析方面的宣传。

（4）收集现有文件资料（如原有工作说明书、工作日志、岗位责任制等）。

（二）调查阶段

调查阶段也称信息收集阶段，要求在前一阶段工作的基础上，运用事先选择的信息收集方法，广泛收集工作职位的有关信息，并初步分析各种信息的重要性和发生频率。在此阶段，要注意以下事项：

（1）要充分利用组织原有的背景资料，包括企业原有的工作说明书、企业组织图、岗位配置图、工作流程图等。利用这些资料，有助于工作分析人员尽快地对企业现状进行了解，也可以在很大程度上降低工作信息搜集的难度和工作量。

（2）要加强与有关人员的沟通。通过会议等形式，向有关人员进行必要的宣传和解释，就企业存在的问题进行系统深入的探讨，从而使有关人员了解工作分析的目的和意义，获取他们实质上的支持，这对整个工作分析而言是非常重要的。

同时根据前述工作分析的内容，在进行工作分析时，要收集包括工作内容、工作职责、适应年龄、所需的教育程度、技能的培养要求、与其他工作的关系、工作环境、劳动强度、心理素质要求等方面信息。工作分析调查的信息可概括为6W1H，即 what（做什么，指所从事的工作活动）、why（为什么，表示任职者的工作目的）、who（用谁，指对从事某项工作的人的要求）、when（何时，表示在什么时间从事各项工作活动）、where（在哪里，表示从事工作活动的环境）、for whom（为谁，指在工作中与哪些人发生联系，发生什么样的联系），以及 how（如何做，指任职者怎样从事工作活动以获得预期的结果）。这6W1H基本上概括了工作分析所要收集的信息的内容。

（三）分析阶段

在这个阶段，工作分析人员要将调查获得的资料进行统计、分析、研究和归类，以获得各种规范化的信息，包括重点工作项目、任职资格等，在此基础上，总结和归纳出工作分析的要素。

（四）完成阶段

这一阶段就是将工作分析的结果整理成书面的文件，即工作描述和工作规范，以供人力资源管理使用。具体工作包括：

（1）工作分析人员编写工作描述和工作规范初稿。

（2）将初稿与实际工作对比，并与样本员工、样本员工上级、企业管理顾问等人员讨论工作描述和工作规范的具体内容。

（3）修正工作描述和工作规范初稿。

（4）确定试行稿。

（5）进行试用，并及时收集应用的反馈信息，进行完善。

（6）试行期使用无误后，确定为正式文件。

【管理实践 3 - 1】

工作分析的进度安排

某公司为了进一步理清岗位职责和人员配置情况，拟于 20×2 年 6 月期间对主要职位进行工作分析。根据工作分析的基本流程和分析要点，对时间进度做了如表 3-7 所示的安排。

表 3-7　　　　　　　　　　工作分析进度（示例）

起止时间：20×2年6月1日~20×2年6月30日

工作项目	天数	1	2	3	4	5	6	7	8	9	10	11	12	13	14	15	16	17	18	19	20	21	22	23	24	25	26	27	28	29	30
建立工作分析项目小组	4																														
编写工作分析计划	2																														
收集工作分析的背景资料	5																														
讨论确定需要分析的职位	3																														
召集员工说明工作分析目的、作用及需配合的工作	2																														
所有分析对象填写（问卷）	5																														
收集工作日志、关键事件、观察记录	6																														
整理汇总工作分析问卷	4																														
与被调查人确认	4																														
与被调查人直接上级确认	4																														
整理资料，撰写工作说明书	8																														
项目小组组长检查工作说明书	7																														
被调查人直接上级确认工作说明书	7																														

资料来源：朱颖俊. 组织设计与工作分析 [M]. 北京：北京大学出版社，2018：267。

四、工作分析的基本原则

为了提高工作分析的科学性、合理性和可靠性，在组织实施过程中应该遵循以下原则：

（一）系统原则

在对某一职务进行分析时，要注意该职务与其他职务的关系，从总体上把握该职务的特点及对人员的要求。

（二）动态原则

工作分析的结果并不是一成不变的，要根据组织战略意图、环境变化、业务调整等，经常对工作分析的结果进行调整。工作分析是一项常规性的工作。

（三）目的原则

因为工作分析的目的不同，故工作分析侧重点不一样。比如，如果工作分析是为了明确工作职责，那么分析的重点就是工作范围、工作职能、工作任务的划分；如果工作分析的目的是选聘人才，那么工作重点就是任职资格的界定；如果工作分析的目的是决定薪酬的标准，那么工作重点就是工作责任、工作量、工作环境、工作条件等因素的界定；如果工作分析的目的是培训与开发，那么工作重点是明确每一项工作任务应达到的要求和水平。

（四）参与原则

工作分析尽管是由人力资源部主持开展的工作，但它需要各级管理人员与员工的广泛参与，尤其需要高层管理者的重视，以及业务部门的大力配合才能得以成功。

（五）经济原则

工作分析是一项费时、费心、费力又费钱的工作，涉及组织的各个方面，牵涉部门众多，因此要本着经济性的原则，根据工作分析的目的，选择合适的方法。

（六）岗位原则

工作分析从岗位出发，分析岗位的内容、性质、关系、环境以及人员胜任特征，即完成这个岗位工作的从业人员需具备什么样的资格与条件，而不是对在岗人员进行分析。

第二节 工作分析的方法

工作分析方法很多，常用的方法有观察法、问卷法、访谈法、工作日志法、关键事件法、职务分析问卷和职能工作分析法等。在现实中，经常组合使用多种工作分析方法。

一、观察法

观察法是指在工作现场直接观察员工工作的过程、行为、内容、能力、环境等，并进行记录、分析和归纳总结的方法。根据观察对象工作周期的不同，观察法可分为直接观察法、阶段观察法、工作表演法。

直接观察法是指工作分析人员直接对员工工作进行全程观察。其适用于工作周期比较短的工作，如清洁工，他们的工作周期基本上是一天，工作分析人员可以一整天跟随观察。

阶段观察法是指对周期性较长的工作，工作分析人员采取分阶段观察的方式，以获得完整的工作信息。如辅导员，每学年都要定期开展招生和迎接新生的工作，工作分析人员就要在招生和迎新期间对该职务进行观察。

工作表演法适用于突发性事件比较多的职位。如保安，除了正常的工作秩序以外，还要处理很多突发事件，例如盘问可疑人员；工作分析人员就可以让某些保安演示这个过程，来获得相关的工作信息。

运用观察法进行工作分析时，可事先拟定一份观察提纲，并在观察过程中形成观察记录（见表3-8）。同时要注意以下几点：确保工作行为样本的代表性；观察人员不能干预被观察者的工作，尽可能不要引起被观察者的注意；由于不同的员工对同样的工作可能表现出不同的行为方式，故而要多观察几名员工的工作行为，进行相互对比平衡，以消除工作分析人员对不同工作方式的偏见。因此，观察法主要适用于大量、重复性高、周期短、以外显动作为主的工作，不适合脑力劳动为主的工作。

表3-8 工作分析观察记录表

基本信息	被观察者		岗 位		所属部门	
	观察者		观察日期		观察时间	
记录内容	何时开始工作 工作前的准备工作有哪些 工作的时间与强度怎样 工作期间的工作内容有哪些 工作环境怎样 工作中用到的工具及技术有哪些 工作难度与机械化程度怎样 与内外部的联系怎样 本岗位是否需要别人的帮助与配合 本岗位的价值点主要在哪里 …					

资料来源：张鹏彪. 人力资源管理实操［M］. 北京：中国铁道出版社，2018。

二、问卷法

问卷调查法通过精心设计的调查问卷获取关于某岗位的工作内容、工作特征和人员要求等信息的方法。预先设计好问卷，以书面填写的方式进行调查，再汇总问卷，从而获取有关工作的信息，达到工作分析的目的。

问卷可分为一般工作分析问卷和特定工作分析问卷。前者适用于各种工作，问卷内容带有普遍性；后者适用于某种指定工作，问卷内容具有特殊性。

（一）问卷的设计

工作分析调查问卷的设计直接关系着工作分析的成败，问卷设计的关键在于问题的设计。问题分为开放式问题和封闭式问题。开放式问题要求被调查者自己提供问题的答案，封闭式问题要求被调查者从问卷所提供的选项中选择答案（见表3-9）。

表3-9 问卷问题的设计示例

问题类型	例子
开放式问题	请你叙述你的工作的主要职责？
封闭式问题	胜任此项工作的文化程度要求是（　　） A. 初中及以下　　B. 高中　　C. 专科　　D. 本科　　E. 研究生

问题的设计要求做到：

（1）语言简洁，语句简短。

（2）概念准确，避免双重含义，不带有倾向性和诱导性。

（3）答案的设计有互斥性，即答案相互之间不重叠或者相互包容。

（4）封闭式问题的答案设计具有穷尽性，即答案需涵盖所有可能的情况。若所列答案不能包括所有项目，则要在后面加上"其他"项。但是，如果调查结果中，选择"其他"项的人数相当多，则表示答案设计不恰当。

表 3-10 是一个较为常用的工作分析问卷范本。

表 3-10   **工作分析问卷调查表**

职位名称		职位系列		填表人	
部门名称		工号		填表时间	
直接上级		直接下级		审核人	
工作职责概述					
工作权限					
工作关系	内部关系				
	外部关系				
工作特征	工作环境				
	出差情况				
	时间要求				
	技能要求				
	需要的设备				
	工作强度				
	危险性				
工作内容		重要性及工作难度		工作量	
任职资格项目		本岗位所需的最低标准			
学历与职称					
专业知识与技术					
工作经验					
计算机与英语水平					
领导能力					
人际沟通合作能力					
本岗位考核标准					
……					
可升级、降级或换岗的职位					
岗位分析结果		可综合得出本岗位的价值大小、是否设置该岗位、岗位应归属哪个系列等。（由工作分析汇总人员填写）			

（二）问卷法的优缺点

问卷法的优点：一是适用范围广，适用于一切工作的调查分析，同时在有很多工作者的情况下，可以对所有工作者进行调查；二是便于定量分析，且分析速度很快，通过结构化的问题设计，可以获得标准化的工作信息，为定量统计分析和各种人力资源管理项目提供支持。

问卷法的缺点：一是涉及问卷的总体框架、问题的形式、问题的语句与答案设计等，技术要求较高，问卷的设计比较费时费力，且成本比较高；二是实际应用中，问卷本身不具有强制性，所以问卷的回收往往会比较困难。

总的来说，问卷法多用于规模大、岗位设置繁杂、工作分析要求高的组织。

三、访谈法

访谈法又称面谈法，是工作分析人员通过与某岗位的任职者面对面的交流来获得工作信息的方法，是适用最为广泛的工作信息收集方法之一。访谈法比较适合于脑力劳动者，如高层管理人员，可以对其工作动机、工作态度等做深层次的详细了解，因此对工作分析人员的语言表达能力和逻辑思维能力要求比较高。

有效的工作分析需要从访谈中获得尽可能全面和清晰的信息，为此，首先，要尽可能多地收集和了解相关信息，如有关该工作的文件记录等。其次，必须确定访谈对象和访谈方法，包括：访谈的目的、访谈的时间和地点安排、访谈所需的材料和工具、访谈的方式选择（个别员工访谈、群体访谈、主管访谈）等，并据此拟定工作分析访谈提纲（见表3-11）。最后，要对工作分析人员进行培训，如倾听和沟通的技巧、引导受访者提供真实信息的能力等。

表3-11   **工作分析访谈提纲（示例）**

访谈人：	访谈时间：
被访谈人：	职位：
在本公司任职时间：	在本职位任职时间：
工作地点：	联系电话：

一、岗位分类
□ 管理类岗位 □ 销售类岗位 □ 技术类岗位 □ 职能类岗位 □ 操作岗位
二、工作目标与责权利
- 请用2~3句话概括您工作的主要内容是什么，以及要达到怎样的目标？
- 本岗位的主要职责是什么？
- 本岗位的主要权利有哪些？
三、任职资格
- 从事本岗位所需具备的学历水平、工作经验、技能要求是怎样的？
- 如果新员工或转岗的员工担任此岗位，您觉得他（她）需要多长时间才能适应此岗位？
- 担任此岗位需哪些培训与能力训练？
四、工作时间与强度
- 您正常工作的时间是几点到几点？
- 平常加班多否？
- 平时工作量是否饱和？
- 此工作岗位是否有危险（害）性？是否有可能患高职业病倾向？
- 工作期间出差多否？
五、绩效标准与工作结果评定
- 衡量本岗位工作成效的绩效标准有哪些？是否可量化？
- 您一般实际完成工作的情况与绩效标准之间存在何种差距？
- 本岗位工作结果的显现是阶段性的还是长期性的？
六、工作设备与机器操作
- 请您描述工作需要使用哪些设备，并说明使用的频率。
1. 必须使用：
2. 经常使用：
七、……
- 您有什么需要补充？

运用访谈法进行工作岗位信息收集时，要注意以下几方面：

（1）事先征得被访者直接上级的同意，以获取支持。

（2）选择合适的访谈环境，尽量做到无人打扰。

（3）事先让被访者清楚面谈的意义和大致内容。

（4）营造轻松的访谈氛围，鼓励被访者畅所欲言。

（5）访谈者按照面谈提纲，由浅至深进行提问，同时把握面谈的内容、防止跑题。

（6）访谈者提问时语言表达要清楚、含义要准确。

（7）所提问题不要涉及被访者的个人隐私。

（8）访谈结束时，要让被访者查看和认可谈话记录。

四、工作日志法

工作日志法也称作现场工作日记法，指任职者按时间顺序自行记录的一种信息收集方法。要记录的信息一般包括工作任务、工作程序、工作方法、工作职责、工作权限以及各项工作所花费的时间等，一般需要填写工作日志 10 天以上。需要注意的是，工作日志应该随时填写，如以 10 分钟、15 分钟为一个周期，以保证填写内容的真实性和有效性。

工作日志法的优点在于：信息可靠性很高，适于确定有关工作职责、工作内容、工作关系、劳动强度等方面的信息；所需费用较少；对高水平与复杂的工作分析比较经济有效。

工作日志法的缺点在于：由于涉及人员较多，员工素质参差不齐，对所收集信息的真实有效性和完整性有可能产生不利影响，进而影响后续的工作信息汇总与分析；该种方法使用范围较小，只适用于工作循环周期较短，工作状态稳定无大起伏的职位；整理信息的工作量大，归纳工作烦琐；填写日志在一定程度上会影响正常工作，不适于工作量大的职位分析。

为了确保日志填写及随后信息整理分析过程的顺利，往往需要根据不同的工作分析目的设计不同的"工作日志"格式，通常以特定的表格来提供有关工作的内容和程序、工作的职责和权限、工作关系以及所需时间等信息。图 3 – 2 和表 3 – 12、表 3 – 13 是工作日志示例。

姓　　名		年　　龄		岗位名称	
所属部门		直接上级		从事本岗位工龄	
填写日期		自　　年　　月　　日至　　年　　月　　日			

（a）封一

工作日志填写说明

1. 请在每天工作开始前将工作日志放在手边，按工作活动发生的顺序及时填写。

2. 严格按照表格要求进行填写，不要遗漏细小的工作活动，以保证信息的完整性。

3. 请提供真实的信息，以免损害您的利益。

4. 请注意保留，防止遗失。

感谢您的真诚合作！

（b）封二

图 3 – 2　工作日志封面示例

表 3－12　　　　　　　　　　　　　　　　**工作日志填写实例 1**

20×1 年 11 月 15 日　　　工作开始时间 8：30　　　工作结束时间 17：30

序号	工作活动名称	工作活动内容	工作量	时间消耗	备注
1	复印	协议文件	4 页	6 分钟	存档
2	起草公文	贸易代理委托书	8 页	75 分钟	报上级审批
3	贸易洽谈	玩具出口	1 次	40 分钟	承办
4	布置工作	对日出口业务	1 次	20 分钟	指示
5	会议	讨论东欧贸易	1 次	90 分钟	参与
……	……	……	……	……	……
16	请示	贷款数额	1 次	30 分钟	报批

表 3－13　　　　　　　　　　　　　　　　**工作日志填写实例 2**

20×1 年 11 月 27 日　　　　8 时至 11 时 30 分，13 时 30 分至 17 时 30 分

岗位名称：助理主任　　　　所属部门：集团办公室

序号	工作活动内容	工作性质	时间消耗	重要程度
1	给本部门人员分配临时性工作	偶然	5 分钟	一般
2	到集团领导办公室检查办公设备是否正常	偶然	5 分钟	重要
3	收集集团领导审签文件、交办秘书转达相关部门	例行	10 分钟	很重要
4	通知相关部门到集团办取文件	例行	2 分钟	很重要
5	审核车队司机支出证明单	例行	5 分钟	一般
6	面试新入职秘书并填写"入职表"意见	例行	10 分钟	重要
7	拆阅投诉信、转相关部门经理	例行	5 分钟	重要
8	……			……

五、关键事件法

关键事件法是一种行为分析技术，要求工作分析人员对被观察者的工作过程的"关键事件"进行详细的记录，并选择其中最重要和最关键的部分来考察某岗位的工作差异或技术难度。

关键事件法要求对工作任务造成显著影响的事件进行记录、归纳和分类，尤其是两类关键事件——做得"特别好"和做得"特别差"的工作行为。在预定时间（通常半年或一年之后），根据积累的记录，由工作分析人员、管理人员与员工共同讨论相关事件，为工作分析提供依据。其主要原则是认定员工与职务有关的行为。首先，从上级、员工或其他熟悉该岗位的人员收集一系列工作行为事件；然后，描述"特别好"或"特别差"的工作绩效。表 3－14 是关键事件描述的记录示例。

表 3 - 14　　　　　　　　　　　　　　关键事件记录单

行为者		地点		时间		观察者	
事件发生背景							
行为者的行为							
行为的结果							
关键事件分析结果							
本岗位的核心在哪里							
本岗位的价值在哪里							

资料来源：张鹏彪. 人力资源管理实操［M］. 北京：中国铁道出版社，2018。

对关键事件的描述，包括以下内容：

（1）导致事件发生的原因和背景。

（2）员工特别有效或多余的行为。

（3）关键行为的后果。

（4）员工控制上述行为的能力。

关键事件法的优点在于：

（1）能够识别提高员工绩效的关键性因素。

（2）适用于工作周期较长，且员工的行为对任务的完成具有重要影响的情况，因而能够作为人力资源主管部门对工作绩效评估与工作训练时的参考。

（3）确保绩效评估时，所依据的是员工在整个年度中的表现（因为这些关键事件肯定是在一年中累积下来的），而不是员工在最近一段时间的表现。

关键事件法的缺点在于：

（1）费时，需要花大量的时间去搜集那些关键事件，并加以概括和分类。

（2）不能对工作提供完整的描述。关键事件是对工作绩效显著有效或无效的事件，但是遗漏了平均绩效水平。而对工作来说，最重要的一点就是要描述"平均"的职务绩效。利用关键事件法，对中等绩效的员工难以涉及，因而不能完成全面的工作分析。

六、职务分析问卷法

职务分析问卷法（position analysis questionnaire，PAQ）是普渡大学教授麦考密克（E. J. McCormick）于 1972 年提出的一种结构严谨的工作分析问卷。它是一种通用的、以统计分析为基础的方法，用来建立某职位的能力模型，同时运用统计推理进行职位间的比较，以确定相对报酬。具体地说，通过标准化、结构化的问卷形式来收集工作信息，体现的是工作行为、工作条件或者职位特征。

职务分析问卷包含 194 个项目，其中 187 项被用来分析完成工作过程中员工活动的特征（工作元素），另外 7 项涉及薪酬问题。所有的项目被划分为信息来源、智力过程、工作产出、人际关系、工作环境、其他工作特征 6 个类别（见表 3 - 15）。

表 3 – 15   PAQ 问卷工作元素的分类

类别	内容	例子	工作元素数目
信息来源	员工在完成工作过程中从何处、如何获取信息	如何获得文字和视觉信息	35
智力过程	在工作中如何推理、决策、规划，如何处理信息	解决问题的推理难度	14
工作产出	工作需要哪些体力活动、工具与仪器设备，取得什么成果	使用键盘式仪器、装配线	49
人际关系	工作中与哪些人员有关系	指导他人或与公众、顾客接触	36
工作环境	完成工作的自然环境与社会环境如何	是否在高温环境或与内部其他人员冲突的环境下工作	19
其他特征	与工作相关的其他活动、条件或特征	工作时间安排、报酬方法、职务要求	41

职务分析问卷是一种适用性很强的工作分析方法。由于采用标准化问卷，分析结果可以定量化，不需修改即可用于不同组织、不同工作；但是因为该问卷要求相当的经验和较高的阅读理解能力，所以需由经过专门训练的工作人员来填写，而且其通用化和标准化也导致工作特征的抽象化，难以描述实际工作中特定的、具体的任务。图 3 – 3 是职务分析问卷的示例。

> 根据实际情况，请将下列每一项要素在工作中被当作信息来源的程度划分等级：
> 0 不使用　1 很少　2 偶尔　3 中等　4 重要　5 非常重要
> 1. 书面材料（如书籍、报告、办公记录、文章等）
> 2. 数据材料（与数量或数字相关的材料，如图、会计报表）
> 3. 画面材料（作为信息来源的图画或类似材料，如照片、电视画面）
> 4. 模型或与之相关的装置（如模板、模型）
> 5. 视觉装置（如信号灯、钟表）
> 6. 测量仪器（如直尺、温度计、量角器等）
> 7. 机械装置（被当成信息来源的工具、设备、机器等）
> 8. 被加工的材料（成为信息来源的零部件、材料、物体等）
> 9. 未被加工的材料（如那些正处于库存、储存或正被检查的部件或材料）
> 10. 自然特征（风景、田野、地理类型等）
> 11. 人为环境（作为工作信息来源的室内室外环境）
> ……

图 3 – 3　职务分析问卷示例

第三节　工作描述和工作规范的编写

工作分析的最终成果是形成工作描述和工作规范。工作描述以书面的形式明确了组织各个职位的工作性质、工作任务、工作职责与工作环境等要求，工作规范则根据工作分析所提供的信息，说明任职者的资格，如个人特质、条件、所受教育等，二者可以分作两个文件来写，也可以合并成一个工作说明书。

一、工作描述和工作规范编写的基本要求

（一）清晰

在编写过程中，对工作的描述应该做到清晰透彻，使任职人员在阅读之后，能了解其工作，明确其责任范围，而无须再向他人询问。

（二）具体

在内容上，要指出以下内容：工作的种类；复杂程度；技能要求程度；可能出现的问题；任职者对工作的各方面所负责任的大小；责任的程度与类型。

在语言表达上，运用表示具体动作的词汇，如安装、加工、分析、搜集、召集、计划、分解、引导、运输、转交、维持、监督以及推荐等。

通常情况下，组织中较低级职位的任务最为具体，其工作描述也更具体、详细。

（三）简明扼要

工作说明书编写完成后，编写者要检查其是否囊括了工作的所有基本要求，并问问你自己："如果一位新雇员读了这份工作说明书，他或她对这份工作是否会有所了解？"

在实践中，并不是每个企业都要有自己独特的工作说明书，可以参照、借鉴其他的工作说明书。

二、工作描述和工作规范编写的基本内容

虽然工作描述和工作规范并没有标准格式，但是大致包含了以下七个方面的内容：

（1）基本情况：包括工作名称、编号以及其他辨识信息，如岗位等级、定员标准等。

（2）工作内容：包括工作职责及其具体化工作内容。工作职责是对工作内容简短的概括；工作内容则要说明岗位应该做些什么工作，如何去做（所需设备、工具等信息），以及应该达到什么样的标准。

（3）岗位关系：说明本岗位和其他岗位之间的关系，如监控的上级和监控的下属对象，以及与哪些部门的职位发生联系等。

（4）工作权限：即工作的职责范围，界定任职者在工作内容活动上的权限范围，如决策的权限、监督他人的权限以及经费预算的权限等。

（5）工作环境：包括自然环境和社会环境。

（6）工作时间：工作是否正常班制，是否需要经常出差等。

（7）工作要求：分为一般要求、生理要求、心理要求三种。一般要求指教育背景、工作经历等，如年龄、对任职者专业和学历的要求、相关工作时间长短等。生理要求主要是岗位对身体的特殊要求，如身高、体型、体力、耐力等。心理要求包括个性心理特征，如决策力、创造力、理解能力、语言表达、控制力、气质等。

三、工作描述和工作规范编写的注意事项

工作描述和工作规范的编写要注意以下几点：

（1）工作描述和工作规范的内容可依据工作分析的目的加以调整，内容可简可繁，要根据使用目的的不同，在反映基本内容的基础上，突出重点。

（2）针对具体岗位，对事不对人，不要迁就现在的任职者。

（3）工作描述和工作规范可以用表格形式表示，也可以采用叙述形式，但是在实际应用中表格形式与叙述形式相比具有规范、易于管理和使用的优点，因此一般采用表格形式。

（4）应该表明各项职责重要程度及频率。许多具体的工作，所出现的频率、各项职责所占的时间比重都有所不同，因此，可考虑按重要程度或者自上而下排列；或者结合各项职责出现的频率高低，在对应的备注栏上说明职责在总的职责中占的比例。

（5）使用浅显易懂的文字，用语应明确，不要模棱两可，避免出现诸如"执行需要完成的其他任务"之类很笼统的描述。同时要注意语言的简练和准确，具有概括性，不要写成每日的工作流程，切忌写成流水账。

（6）工作分析最好由组织高层主管、典型任职者、人力资源部门代表、工作分析人员共同组成工作小组，协同工作，共同完成。

（7）工作描述和工作规范应该及时修改，与组织的发展保持同步。

【管理实践 3 - 2】

在实践中，工作描述和工作规范可以分别编写成文，也可合并为一个"工作说明书"。表 3 - 16 是一份关于人力资源经理的工作说明书实例。

表 3 - 16　　　　　　　　　人力资源经理职责说明书

职位名称	人力资源经理	职位代码		所属部门	人力资源部
职　　系		职等职级		直属上级	人力资源总监
薪金标准		填写日期		核准人	

职位概要：

协助制定、组织实施公司人力资源战略，建设发展人力资源各项构成体系，最大限度地开发人力资源，为实现公司经营发展战略目标提供人力保障。

工作内容：

（1）参与制定人力资源战略规划，为重大人事决策提供建议和信息支持；

（2）组织制定、执行、监督公司人事管理制度；

（3）协助人力资源总监做好相应的职位说明书，并根据公司职位调整需要进行相应的变更，保证职位说明书与实际相符；

（4）根据部门人员需求情况，提出内部人员调配方案（包括人员内部调入和调出），经上级领导审批后实施，促进人员的优化配置；

（5）与员工进行积极沟通；

（6）制订招聘计划、招聘程序，进行初步的面试与筛选，做好各部门之间的协调工作等；

（7）根据公司对绩效管理的要求，制定评价政策，组织实施绩效管理，并对各部门绩效评价过程进行监督控制，及时解决其中出现的问题，使绩效评价体系能够落到实处，并不断完善绩效管理体系；

（8）制定薪酬政策和晋升政策，组织提薪评审和晋升评审，制定公司福利政策，办理社会保障福利；

（9）组织员工岗前培训、协助办理培训进修手续；

（10）配合人力资源总监做好各种职系人员发展体系的建立，做好人员发展的日常管理工作；

（11）完成人力资源总监交办的其他工作。

任职资格：
　　教育背景：
　　◆ 人力资源、管理或相关专业大学本科以上学历。
　　培训经历：
　　◆ 受过现代人力资源管理技术、劳动法规、财务会计知识和管理能力开发等方面的培训。
　　经　　验：
　　◆ 5 年以上人力资源管理相关工作经验。
　　技能技巧：
　　◆ 对现代企业人力资源管理模式有系统的了解和实践经验积累，对人力资源战略规划、人才的发现与引进、薪酬设计、绩效考核、岗位培训、福利待遇、公司制度建设、组织与人员调整、员工职业生涯设计等具有丰富的实践经验；
　　◆ 对人力资源管理事务性的工作有娴熟的处理技巧，熟悉人事工作流程；
　　◆ 熟悉国家、地区及企业关于合同管理、薪金制度、用人机制、保险福利待遇和培训方针；
　　◆ 能熟练使用办公软件及相关的人事管理软件；
　　◆ 具有较好的英文听、说、读、写能力。
　　态　　度：
　　◆ 对人及组织变化敏感，具有很强的沟通、协调和推进能力；
　　◆ 高度的敬业精神及高涨的工作激情，能接受高强度的工作，工作态度积极乐观；
　　◆ 善于与各类性格的人交往，待人公平。

工作条件：
　　工作场所：办公室。
　　环境状况：舒适。
　　危 险 性：基本无危险，无职业病危险。

直接下属_____　间接下属_____
晋升方向_____　轮转岗位_____
资料来源：刘新苗. 人力资源管理一本通［M］. 北京：中国铁道出版社，2018：29。

第四节　工作设计

一、工作设计与工作分析的关系

　　工作设计是指依据组织所需要完成的各项工作，明确每一个职位所需执行的任务和责任。工作设计与工作分析有直接的联系，工作分析是工作设计的前提和基础，明确工作所要完成的任务和完成任务的人所必须具备的特点；而工作设计则要使工作者所从事的工作合理且具体化，是工作设计最重要的精神所在。换句话说，工作设计是要说明工作怎样做才能最大限度地提高组织的效率和劳动生产率，同时又能最大限度地帮助员工成长和提高满意度。

二、工作设计的原则和主要内容

　　美国管理学家哈克曼（Hackman）和奥尔德姆（Oldman）通过大量问卷调查，于 1976 年提出工作特征模型，该模型所描述的有效工作设计原则包括：（1）充分考虑技能的多样性；

（2）充分考虑任务的完整性；（3）要向员工阐明每项任务的意义；（4）要设置职务反馈环节。他们认为，满足了上述原则，就可以使员工体验到工作的重要性和自己所负的责任，及时了解工作的结果，从中产生高度的内在激励作用，形成高质量的工作绩效及对工作满足感。

工作设计主要包括工作内容、工作职责和工作关系的设计三个方面。

（一）工作内容

工作内容的设计是工作设计的重点，一般包括工作的自主性、完整性、工作广度、工作深度以及工作的反馈五个方面。

（1）工作的自主性。适当的自主权力能增加员工的工作责任感，使员工感到自己受到了信任和重视，从而增强员工工作的责任心，提高工作热情。

（2）工作的完整性。即使是一个简单程序，也要是全过程的，让员工见到自己的工作成果，感受到自己工作的意义，使员工有成就感。

（3）工作的广度，即工作的多样性。工作如果设计过于单一，员工容易产生枯燥和厌烦感，因此设计工作时，尽量使工作多样化，使员工在完成任务的过程中能进行不同的活动，保持工作的兴趣。

（4）工作的深度。设计的工作应具有从易到难的层次，对员工工作的技能提出不同程度的要求，从而增加工作的挑战性，激发员工的创造力和克服困难的能力。

（5）工作的反馈。它包括两方面的信息：一是同事及上级对自己工作意见的反馈；二是工作本身的反馈，如工作的质量、数量、效率等。工作的反馈有助于员工全面认识自己的工作效果，有助于正确引导和激励员工。

（二）工作职责

工作职责的设计主要包括工作的责任、权力的设计。

（1）工作责任的设计就是对员工在工作中应承担的职责及压力范围的界定。责任的界定要适度，工作负荷过低，无压力，会导致员工行为轻率和低效；工作负荷过高，压力过大又会影响员工的身心健康，会导致员工的抱怨和抵触。

（2）权力与责任对应，责任越大、权力范围越广，权力越大、责任也越重；若二者脱节，会影响员工的工作积极性。

（三）工作关系

工作关系指个人在工作中所发生的人与人的关系，包括与他人交往关系、建立友谊的机会，集体工作的要求，监督关系等各个方面。

以上三个方面的工作设计，可以为组织的人力资源管理提供依据，优化人力资源配置，为员工创造更能发挥自身能力、提高效率的工作条件。

三、工作设计应该考虑的因素

有效的工作设计必须综合考虑各种因素，需要对工作进行周密的、有目的的计划安排，既要考虑到员工的具体素质、能力等方面的因素，也要考虑到组织的管理方式、劳动条件、工作环境、政策机制等因素。一般而言，进行工作设计时必须考虑以下三方面的因素。

（一）员工的因素

人是组织活动中最基本的要素，员工需求的变化是工作设计不断更新的一个重要因素。工作设计的一个主要内容就是使员工在工作中得到最大的满足，随着文化教育和经济发展水平的提高，人们的需求层次提高了，除了一定的经济收益外，他们希望在自己的工作中得到锻炼和发展，对工作质量的要求也更高了。

只有重视员工的要求并开发和引导其兴趣，给他们的成长和发展创造有利条件和环境，才能激发员工的工作热情，增强组织吸引力，留住人才。否则随着员工的不满意程度的增加，带来的只能是员工的冷漠和生产低效，以致人才流失。因此工作设计时要尽可能地使工作特征与要求适合员工个人特征，使员工能在工作中发挥最大的潜力。

（二）组织的因素

工作设计最基本的目的是提高组织效率、增加产出。因此工作设计离不开组织对工作的要求，具体进行设计时，应注意：

（1）要按照所需工作时间最短，所需努力最少的原则分解工作。

（2）在相互协作的工作团体中，要考虑每个岗位负荷的均衡性，避免任何等待停留问题，确保工作的连续性。

（3）工作设计时应全面权衡经济效率原则和员工的职业生涯及心理上的需要，找到最佳平衡点，使组织获得生产效益和员工满意度两方面的收益。

（4）在长期工作实践中往往会形成一些传统工作方式，反映了集体的意愿，这也是工作设计过程中不容忽视的因素。

（三）环境因素

环境因素包括人力资源因素和社会期望因素两方面。

（1）人力资源因素。工作设计必须从现实情况出发，不能仅仅凭主观愿望，要充分考虑到人力资源的供给情况，即是否具有足够数量的合格人员。例如，福特公司在早期设计汽车装配线时，考虑到当时大多数潜在劳动力缺乏汽车生产经验，因而把工作设计得比较简单。在人力资源素质不高的情况下，工作内容的设计应相对简单，在技术的引进上也应结合人力资源的情况，避免引进的技术没有合适的人使用，造成资源的浪费，影响组织的生产。

（2）社会期望因素。它是指人们希望通过工作满足些什么。不同的员工其需求层次不同，这就要求在岗位设计时考虑人性方面的因素。随着我国人民文化教育水平的提高，人们对工作生活质量有了更高的期望，单纯从工作效率、工作流程角度来考虑组织效率往往欲速则不达，所以在工作设计时，也要考虑社会期望等人性化的要求。

四、工作设计的方法

工作设计的方法有多种，主要包括以下几种：

（一）工作轮换

工作轮换是为了避免工作专业化的缺陷，让员工积累更多的工作经验而采用的工作设计方法，主要有两种类型：纵向轮换和横向轮换。纵向轮换指的是升职或降职；横向轮换指的是在不同的时间阶段，员工在不同的岗位上工作，比如，人力资源部门的"招聘专员"和"培训专员"的工作，员工可以一年进行一次工作轮换。

工作轮换的优点是：给予员工更多的工作体验和更多的发展机会，拓宽他们的工作视野，对组织的其他活动有更多、更完整的了解，有助于培养人的全面能力，发掘人的潜能，帮助组织发现人才，同时也能增进从事不同工作的员工之间的理解，提高协作效率。而缺点是：只能限于少部分工作，大部分工作是无法进行轮换的，而且增加了组织的培训成本，如果员工不情愿地进行工作轮换反而会降低生产效率。

（二）工作扩大化

工作扩大化是指工作范围的扩大或工作多样性，增加了员工工作种类和工作强度，使员工有更多的工作可做，可以承担几项工种，或者做周期性更长的工作，以减少职务循环重复的频率。

通常新工作同员工原先所做的工作相似。以邮件分类工作为例，可以不局限于按单位分发收到的邮件，还可以包括在寄出邮件上盖戳等工作。工作扩大化的实质内容就是增加每个员工应该掌握的技术种类和操作工种的数目，从而有效地降低对原有工作的单调感和厌烦情绪，提高员工对工作的满意度。

工作扩大化的优点在于：可以提高产品质量，降低劳动成本，提高员工的满意度，改善整个工作效率，生产管理也变得更加灵活。

（三）工作丰富化

工作丰富化也被称作充实工作内容，是指通过工作内容和工作责任上的改变，赋予员工更多的责任、自主权和控制权。工作丰富化与工作扩大化、工作轮换不同，它不是水平地增加员工工作的内容，而是垂直地增加工作内容。这样员工会承担更多的任务、更大的责任，员工有更大的自主权和更高程度的自我管理，还有对工作绩效的反馈。

工作丰富化的主要内容包括：

（1）增加员工责任感。不仅是要增加工作本身的责任，还要增加其控制产品质量，保持生产的计划性、连续性及节奏性的责任，使员工感到自己有责任完成一个完整工作中小小的组成部分。同时增加员工责任意味着降低管理控制程度。

（2）赋予员工一定的工作自主权和自由度，给员工充分表现自己的机会。员工感到工作的成败依靠他的努力和控制，从而认为与其个人职责息息相关时，工作对员工就有了重要的意义。实现这一良好工作心理状态的主要方法是通过完善岗位（或职务）说明书明确各岗位的职责，给予员工工作自主权。同时还跟员工心态有关，要打破怕承担责任的心理。

（3）及时反馈。将有关员工工作绩效的数据及时地反馈给员工，努力克服有考核无反馈现象。了解工作绩效是形成工作满足感的重要因素，如果一个员工看不到自己的劳动成果，就很难得到高层次的满足感。反馈可以来自工作本身、管理者、同事等。

（4）加强与用户的联系。要使员工与产品的用户直接接触，让员工与有关的用户直接建立联系，了解用户的反映，这是工作丰富化最有效的手段之一。

（5）做整个产品的主人。允许员工自始至终地完成一项完整的或完全的任务，这样会促使其产生一种自豪感和成就感。比如，一个员工组装了一整台设备，他会从完成的产品或工作中获得更多的成就感，这更能激发员工的责任感和工作积极性。

（6）自行安排工作进度。大多数员工完全有能力安排自己的工作进度。上级可以确定最终完成日期或者目标，在这个范围内，员工可自行确定达到目标的步骤，弹性工作时间便于其自行安排工作。这是提高员工主动性的有效方法。

工作丰富化的优点：提高对员工的激励水平和员工的工作满意度，从而提高员工生产效率与产品质量；降低员工离职率和缺勤率。

工作丰富化的缺点：培训费用增加；完善和扩充工作设施的费用增加等。

（四）工作团队

当职务是围绕小组而不是个人来进行设计时，就形成了工作团队。这是一种日益流行的工作设计方法。

工作团队有两种类型：综合性团队和自我管理式的团队。在综合性团队（integrated work team）中，一系列的任务被分派给一个小组。然后由小组决定给每个成员分派什么具体的任务，并在任务需要时在成员之间轮换工作。自我管理工作团队（self-managed work team）具有更强的纵向一体化特征。与综合性工作团队相比，它拥有更大的自主权。给自我管理工作团队确定了要完成的目标以后，它就有权自主地决定工作分派、工间休息和质量检验方法等。这些团队甚至常常可以挑选自己的成员，并让成员相互评价工作成绩，其结果是团队主管的职位变得很不重要，甚至有时被取消。

本章小结

1. 工作分析是一种应用系统方法对组织中某一特定的工作做出明确规定，并确定完成这一工作需要什么样的行为的过程，它是人力资源管理所有职能工作的基础和前提。

2. 工作分析要收集的信息可以概括为 7 个方面，即 6W1H。

3. 工作分析的过程可以分为四个阶段——准备阶段、信息收集阶段、分析阶段、完成阶段，这四个阶段彼此相互联系、相互影响。

4. 工作分析常用的定性方法包括问卷法、观察法、访谈法、工作日志法和关键事件法等。实践中，工作分析很少单独使用一种方法，往往组合使用不同的工作分析方法。

5. 工作描述和工作规范是工作分析的成果，两者也可以合并为一个工作说明书。工作描述以书面的形式明确了组织各个职位的工作性质、工作任务、工作职责与工作环境等要求；工作规范则根据工作分析所提供的信息，对从事某项工作的员工的要求和特点加以规范，说明任职者必须具备的资格与要求。

6. 工作设计是要说明工作怎样做才能最大限度地提高组织的效率和劳动生产率，同时又能最大限度地帮助员工成长和提高满意度。有效的工作设计必须综合考虑员工、组织和环境等因素。

7. 工作设计的方法主要包括工作轮换、工作扩大化、工作丰富化、工作团队等。

复习思考题

1. 什么是工作分析？工作分析有哪些内容？

2. 比较各种工作分析信息收集方法的优缺点。

3. 工作分析常被称为人力资源管理的"基石"，你怎么看？

4. 为什么要进行工作设计？工作设计中应该考虑哪些因素？

【实战案例】

市场部修订职位描述的现实困难

市场部经理王明急匆匆地来找人力资源部刘经理，"刘经理，昨天你发的那份通知要求我在两周之内修改完市场部20项工作的职位描述，是真的吗？"

"是的，有什么问题吗？"刘经理问。

王明赶忙解释说："这太浪费时间了，最近我还有其他更重要的事情要做，如市场调查项目还等着我去完成呢！修改职位描述至少要花好几天的时间，让我放下目前手中的工作去修改职位描述，恐怕难以做到。我们已经三年没有修改职位描述了，的确需要大幅度修改，这点我承认。可是职位描述修改后，我的下属会有各种意见。还记得三年前我们对职位描述进行了稍微的修改，当我把修改后的职位描述下发给员工后，立刻就在员工中引起了混乱，很多员工不认同修改后的职位描述。"

"怎么会出现这种情况呢？"刘经理问。

王明说："这件事情本身就很复杂，员工的工作内容往往变化很大，很多事情通常是临时分派下去的，过于强调职位描述，可能使得一些员工认为职位描述中没规定的工作就不必做了。而且，如果我把部门里的每个人实际正在做的工作写进职位描述，无形中会强调一些临时性、迫切性的工作，忽视一些长远性的工作。这样会造成员工士气低落和工作混乱的后果。"

刘经理问："那你有什么建议吗？上面要求我两周内完成任务。"

"我一点也不想做这项工作，"王明回答说，"而且市场调查项目不能停下来。您能不能向上级反映一下，修改职位描述这件事情暂时缓一缓，等我有空闲的时间再去做。"

资料来源：袁声莉，毛忞歆. 工作分析与职位管理［M］. 北京：社会科学出版社，2014：186－187。

思考分析：

（1）三年前市场部的职位描述修改引起混乱，可能原因是什么？怎么解决？

（2）职位描述中没有规定的工作，员工是否应该承担？临时派任务的方式，是否妥当？

（3）市场部的职位描述修订工作，应该由谁来完成？

（4）修改市场部职位描述之前，需要做哪些工作？

第三章 习题

第四章

招聘管理

【学习目标】

- 掌握招聘的概念与特点；
- 了解招聘的影响因素；
- 熟悉招聘的渠道；
- 掌握人员甄选的概念与方法；
- 掌握人员录用的流程。

【案例导入】

字节跳动 2022 春季校园招聘

字节跳动公司成立于 2012 年 3 月，公司使命为"激发创造，丰富生活"。公司业务覆盖 150 个国家和地区，拥有 11 万名员工。字节跳动在全球推出了包括今日头条、抖音、西瓜视频、飞书、TikTok、Lark、Helo 等有影响力的产品。截至 2021 年 6 月，字节跳动旗下产品全球月活跃用户数已超过 19 亿户。字节跳动鼓励求真务实、极致敢为的做事方式，尊重差异并相信不同视角能为合作带来更多启发。校园招聘是字节跳动招揽优秀人才的重要渠道。

2022 年 2 月，字节跳动公司正式启动当年春季校园招聘，覆盖研发、运营、产品、销售、职能/支持、设计、市场、游戏策划等八大类职位；工作地点涉及北京、上海、深圳、杭州、广州、成都、南京、武汉、重庆、厦门、西安、三亚等 20 多个城市。字节跳动的校园招聘是怎样的呢？

1. 招聘主题

校招面向的是年轻学子。字节跳动校招的主题是"和优秀的人，做有挑战的事"，可以理解为两重含义，一是来字节跳动的都是优秀人才，在优秀的团队里，个人能够得到很好的发展；二是公司的发展目标具有挑战性，加入字节跳动，就要不惧压力和挑战。这样的主题不仅吸引年轻人，更激励年轻人。

2. 校招准备

字节跳动在校招前的准备包括：列出每个职位的"卖点"；对面试官进行"反面霸"等培训，以提高校招的选人效率；做好线上的空中宣讲、线下的校园宣讲等工作。其中，空中宣讲采取职类专场形式：技术专场、产品＆运营专场、人力资源专场、销售专场。

3. 校招流程

字节跳动校园招聘流程通常是网申/内推—笔试/面试—发放录取通知。2022 年春季校园招聘职位实现八大职类全覆盖，研发类和非研发类岗位均有大量需求，且研发类岗位的需求几乎是前一年的两倍；面向对象为2021年9月至2022年8月期间毕业（中国大陆以毕业证为准，非中国大陆地区以学位证为准）的学生，且最高学历毕业后无全职工作经验的学生；每人可以申请2个职位，增加大学生被录取的机会。此次春季校招的流程与具体时间安排如下：

- 投递时间：2月17日–4月30日
- 笔试时间：2月下旬–5月上旬
- 面试时间：2月中下旬开始
- 录用通知时间：2月下旬开始

资料来源：根据字节跳动校招官网等资料整理。

企业在招聘中只有找到最适合岗位的人员，才能提升岗位绩效、最大限度发挥岗位价值。而用人选择离不开科学的手段，恰如百度在招聘中应用人工智能AI和大数据技术，不仅提高了招聘效率，也提高了招聘的准确性。本章将详细介绍招聘的原则和具体流程。

第一节　招聘概述

一、招聘的概念

员工招聘是指组织为了生存和发展需要，根据人力资源规划和空缺岗位实际情况，借助一定的渠道吸引或寻找具备任职资格和条件的求职者，并采取一定的方法从中甄选和确定合适的人员予以录用的过程。招聘是人力资源管理的重要职能，也是企业吸引和获取人才的重要渠道。

招聘的概念包含了四层含义：

（1）招聘是有目的活动。招聘的目的是找到组织所需要的人才，解决人力资源供需矛盾，满足组织发展的需要，同时树立组织的良好形象。

（2）招聘是有计划的活动。首先根据人力资源规划，从全局视角分析人力资源的数量和质量需求，以及岗位空缺现状，继而制订招聘计划和设计招聘方案；其次，遵循市场规律，体现在对岗位的要求、薪酬的确定、招聘时间的安排等方面；最后，按照工作说明书和岗位胜任力要求，选择相应的甄选方法。

（3）招聘是一项系统性的工作。招聘是由多个连续的、相互联系的环节组成的系统性工作，主要包括招募、甄选、录用与评估四个环节。

（4）招聘是依据一定前提的活动。人力资源规划是指导人力资源管理的纲领，描述了组织在一定期间的人力资源结构、数量、质量等安排。招聘工作需要立足人力资源规划，并根据企业岗位空缺和人员需求状况，制订招聘计划和实施方案。

随着信息化、数字化人力资源管理成为趋势，员工招聘中应用相关平台和软件对求职者进行筛选和评价，可以更快有效地找到符合岗位要求的人员，从而提高招聘效率和降低招聘成本。

二、招聘的原则

（1）公开公平原则。公开公平原则是指用人单位将招聘岗位的名称、招聘数量、招聘时间、应聘资格和条件、招聘程序等向社会公开发布，并且对所有应聘者一视同仁，为应聘者提供平等的竞争机会；设计科学的选拔方法，严格选拔程序，防止性别、民族、年龄、地域等歧视，以员工知识和能力作为选拔录用的依据。

（2）人岗匹配原则。人岗匹配原则是指在选拔人才时要做到量才录用，注意应聘者能力素质与岗位要求相匹配，任职者素质高于岗位要求，会造成员工能力无法有效发挥，增加用工成本，也容易导致人才流失；任职者素质低于岗位要求，会导致员工无法胜任岗位，影响工作绩效。招聘的目的是要招到适合岗位要求的人才，做到职得其人、人尽其才。

（3）全面评价原则。全面评价原则是对应聘者品德、知识、能力、智力、人格、工作经验和业绩等进行全面的评价和考察，以便客观准确地了解应聘者，从而做出科学合理的录用决策，确保找到组织和岗位所需要的人才。

（4）效率优先原则。效率优先原则是指在招聘过程中，以最经济的招聘支出确保招录到高质量的符合组织需求的人才。因此，在组织招聘工作时，要根据不同职位的工作职责和任职要求，选择恰当的招聘渠道和选拔方法，在保证录用人员质量的基础上，尽可能降低招聘成本。

第二节　招聘流程

招聘工作是一项系统性、程序性的工作，招聘程序的科学性、合理性和艺术性决定了招聘工作的质量，进而影响人力资源的质量和水平。根据招聘活动本身的规律，招聘流程主要包括提出招聘需求、编制招聘计划、人员招募、甄选、录用和招聘效果评估等环节。

一、提出招聘需求

招聘工作的前提是用人需求。用人需求通常基于以下原因：一是企业随着业务的增加和经营项目的调整，产生新的用人需求；二是企业根据发展规划，提出一定时期内各类人才的储备计划，其目的是满足企业长远发展需要；三是根据员工离职产生的职位空缺，提出员工补充计划；四是随着数字化时代新技术的投入使用，现有人员无法满足新技术对岗位提出的新要求，造成员工结构性失调而产生用人需求。

通常，企业在每年年初提出年度用人计划。一般由用人部门提出用人需求，人力资源部门会同用人部门针对企业和部门实际进行需求分析，审核用人需求并提出意见，报上级领导审定后确定。招聘需求常以招聘需求表的形式提交人力资源部，表4-1为用人部门招聘需求表样例。

表 4 - 1 　　　　　　　　　　直接用人部门招聘需求表（示例）

部门		提交人			年　　月　　日	
所需招聘职位名称		职位性质	□ 固定职位 □ 临时职位 （日期：从　　　　至　　　　）			
关键职责		职位编制	人（超编者需提交增编申请）			
		现有人数		拟聘人数		
		到岗时间				
需求原因	□原有业务量增大　　　　□新增业务　　　　□原任职人员离职 □现任职人员不称职　　　□人才储备　　　　□其他					
职位应具备的素质要求	学　历	□高中（中专）及以下　　□大专　　　□本科　　　□研究生				
	所需专业要求					
	英语要求	□无　　　　□四级 □六级　　　□其他	电脑要求	□无　　　　　　□略懂办公软件 □熟练电脑软件　□其他		
	工作经验	□应届毕业生　□1~2年　□2~5年　□5~10年　□10年以上				
	素质要求					
	专业技能					
	其　他	性别：□男　　□女　　□不限　　年龄：　　　至　　　岁				
部门经理意见： 签名：　　　　　日期：			行政人事部意见： 签名：　　　　　　日期：			
副总经理意见 签名：　　　　　日期：			总经理意见： 签名：　　　　　日期			

备注："关键职责"栏只需填写3~5项关键职责，并将招聘职位的职位说明书附后。

二、编制招聘计划

招聘需求确定后，企业就要制订相应的招聘计划，以确保招聘工作有序进行。招聘计划的内容主要包括：招聘岗位、人数、任职要求；招聘人员组成；招聘时间；招聘范围；招聘渠道；甄选方式；招聘预算。

（1）招聘岗位、人数和任职要求具体指需要招聘的岗位、各岗位的人数及任职的资格和要求等。

（2）招聘人员组成。企业可根据招聘岗位实际，确定相应的招聘工作成员。通常，企业高层管理人员的招聘工作成员由董事会成员及聘请的外部专家等组成，企业中层管理人员及特殊人才的招聘工作成员由企业总经理、分管副总经理、人力资源负责人、外部专家等组成，企业基层员工的招聘工作成员由人力资源部、用人部门负责人及资深员工组成。

（3）招聘时间通常是指招聘工作从发布招聘信息到录用人员正式上岗的期间。招聘工作要吸引足够多符合岗位要求的人员，需要花费一定的时间，因此，为避免企业因缺少人员而影响正常的运转，企业可根据用人部门的岗位申请表，预先编制好招聘工作进程表，科学、合理地确定招聘时间，确保所需人员及时到岗。

（4）招聘范围是指企业在多大地域范围实施招聘工作。通常招聘范围越大，满足任职条件的人员越多，越容易招聘到优秀人才，但随着招聘范围扩大，企业投入的招聘成本也会相应增加。因此，企业在确定招聘范围时，应综合考虑所招聘岗位的具体要求、企业招聘预算和人力资源市场的供应状况，合理确定招聘范围。一般而言，任职要求越高的岗位和特殊人才，招聘范围越大，如面向全省、全国甚至面向国际市场进行招聘；而任职要求较低、可替代性较高的岗位，可在较小范围内进行招聘，如地方劳动力市场及人才市场进行招聘即可。

（5）招聘渠道是指企业招聘信息通过哪些渠道进行发布。招聘渠道一般包括内部招聘和外部招聘两种。内部招聘面向企业内部全体员工，通常采用竞聘上岗、部门推荐、人才库等方法；外部招聘面向社会人员和高校应届毕业生，包括校园招聘、招聘会、互联网招聘平台、中介机构、猎头公司、员工举荐等。企业可综合招聘岗位的性质、任职要求、企业内部人力资源状况、企业文化特点、招聘费用预算等情况确定。

（6）甄选方式主要包括简历筛选、笔试、面试、心理测验、评价中心技术等，不同甄选方法在评价应聘人员素质时，既层层深入又各有侧重。一般来讲，采用的甄选方法越多，招聘到优秀人才的概率越高，企业投入的招聘成本也越大。企业可结合岗位任职要求和招聘预算，选择相应的甄选方法。通常，岗位越重要，对任职人员的要求越高，甄选环节和方法可以越多样化；对任职要求低、可替代性强的岗位，甄选方法可相对简化。

（7）招聘预算指企业在实施招聘工作中投入的相关费用，包括直接招聘费用和间接招聘费用，直接招聘费用主要包括招聘广告费、人才甄选和测评费用、邀请专家费用等，间接招聘费用主要包括招聘差旅费、招聘补贴或加班费、场地租赁费、招聘办公费等。表4-2为企业招聘费用预算示例。

表4-2　　　　　　　　　企业招聘费用预算示例

招聘时间		招聘岗位		招聘人数	
序号	费用名称		预算金额	备注	
1	直接费用	招聘广告费		招聘广告制作费、企业宣传费用等	
2		纸面招聘广告费用		报纸、杂志等纸媒招聘广告费用等	
3		互联网平台招聘费用		网站、社交媒体招聘费用等	
4		招聘会参展费用		参加招聘会展位费、企业宣传费用等	
5		甄选费用		测评工具费、试题编制费用等	
6		邀请专家费用		专家参加甄选及顾问/咨询费用	

续表

序号	费用名称		预算金额	备注
7	间接费用	招聘差旅费		交通费、住宿费、餐饮费、招聘出差补贴/加班费等
8		办公费用		包括文印费、场地和设备租赁费等
9		其他费用		
费用合计				
人均招聘费用				

人力资源部负责人签字：　　　　　　　　公司主管领导审批：

日期：　　　　　　　　　　　　　　　　日期：

制表人：　　　　　　　　　　　　　　　制表日期：

三、人员招募

招聘计划确定后，就进入人员招募的环节。招募即企业利用合适的渠道寻找并吸引符合条件的人员前来应聘的过程。企业能否吸引足够多的人员参加应聘，很大程度上决定了企业的招聘效率和招聘质量，应聘的人员越多，企业选出优秀人才的可能性就越大。因此，企业应根据岗位特点和任职要求，选择最有针对性的招聘渠道，发布招聘信息，宣传企业形象，尽可能吸引更多符合条件的人员报名。具体招聘渠道详见本章第三节。

四、人员甄选

人员甄选是指企业根据一定的标准和要求，应用科学的方法和手段，对应聘者的人格、知识和能力进行考察和比较，最终挑选出企业所需要的员工的过程。人员甄选的过程是对应聘者潜能进行评价的过程，录用人员的质量很大程度上决定了岗位的绩效。因此，甄选环节是企业招聘环节中的关键环节，企业应制订详细的方案，确保录用人员的质量，这里所说的"质量"，应该是最适合该岗位的人，而不一定是最优秀的人。具体甄选方法详见本章第四节。

五、人员录用

人员录用是指企业通过层层选拔，对符合录用条件的人员，通过组织体格检查、录用条件核验等方式，最终确定录用人员，并发放录用通知，办理员工入职手续。录用条件核验可通过查验候选人学历等相关证明、工作经历真实性调查等方式，了解候选人信息的真实性，考察其是否符合录用条件。在此过程中，可能有一些候选人因身体素质、本人条件等原因不符合企业要求，也有一些候选人因有更理想的选择而放弃本次就业机会，因此，企业应内部确定录用备用人选，以确保最终录用到岗人数。

六、招聘效果评估

招聘效果评估主要包括招聘成本效用评估和招聘质量评估。招聘成本效用体现了招聘效率，招聘成本包括招募成本、选拔成本、录用成本等；招聘质量主要体现在录用人员试用期考核结果、用人部门对招聘工作的满意度等方面，通过了解录用人员测评结果与试用期实际业绩是否具有较高一致性，检查招聘工作的质量；用人部门对招聘工作满意度主要包括招聘工作填补岗位的及时性、对录用人员的满意度等方面。

第三节　招聘渠道

企业招聘工作的成效很大程度上取决于应聘人员的数量，应聘的人越多，企业选出优秀人才的可能性就越大。企业在选择招聘渠道时，需综合考虑岗位素质要求、上岗时间要求、该岗位在人才市场紧缺程度、企业招聘预算等因素，并选择合适的招聘渠道。在这一阶段，企业可利用相关招聘渠道，在发布招聘信息、吸引人才的同时，积极宣传企业形象，扩大社会影响力。招聘渠道主要分为内部招聘和外部招聘两类。

一、内部招聘

内部招聘是指企业采用多种方法和手段，面向内部员工进行人员招募与选拔，挑选出合适人员填补空缺岗位或新增岗位的活动。内部招聘是选拔管理人员的重要渠道，一方面给予员工职业成长与发展的通道，给有能力有业绩的员工更多的晋升机会，营造企业重视培养人才的企业文化氛围，能有效提高员工的工作热情和归属感；另一方面，对企业用人的公开、公平、公正提出了更高要求，一旦处理不好，可能招来员工对企业内部选拔人才的批评之声，引起竞聘失败的员工消极怠工，严重者导致未被提拔的优秀员工的流失。

内部招聘主要包括以下几种方式。

(一) 内部公开招聘

内部公开招聘是企业内部招聘最常用的方法。企业将空缺岗位和新增岗位面向企业全体员工公开招聘，并将岗位描述和主要职责、任职资格、薪酬等级通过企业公告栏、企业 OA 系统、电子邮件等方式进行发布，符合条件的员工均可报名，企业内部进行资格审查、公开选拔录用。

内部公开招聘的优点有：对企业而言，为员工提供了公开公平竞争的机会，有利于选拔到最合适的员工，也营造了企业重视人才、人尽其才的企业文化；对员工而言，公平的竞争机会有利于员工加强学习，重视经验积累，提升工作能力和岗位绩效，为晋升做好准备；对部门主管而言，部门优秀员工被委以重任，一方面体现了主管带队伍的能力，另一方面也督促主管重视部门内部"留人"工作，稳定部门内员工队伍。

（二）主管推荐

主管推荐即由用人部门主管推荐部门内空缺职位人选的一种方法。一般由主管从本部门内员工中推荐，由于主管掌握空缺岗位用人要求，又对本部门员工性格特点和工作情况更加了解，更有利于找到合适的人选；但容易产生因主管个人主观原因，用人中出现重个人感情、轻业绩、知觉偏差等问题，影响用人的客观公正性，同时容易滋生裙带关系、小团体等现象。

（三）企业人才库

企业人才库是企业以人力资源信息系统为平台，建立企业人才库，将员工基本信息、工作经历、学习培训经历、职业兴趣等信息录入信息系统，并及时更新状态信息，一旦企业出现岗位空缺，即可找到人才库中符合相应岗位要求的人员，再通过企业内部进一步对符合条件人员进行筛选和评价，找到最合适人选。这效率较高的一种内部招聘方式。

（四）岗位轮换

岗位轮换是指企业定期对员工进行轮流换岗，使员工有更多机会了解企业相关业务流程。岗位轮换可以丰富员工工作经验，使员工在熟悉不同岗位业务的同时，锻炼员工多方面的能力，是培养和发现潜力员工的一种有效方法，也是企业培养储备管理人才的一种重要方式。同时当企业某一岗位出现空缺时，有该岗位工作经验的员工就能及时到岗填补空缺；岗位轮换也能使员工进一步找到职业兴趣点，有利于减少员工长期从事某一岗位产生的职业倦怠感，保持员工对工作的热情。

（五）职业生涯开发系统

职业生涯开发系统是指企业通过明确各类岗位的职业晋升通道，让员工了解自身岗位的发展前景，并对各职业通道上的员工给予培训机会，当某一节点的岗位出现空缺时，该通道上满足条件的员工可以参与竞聘。职业生涯开发系统确保了组织出现岗位空缺时随时有人选。但如果目标岗位一直没有空缺，通道上员工一直停留在原有工作岗位上，不利于调动员工工作积极性和保持员工稳定性。

二、外部招聘

外部招聘是企业从企业外部招聘人员的方式，企业处于初创期或发展期，或对企业进行战略调整时，对人员的需求增加，当内部招聘满足不了企业发展需要时，往往通过高校和社会进行人才招聘。外部招聘是企业进行岗位空缺人员补充的主要方式。根据企业利用的媒介和平台的不同，外部招聘的方式分为以下几种。

（一）校园招聘

校园招聘是企业直接进入各类高校或职业技术学校，从应届毕业生中招聘企业所需人才的过程。校园招聘的形式包括参加校方组织的校园招聘会、企业校园专场招聘会、校企联合培养学生、学校就业部门推荐毕业生、毕业实习等。

1. 校园招聘会的流程

（1）确定招聘的岗位。企业根据实际，确定面向应届毕业生招聘的岗位。一般来讲，对一些综合素质要求较高或作为管理储备的岗位，企业在招聘时可以优先考虑实施校园招聘。

（2）选择招聘的学校和专业。企业根据自身规模、发展阶段、社会影响力、薪酬水平、招聘岗位特点及任职要求等因素，选择进入招聘的学校是国家重点院校、普通本科高校、高职院校还是职业学校，以及面向哪些专业进行招聘。

（3）准备企业宣传资料。企业应准备好招聘所需的宣传资料，包括招聘展位布置和企业专场宣讲相关材料，宣传形式包括纸质宣传册、视频资料、宣讲材料等，重点从企业概况、发展历程、经营业绩、企业文化、人才政策、招聘岗位介绍、企业工作的校友经验分享等。企业校园招聘的同时，也是宣传企业、树立良好企业形象的机会，企业应把握机会，充分准备。

（4）确定招聘成员。招聘成员一般由企业人力资源部门主管或招聘专员、用人部门主管、以往从该校招聘的优秀员工组成。这样的招聘人员结构，一方面对招聘学校的情况较为熟悉，有利于加强与校方联系，另一方面，校友作为企业优秀员工为企业宣传有利于吸引更多优秀毕业生参加应聘。

（5）报名及初步筛选。学生根据企业发布的招聘信息投递简历，企业根据岗位要求进行人员的初步筛选，企业可以综合毕业生所学专业、学业成绩、所获荣誉、专业实习经历、报名面谈表现等进行简历筛选，初步确定后续测评人员名单。

（6）组织测试。企业对经过初步筛选入围的毕业生，根据岗位任职要求，选择笔试、面试、评价中心技术、心理测验等测评方式，进一步了解应聘人员情况，确定拟录用人选。

（7）背景调查。企业通过向学校有关部门和老师了解拟录用学生在校期间的表现，一方面可以更进一步了解学生，提高用人的准确性；另一方面，也可验证企业相关测评方法的信度和效度，减少因考官知觉偏差造成的选拔工作失误。

（8）录用决策。通过选拔和背景调查，最终确定录用人选，报企业主管领导或决策层同意后，就可与毕业生签订就业协议，同时为避免优秀求职者流向其他企业，协议签订后就可安排毕业生到企业实习，毕业后即可正式上岗。

2. 校园招聘的优缺点

校园招聘的优点：

（1）针对性强。企业可以根据岗位要求，选择匹配的学校和专业进行招聘，针对性强。

（2）招聘效率高。学校招聘，符合条件人员多，选择面广，同时有学校相关部门和老师提供学生在校表现的鉴定，可以更全面地了解应聘者的情况，招聘效率高。

（3）员工可塑性强。应届毕业生没有经历过其他企业的管理方式和企业文化，更容易适应企业的管理方式、规章制度和企业文化，熟悉工作和进入角色更快。

校园招聘的不足主要体现在：应届毕业生缺乏实践经验，企业需要投入的培训成本较高；毕业生在最初几年工作更换频繁，影响企业人力资源稳定性，会增加企业人力资源重置成本。

（二）利用媒体进行招聘

企业可以利用人才招聘网站等互联网媒体和平台、公众号、杂志、报纸等纸质媒体，发布招聘信息，吸引合适求职者前来应聘。一方面，利用媒体可以很好地宣传企业，树立企业形象；另一方面，利用媒体招聘信息发布速度快，受众面广，人员层次多，企业选择余地大，有利于招聘到合适的人才。企业在利用媒体进行招聘时，应重点关注两方面问题。一是媒体的选择。不同的媒体受众面有差异，包括职业背景、文化层次、年龄等有群体差异性。二是招聘广告内容的设计。良好的企业形象和发展前景、明确的岗位说明和任职要求、有激励性的薪酬福利以及企业人才观和人才职业发展的空间是求职者所关注的，企业应精心设计招聘广告的内容，以达到吸引人才的目的。

1. 媒体的选择

随着互联网的发展和智能手机广泛使用，人们的阅读习惯和获取信息的方式也发生了很大变化，企业可选择的招聘媒体越来越多样化，除了传统的报纸、杂志、电视等招聘媒体，还包括各类人才招聘网站、招聘应用软件、微信公众号、社交平台等，并逐渐成为主流的招聘媒体，曾经受众面很广的纸质媒体不再像以前那样受到追捧。因此，企业在选择招聘媒体时应综合考虑招聘岗位对人才的要求、招聘媒体的主要受众面、招聘时效性因素，并做到互为补充，实现吸引人才的目的。

2. 招聘广告内容的设计

在确定了招聘媒体后，就要确定招聘广告的内容，招聘广告内容是吸引求职者应聘的重要因素。因此，人力资源部门要精心设计相关内容，将与空缺岗位有关的细节信息充分告知求职者，使求职者能准确判断招聘广告中的任职要求，避免大量不符合条件者前来应聘，提高招聘的准确性。一份好的招聘广告，通常按照"注意—兴趣—愿望—行动"原则（AIDA）设计招聘广告，具体为：

（1）注意（attention）。在色彩、版面、文字等设计中，企业招聘广告与其他广告要有明显区别，以引起人们的注意。

（2）兴趣（interest）。要想吸引求职者注意，应考虑求职者所关注的内容。可能是工作本身，如富于挑战性的工作、良好的职业发展前景；也可能是有吸引力的薪酬福利。这些都应在招聘广告中加以体现。

（3）愿望（desire）。当求职者的兴趣被激发后，就会产生来企业应聘的愿望，企业可以通过宣传组织核心价值观、个人职业发展前景、学习培训机会等方面，激发求职者对企业的认同感，鼓励其前来应聘。

（4）行动（action）。当求职者的兴趣和愿望被激发后，就会产生应聘的行动，企业应清晰告知应聘报名的方式和报名截止日期，督促求职者尽快做出求职行动。

基于以上原则，企业可以设计有吸引力的招聘广告，基本内容应包括：

（1）企业概况，包括企业名称、所在行业、经营范围、业绩和成就、核心价值观等。

（2）岗位概述，包括岗位名称、招聘人数、主要职责和任职资格等。

（3）岗位发展前景及学习培训机会。

（4）求职者应提供的资料，包括个人简历、推荐信、与应聘岗位有关的证书和证明材料。

（5）报名截止时间和联系方式等。

【管理实践 4 - 1】

海尔社会招聘启事（数字技术平台 HR）

一、基本信息

1 - 机会编号：JD10143571；

2 - 招聘岗位：数字技术平台 HR；

3 - 薪资面议。

二、职责描述

1 - 根据数字技术平台发展战略，编制人力资源战略规划，制订人力资源需求计划，并达成年度人力资源管理目标；

2 - 快速组建团队，聚焦数字技术平台的引领目标，驱动小微实现对赌目标，保证每个小微/创客人单合一；

3 - 搭建数字技术平台的组织并升级，使平台和小微同一目标并联，共创共享，演进孵化升级，开放吸引一流人才，对人员升级和按单聚散；

4 - 搭建共创共享的创业人单酬机制，驱动小微引爆，完善人力资源薪酬、绩效考核工作的落实及体系，激励机制的设计、实施与优化；

5 - 数字技术平台机制落地、人单合一及人工成本的统筹管理；

6 - 单酬合一，确保单酬机制落地闭环；

7 - 通过文化价值驱动和融合，链群合约落地，驱动小微加速引爆发展；

8 - 员工满意度提升。

三、任职要求

1 - 认同集团战略、具有较强的责任心，具有创客精神，学习能力强，善于创新；

2 - 本科及以上学历；

3 - 人力资源或管理类相关专业，受过 HR 专业培训，熟悉集团全流程人力资源运营流程，熟悉人力资源相关法律法规，人力资源工作 8 年以上者优先；

4 - 熟练操作 Excel、PPT 等办公软件。

四、工作地址

青岛市海尔路 1 号。

资料来源：http://maker.haier.net/client/job/detail/id/10143571/recommend_record/1，2022 - 05 - 31，局部调整。

（编者注：（1）海尔"人单合一"模式下的用户付薪机制，是海尔基于互联网时代背景，实施网络化战略，驱动创客人单合一，小微引爆引领的激励机制创新实践。读者可查阅 2019 年拉姆·查兰管理实践奖获奖案例《海尔：人单合一模式下的用户付薪机制》进一步了解。（2）"链群"是生态链小微群的简称。链群合约是信息化的多方对赌契约，对赌契约签订、预案落实和预案完成后的增值分享，都通过线上系统完成，各利益攸关方通过人单合一智能合约应用程序软件抢高单、抢分享，抢出爆款。（3）海尔的"人单酬"机制：每个自主经营体和个人都是价值创造过程中的节点，其存在的基础是"单"。每个节点都需要明确自己的顾客，把顾客需求转化成自己的"单"，然后根据"单"的完成情况获得薪酬，这种报酬被称为"人单酬"。）

（三）职业中介机构

职业中介机构包括各类职业介绍所、劳动就业服务中心、人才交流中心等机构，拥有较多的初、中级人力资源，是企业招聘基层普通岗位的理想渠道。职业中介机构在企业和求职者之间建立起联系的桥梁，帮助企业初步筛选出符合要求的人员。但由于中介机构对企业情况了解不充分，对岗位要求把握不准确，筛选工作质量不高，有可能剔除高素质的求职者。为避免此类情况，专家建议：首先，向职业介绍机构提供准确、完整的职位说明书；其次，限定职业中介机构筛选求职者的方法和程序；最后，最好与一两家职业中介机构建立长期合作关系，确保其提供求职者的质量。

（四）人才招聘会

人才招聘会是指由一些机构或政府有关部门组织的，为企业招聘和求职者择业提供服务的人力资源活动，是比较传统的一种招聘方式。近年来，一些企业和组织通过参加行业性会议或专业论坛，并参加组办机构组织的招聘会，设立招聘展位，有针对性地吸引一些高级和专业人才应聘，成为精准招聘人才的一种新趋势。企业参加招聘会的主要程序如下：

（1）选择招聘会。企业在选择要参加的招聘会时，重点看招聘会的组织机构、招聘会面向求职者的层次、招聘会的宣传情况等。

（2）准备工作。它包括与举办方沟通，了解举办方要求，提出需要对方提供的帮助，以便建立良好的合作关系；联系确定招聘展位；根据招聘会层次制作招聘宣传资料和宣传视频；安排并培训参加招聘会的人员。

（3）参加招聘会。招聘人员提前到场，布置招聘展位，保持良好的精神风貌，语言行为要得体，把握好与求职者面谈的时间，展示良好的企业形象。

（4）及时向求职者反馈。招聘会结束，招聘人员要反应迅速，及时完成简历的分类和筛选，在最短时间内反馈给求职者。

（五）猎头招聘

猎头招聘即企业委托猎头公司搜寻中高级管理人才或尖端技术人才的招聘活动。这些人员通常正受雇于某家企业，但如果有更高的薪酬、更好的职业前景，他们乐于改变工作，属于被动求职者。由于他们在任职企业中处于关键岗位，对企业经营发展产生重要影响，因此，企业通过猎头公司招聘的人员，需承担较高的招聘成本。按照行业常规，猎头招聘的收费模式分为两种：一种是猎头公司推荐成功，按录用人员第一年年薪（工资＋奖金）的25%～40%收取费用；另一种是无论企业是否成功录用，猎头公司都收取固定费用。

猎头公司掌握大量有经验的中高端人才信息，具有丰富的人才资源库，因此，搜索人才速度快、质量高、与招聘岗位匹配度高。猎头招聘的流程通常是：接受企业委托、找到与岗位匹配对象、签订委托招聘协议、搜寻和甄选人才、推荐与复试、录用、结算余款及后续跟踪服务。

（六）员工引荐

员工引荐，也叫内推，是企业现有员工向自己的亲友、熟人介绍职位空缺的信息，并鼓励他们申请该职位的做法。由于企业员工对应聘者和空缺岗位都比较了解，同时被举荐人的表现也会影响举荐人的声望，举荐人会更慎重对被举荐人进行评价和举荐，因此，员工举荐是一种招聘到高质量员工的有效方式。据调查发现，美国微软公司 30% 的开发人员是通过员工举荐招聘的。

员工举荐方式的长处是对被举荐人和举荐岗位的了解比较准确，对员工和岗位之间是否匹配可以事先做出分析，确保被举荐人适合举荐的岗位；被举荐人一旦被录用，顾及举荐人的关系，工作也会更加努力；员工举荐有利于招聘到高质量的、相对稳定的员工，也是招聘成本最低的一种外部招聘方式。但是，员工引荐也可能形成裙带关系、组织政治的可能性，不利于企业政策和管理制度的落实。

（七）招聘流程外包

招聘流程外包（recruitment process outsourcing，RPO）是指即企业将招聘需求告知外包公司，后者从岗位设计、职位描述、任职条件、招聘信息发布、简历筛选、人才测评，到最终的人员录用，为前者提供全流程服务的过程。招聘流程外包在企业需要大规模用人或急需招聘人员的情况下，是一种理想的招聘方式，既可满足企业的用人需求，又可以让企业人力资源部门从繁杂的事务性招聘工作中解放出来，更加专注于企业人力资源战略管理和其他更重要的人力资源管理职能，提高企业人力资源管理水平。随着社会分工不断深化，招聘流程外包正成为大规模招聘的一种备选方案。但其也存在外包企业对委托企业情况了解不够，导致招来的人员素质良莠不齐、不符合企业核心价值观和岗位胜任力要求等情况。

综上，内部招聘和外部招聘各有优缺点（见表 4 - 3）。

表 4 - 3　　　　　　　　　　内部招聘和外部招聘的优缺点

特点	内部招聘	外部招聘
优点	• 对应聘者了解全面，准确性高 • 鼓舞士气，激励员工进取 • 应聘者可更快适应工作 • 选择费用低 • 组织对员工的培训投资得到回报	• 人员来源广，选择余地大，有利于招到一流人才 • 新员工能带来新技能、新思想、新方法 • 人才现成，节省培训费用
不足	• 来源局限于企业内部，人员选择余地小 • 容易出现"近亲繁殖"，不利于企业创新 • 内部竞争带来内耗，影响员工积极性	• 不了解企业情况，较难融入企业文化 • 对应聘者了解少，可能招错人 • 内部员工得不到竞争岗位的机会，积极性可能受到影响

第四节　人员甄选

一、甄选的概念和内涵

当员工招募环节结束后，就进入甄选阶段，企业需要解决的是如何挑选出最适合的高质量求职者，并将他们配置到合适的岗位上。甄选即甄别和选择，是指运用一定的工具和方法，对应聘者进行鉴别和考察，最终挑选出最符合组织需要的岗位任职者的过程。甄选工作的目标是选拔出能有效完成岗位相关职责并帮助组织实现战略目标的求职者，所寻求的是求职者的能力水平与岗位要求之间达成最优匹配。因此，甄选工作要做的是找到最适合组织和岗位任职要求的人，而并非是智力、学历最高的人。

二、甄选的主要方法

（一）履历筛选

履历即一个人的经历，包括了学习、实践和工作的过程。履历筛选是通过审查求职者提供的个人简历和岗位申请表，从而确定求职者是否满足空缺岗位所需的最低资格要求的一种甄选方式。履历主要包括个人简历和岗位申请表。

求职简历是由求职者对个人学习、实践和工作经历、特长爱好、成绩及其他有关情况所作的简明扼要的介绍，是企业初步了解求职者并决定其是否进入后续甄选环节的依据。

岗位申请表是一种能够迅速收集关于求职者可证实信息的表格，可以使企业比较清晰地了解到求职者与岗位相关的信息，包括个人基本信息、教育和工作经历等，由企业统一设计，求职者填写，便于企业对求职者进行比较和筛选。

个人简历主要体现了求职者希望企业了解的信息，服务于求职者个人的需要，岗位申请表则体现了企业希望了解求职者与岗位相关的信息，服务于企业的需要。两者内容既有重合又有区别，配合使用可以互为补充。表4-4为企业岗位申请表示例。

表 4 - 4 企业岗位申请表示例

一、入职情况					
入职时间		入职单位			照片
所在部门		岗位或职务		任职时间	
二、个人简况					
姓名		曾用名		性别	民族
出生日期		出生地		籍贯	
户籍地		身份证号			
政治面貌		婚姻状况		第一学历	
职称		职称类别		最高学历	授予时间
从事专业		工作年限		参加工作时间	入职前工龄
健康状况		体重		身高	血型
专业特长				兴趣爱好	
手机		电话		紧急联系人	联系电话
联系地址		E-mail		社会保障号	

续表

三、教育或培训经历（从高从低）					
起止时间	学校	专业或培训项目	学历或学位	学习方式	学制（年）

四、工作经历（由近到远）				
起止时间	工作单位及部门	职务	离职原因	证明人

五、奖惩情况			
奖惩名称	奖惩时间	奖惩原因	奖惩批准单位
有无违法记录	无有		

六、家庭情况					
家庭成员姓名	与本人关系	政治面貌	出生日期	工作单位及职务	联系电话

七、证件信息		
证件名称	证件有效起止时间	证件发放单位（部门）

八、其他声明

以上提供的资料均属实，公司或单位可就此展开调查，本人明白如提供虚假资料、虚假证明或虚假经历，即为不符合录用条件，终止甄选程序。

本人签字：　　年　月　日

（二）笔试

1. 笔试的概述

笔试是由考官通过书面设问，被试进行书面作答的测评方法。笔试在人才甄选中得到普遍使用，其测评内容通常包括知识（即一般性知识和专业知识）和能力（即一般能力、特殊能力、现实能力和潜在能力）两方面的测试。如我国公务员招考的笔试环节，报考人员需要通过行政职业能力测试，测试内容包括一般性知识（如历史、地理、文学常识、时事政治等）、专业知识（如行政管理、公文写作、法律常识等）以及能力素质（如语言理解、逻辑推理、数量关系、资料分析能力等）。

笔试的题型通常包括客观性试题和主观性试题，客观题包括判断、选择、填空、匹配等题型，主观题包括计算、简答、论述、案例分析等。

2. 笔试的特点

一是经济高效，笔试可以在较短时间内对大量群体施测，省时高效、成本较低；二是客观公正，在考试内容、题型设计、评分标准、结果评价等环节，笔试可减少误差的产生及其影响，而且在施测、阅卷、结果统计等环节，可以利用计算机技术进行阅卷，提高笔试结果的准确性和公正性；三是测评面宽，笔试既可测试一般性知识，又可以测试专业知识，既可测试单一科目，又可测试多种科目，对应试者的知识、能力等进行组合式评价。但笔试也存在测评内容拟真性和情景性弱等问题，且缺乏主试与被试之间的沟通和互动，对应试者的评价不够全面，通常需要与其他测评方法配合使用。

（三）面试

面试是按照预先设计好的目的和程序，通过考官与面试者之间面对面的沟通，考察应试者是否具备与岗位相关的能力和个性品质的人才甄选方式。面试主要测评的是应试者运用专业知识分析和解决问题的能力、思维敏捷性、言语表达能力、仪容仪表、情绪稳定性等方面的素质。

1. 面试的特点

面试是人才测评最常用、最有效的方法之一，具有如下特点：一是过程的直观性。面试是考官与应试者面对面的直接接触，考官直接观察应试者的表现，对应试者的能力和品质形成直观印象，这对最后的录用决策具有重要影响。二是评价的主观性。面试结果主要依靠的是考官对应试者的评价，考官的专业知识、面试经验、知觉情况、身体状况等自身情况会影响结果的客观性和准确性。三是交流的互动性。面试中考官可以根据应试者的回答、表情和行为举止，积极变换面试问题或进行追问以验证应试者回答问题的真实性，同时应试者可根据考官提问，充分发挥自身能动性进一步了解应聘单位和岗位的情况。

2. 面试的类型

（1）根据面试的标准化程度，面试分为结构化面试、非结构化面试和半结构化面试。

结构化面试也称标准化面试，即对面试程序、题目、评价标准、考官组成等要素进行统一明确的规定，面试考官严格按照事先明确的面试流程，对每个应试者实施相同的面试提问。结构化面试的优点是有利于对应试者进行比较、发现差距；缺点是形式单一，不利于面试考官根据应试者表现灵活提问，获取更多信息受到限制。

非结构化面试即面试过程中不规定面试的流程、问题和评价标准，整个面试过程由面试考官掌控，考官可以相对自由地对应试者进行提问，给应试者充分发挥自己能力与潜力的机会，考官根据应试者回答问题的情况做出评价。非结构化面试的优点是不必按规定的程序和问题进行提问，考官与应试者之间的问答会比较顺畅和自然，并且考官可以结合应试者回答问题的情况对一些细节问题进行追问，便于更深入了解应试者。缺点在于：面试时不同的应试者可能被问到不同问题，评价时缺乏统一的标准，考察应试者的公平性会受影响；考官所提问题和结果评价会受考官情绪、个人兴趣和工作背景等影响，评价主观性较大。

半结构化面试是介于结构化面试与非结构化面试之间的一种面试形式。在这种面试中，对一些关键要素如面试流程与评价做出了规定，其他不做统一限制。半结构化面试体现了面试的结构性与灵活性的结合，得到越来越广泛的使用。

（2）根据面试组织形式，面试分为单独面试和集体面试。

单独面试是指面试考官与每一位应试者进行单独交谈的面试形式，考官由一人或多人组成，对应试者进行提问，应试者做出回答。它适合在应试人员规模较小的情况下使用。

集体面试是指同一时间和同一场所，多位应试者共同接受一位或多位面试考官提问并做出回答的一种面试形式。优点是有助于考官对应试者的表现进行比较，在考察应试者思维灵活性、行为方式、言语表达和人际关系能力方面有独到作用。

（3）根据面试问题内容的侧重点不同，面试分为行为性面试和情境性面试。

行为性面试是指面试时以应试者过去的经验为依据，通过了解应试者过去遇到的某种情形及其当时处理的方法，来预测其未来工作表现的面试形式。如："你在过去工作中进行过的最困难的变革是什么？你是如何改变你周围人的想法或行为的？"（考察克服变革阻力的能力）。行为性面试评价应试者的依据是一个人的行为方式具有相对稳定性，其过去行为是未来行为的最好预测。即一个人过去在特定情境下的行为反应方式，在以后遇到类似的情境时，他还是倾向于重复这个行为反应方式。

行为性面试可以运用 STAR 模型，STAR 模型代表了一个完整行为事件的 4 个要素。即：情景（situation）：关于任务、问题背景的具体描述；目标（target）：应试者在特定情境中要达到的目标、所需完成的任务；行动（actions）：应试者在该情境中采取的具体做法；结果（results）：所采取的行动带来的结果。通过 STAR 模型，面试考官可以了解应试者完整的行为过程，从而判断应试者是否具有某方面的能力特征，并通过追问获得更多的事实和细节信息，可以防止应试者捏造事件。

情境性面试是让应试者处于某种假设情境中，根据该应试者在该情境中的处理方式来观察其各方面能力的面试形式。如："假设你有一个想法，可以通过改变工作流程来提高产品质量，但你所在团队中有些人对变革犹豫不决。在这种情况下你怎么办？"（克服变革阻力的能力）。情境性面试将应试者放在一个特定角色中，应试者围绕特定的任务接受考官提问，因此，该面试方式为考察应试者的实际业务能力提供依据，可以有针对性地考察应试者的综合分析能力、组织协调能力、问题解决能力等。

（四）无领导小组讨论

无领导小组讨论是指要求一定数量的应试者（一般为 5 ~ 7 人），根据一定的情境或给出的某一问题进行讨论（时间为 1 小时左右），考官全程观察应试者的表现并对其进行评分。无领导小组讨论的目的是评价应试者的组织协调能力、口头表达能力、人际交往能力、自信心、情绪稳定性、反应灵活性等能力。

（五）心理测验

心理测验是对应试者人格、兴趣、知识、能力、价值观、态度等心理素质进行客观、标准化测量的方法；是获得应试者是否具备岗位胜任力等深层次特征的重要测评工具。常见的心理测验方法有：能力测试、人格测试、动力测试等。

1. 能力测验

从心理学的角度看，能力是一种内在的心理品质，是顺利完成某种活动必须具备的条件。能力与活动紧密相连，能力在活动中表现出来，也在活动中得到形成和发展。能力包括一般能力和特殊能力，智力属于一般能力范畴。以下为几种著名能力测验量表。

（1）韦克斯勒智力量表。该量表是由美国心理学家大卫·韦克斯勒（David Wechsler）研制的成套智力测验，是典型的个别智力测验。韦氏智力量表包括言语量表和操作量表，言语量表包括常识、理解、算术、词汇、背数、类同等测验，操作量表包括填图、图片排列、图形拼凑、积木图案、数字符号等测验。测试得分结果可以反映应试者智力的详细情况，这在人才选拔和人力资源盘点时非常有用。

（2）瑞文推理测验。该量表是由英国心理学家瑞文（J. C. Raven）设计的一套非文字型智力测验。它既可以用于个人测验，也可用于团体测验，且没有严格的时间限制。该测验包括三个测验项目：标准推理测验（SPM）、彩色推理测验（CPS）、高级推理测验（APM）。主要测量个体的空间分析能力和逻辑推理能力。瑞文标准推理测验是智力测验中的常用工具。

（3）职业能力倾向测验。职业能力倾向是指一个人具有的有利于在某一职业领域成功的能力与素质的总和；也指经过适当学习或训练后，或被置于一定条件下，能完成某种职业活动的可能性或潜力。不同的职业领域有不同的职业能力倾向测验。比如公务员选拔中的行政职业能力倾向测验，有助于了解应试者从事行政工作的能力与差异。

（4）特殊能力测验。特殊能力是相对于一般能力（智力）而言的，即体现在一个人身上的某方面的潜在能力。特殊能力测验是测量一个人在某个专业领域所拥有的能力及其潜力，如音乐能力、美术能力。比较著名的特殊能力测验有：文书能力测验、机械能力测验、操作能力测验等。文书能力测验是针对文书工作中要求具有语言能力、数字能力、运动敏捷及快速察觉异同点的特点；机械能力测验涉及空间关系、机械理解、运动敏捷性等；操作能力测验主要是为了选拔流水线或装配岗位上具有更好胜任力的员工，比如珀杜插板测验、克劳福德灵活性测验、奥康纳测验等。

2. 人格测验

人格，可以理解为人们所具有的个体独特的、稳定的对待现实的态度和习惯的行为方式，是一个人区别于其他人的稳定的心理特征，是先天和后天交互作用的结果。人格测验用标准化的测量工具，对稳定调节人的行为的人格特质和行为倾向进行定量分析，从而对人的价值观、态度、情绪、气质、性格等特征进行测评的一种心理测验方法。人格测验的方法，分为自陈式量表和投射测验。

（1）自陈式量表，又称结构化人格测验。测试人员向被测评者提出一组有关个人行为、态度、意向等方面的问题，被测评者根据自己的经验、态度做出真实的回答。比较著名的自陈式量表包括：卡特尔16种人格因素测验（16PF）、爱德华个人偏好调查（EPPS）、NEO人格问卷、明尼苏达多相人格问卷（MMPI）、加利福尼亚心理调查表（CPI）、艾森克个性问卷（EPQ）、瑟斯顿气质量表。

（2）投射测验。所谓投射，就是让人在不自觉的情况下，把自己的态度、动机、内心冲突、价值观、需要、愿望、情绪等人格特征，在他人或物上反映出来的过程。投射测验就是向被测者提供一些未经组织的刺激情景，让被测者在不受限制的情况下自由地表现出真实反应；通过分析反应的结果，推断出被测者深层次的无意识的人格特征。最常用的投射测验有罗夏墨迹测验、主题统觉测验、房－树－人测验、完成句子测验等。

3. 动力测验

动力是决定一个人发展方向、促进人们行为的根本原因。动力主要包括价值观、动机和兴趣。一名员工即使专业知识丰富、工作能力强、性格好，但如果没有工作的动力，工作绩效也不会很高。因此，在人员甄选中，进行价值观、动机和兴趣的测验具有重要意义。动力测验主要包括职业价值观测验、动机测验、职业兴趣测验。

（1）职业价值观测验。职业价值观是人们对待职业的一种信念和态度，是人们在职业活动中表现出来的价值取向；影响人们对职业方向和目标的选择、工作态度和业绩水平，从而决定了人们的职业发展状况。

（2）动机测验。动机是引起、维持和指引人们从事某种活动的内在动力。动机测验可以揭示个体的动机模式特征，估计动机与职业的匹配度，有助于个人了解自我、估计工作满意度，做出适当的自我设计和调整。对组织来说，有助于预测员工的行为表现和稳定性，是有效选拔合格应聘者的重要信息支持。

（3）职业兴趣测验。兴趣是喜欢或不喜欢的一种持久的倾向，表现为对某种事物、活动的选择性态度和积极的情绪反应。职业兴趣是指对职业或具有职业特征的活动的心理倾向。从事符合职业兴趣的工作会增加个人的工作满意度、职业稳定性和职业成就感。美国霍普金斯大学心理学教授霍兰德（Holland）将职业兴趣分为六种类型：现实型、研究型、艺术型、社会型、企业型和常规型，帮助人们了解哪种类型的工作适合自己。具体可参见第六章第一节中的相关内容。

（六）评价中心技术

评价中心技术，又称评价中心，是包含了一系列以情景模拟为核心的评价方法的总称。将被测评者置于一系列与实际工作场景或管理活动十分相似的模拟情景中，评价者采取多种测评技术和方法，观察和分析应试者在该情景中的行为表现和工作绩效，以测量和评价应试者是否具备目标岗位胜任力。常见的评价中心技术有：文件筐测验、搜寻事实、角色扮演、口头呈现、管理游戏等。

（1）文件筐测验。文件筐测验又称公文处理测验，是中高层管理人员选拔中重要的测评工作。文件筐测验主要考察应试者的资料分析能力、信息处理能力、组织协调能力、分析判断能力、决策能力等。

（2）搜寻事实。通过给予应试者要解决的问题的少量信息，应试者可以向一个能够提供信息的人询问一些额外情况。在提问和回答之后，考官要求应试者给出解决问题的建议和理由。搜寻事实测验主要评价应试者分析问题、理解判断能力、知觉能力、决策能力、压力管理能力。

（3）角色扮演。角色扮演是指测评者模拟实际工作中可能出现的情景，设置一系列尖锐的人际矛盾和人际冲突，要求应试者扮演某一角色，去处理各种问题，以此考察应试者能力素质。角色扮演法主要测评应试者应对突发事件的应变能力、沟通能力、思维敏捷性、行为风格等。

（4）口头呈现。口头呈现也称演讲，既可以是即兴的，也可以是有准备的。演讲的主题可以根据岗位实际，也可以根据社会现实确定。演讲主要评价应试者口头表达能力、思维敏捷性、系统性、条理性、创造性及自信心。

（5）管理游戏。管理游戏是为了解决某一问题，考官将几个应试者组成一个小组，并置于真实的矛盾环境中；每个小组成员被分配一定的任务，要求应试者必须通过合作才能顺利完成任务。主要评价应试者的团队协作能力、问题解决能力、领导指挥能力、情绪控制能力等。

第五节　人员录用

录用是指企业通过一系列测评后，对合适的人选做出录用决策并办理相关手续的过程。具体包括确定拟录用人员、拟录用人员背景调查和体检、发出录用或辞谢通知，办理入职手续等。

一、确定拟录用人员

在确定合适人选的过程中，除了采用科学的甄选方法，在做出录用决策时还应有确定的依据和标准，具体的决策依据有多重淘汰式、综合补偿式、结合式。

（1）多重淘汰式是指在人员甄选过程中采用多种测评方法，每种测评方法依次进行，且每种测评方法都具有淘汰性，应试者只要在一种测评中没有达到要求或标准即被淘汰。最后通过全部测评者，再按最后综合分数排序，择优确定拟录用人员。

（2）综合补充式是指不同测评成绩可以互为补充，最后根据应试者在所有测评中的总成绩做出录用决策。例如，对应试者通过笔试、面试、公文筐测验，每种测评方法根据岗位特点赋予相应权重，最后综合算出总成绩，根据总成绩确定拟录用人员。

（3）结合式是指在选拔过程中多重淘汰与综合补充结合使用。首先采用多重淘汰式，即应试者有一项测评不通过即被淘汰，留下的人员根据每种测评方法所赋权重，综合计算出测评总成绩，最后根据总成绩确定拟用人员。

企业在做出录用决策时应把握三个原则：一是录用最合适的人。因此企业应根据岗位的要求和特点，采取合理的招聘决策，确保招聘到最合适的人。二是留有备选人员。企业在做出录用决策后，还需对拟录用人员进行背景调查和体检，过程中如发现不合适者，企业需要重新录用人员。留有备选人员对企业招聘到合适人员、提高招聘质量具有重要作用。三是尽快做出录用决策。一旦完成相应的甄选工作、确定意向人选，就应及时做出录用决策，告知拟录用人员，以免投入人力物力财力挑选到的优秀人才，因迟迟未收到录用通知而花落别家。

二、拟录用人员背景调查和体检

背景调查是指企业通过合理合法的途径，核实拟录用人员个人履历信息真实性的过程，是企业精选人才、降低用工风险的有效方法。《中华人民共和国劳动合同法》（以下简称《劳动合同法》）规定，用人单位有权了解与劳动合同直接相关的劳动者的基本情况，劳动者对此应当如实说明。因此，企业应根据《劳动合同法》的要求，在合理合法的范围内对拟录用人员进行背景调查，调查内容主要包括个人基本信息、受教育情况、工作经历、身体健康状况、其他与劳动用工相关的信息。

（1）个人基本信息主要包括拟录用人员个人身份信息的真实性、有无犯罪记录、主要家庭成员构成情况、户籍所在地和常住地址、有效联系方式。个人信息的核实，一方面可以避免劳动者利用虚假信息欺骗用人单位；另一方面企业在某些特殊情况下可以通过可靠方式联系员工或向其发放相关法律文书。同时，企业在拟用人员进行背景调查时，应保护其隐私不受侵犯。

（2）受教育情况主要包括拟录用人员接受教育和培训的主要经历和学习效果。一是在校教育情况，包括拟录用人员毕业院校、所学专业、入学时间、毕业时间、学历证书和学位证书等在校学习经历；二是与应聘岗位相关的学习培训情况，包括职业培训经历、职业技能证书、所获奖励等。

（3）工作经历主要包括拟录用人员工作经历、工作表现和工作能力等信息。企业可以通过背景调查核实拟用人员每一份工作的起止时间、工作岗位及主要职责、原用人单位的评价、薪酬福利、离职原因等；是否与其他单位仍有未到期劳动合同；是否属于法律规定的用人单位不得招聘的人员。通过工作经历调查，可以进一步了解员工是否存在故意夸大工作相关内容，以便企业进一步了解员工工作能力、表现及诚信等人格特质，并决定是否予以录用。

（4）身体健康状况主要是指企业将安排拟录用人员进行与岗位要求相关的身体检查和必要的职业病检查。如果企业没有组织拟录用人员体检，一旦录用员工患有不适合工作的疾病时，企业是不能以欺诈为理由解除与该员工的劳动合同的。如果企业不能证明录用员工的职业病系原用人单位造成，则企业要承担员工职业病的责任。

三、发出录用通知或辞谢通知

通过上述程序排除不适合人选，最终确定正式录用的人员。企业通过书面或其他方式通知所有应聘者，包括拟录用人员和未录用人员。通知录用人员，语言要亲切、热情，使录用人员感受到尊重和欢迎；通知未被录用人员，态度要诚恳，并委婉说明未予录用的原因。以下是录用通知书和辞谢信的样例。

录用通知书（范本）

_____先生、女士：

鉴于您提供的入职申请资料和您所获得的面试成绩，经人力资源部核定，并报总经理确认，公司决定录用您来本公司工作。

1. 职务、待遇与劳动合同期限

（1）所任职位为_____；

（2）薪资待遇为_____（税前）；

（3）工作地点为_____；

（4）报到日期为_____；

（5）订立劳动合同的期限为____年__月__日，试用期为__个月。

2. 本通知书的生效前提是：

（1）您提供的求职申请资料真实、客观、完整；

（2）您具备胜任本职位的身体健康状况。

3. 请于报到日携带以下文件至人力资源部：

（1）退工单或劳动手册；

（2）身份证；

（3）学历证明及特殊技能资格证明；

（4）1寸证件照（白底深色）3张；

（5）体检报告。

4. 合意达成

如果您接受本公司的录用，您可以在收到本通知书以后5日内选择：

（1）将签署后的本通知书回执原件寄送回本公司；

（2）将签署后的本通知书（连同回执）影印本传真或用电子邮件发回本公司。

如您在5日内未做上述处理，也未与公司做进一步确认，公司将视作您放弃该职位。

5. 违约责任

如您签署了本通知并回馈给公司，而又未在本通知确定的日期前报到，您将承担本职位__个月薪资的违约金。

如您签署了本通知并回馈给公司，而公司不能在本通知确定的日期接受您的报到，公司将承担本职位__个月薪资的违约金。

本次录用联络人：人力资源部招聘专员××

联系方式：××有限公司（人力资源部）

年　月　日

回　执

本人愿意接受以上条款，将于指定的报到日期报到，并接受关于违约责任的约定。

被录用人签名：

年　月　日

辞谢信（范本）

_____先生/女士：

非常感谢您对本公司公告征求人才一事的大力支持。您的学识、资历给我们留下了深刻的印象。因名额有限，我们很遗憾地告知您未被录用。但我们已经将您的资料列入公司的人才储备档案，今后有机会即当优先考虑。

再次感谢您对本公司的关注和支持。

祝您工作、生活顺利！

_____公司人力资源部

年　月　日

四、办理入职手续

员工在规定的时间内报到，企业应为员工办理相应的入职手续。一方面使员工能尽快适应新的工作环境，熟悉企业文化，更好地开展工作；另一方面员工通过入职环节，了解企业规范化管理的流程，有利于提高员工工作责任感和归属感。员工入职手续主要包括：入职面谈、发放工作相关系统密码和工作证件、熟悉工作场所和相关设备、签订劳动合同、办理社会保险、入职培训等。

（一）入职面谈

入职面谈是员工在签订劳动合同之前，企业与员工之间所做的一次深入交流。一方面通过入职面谈，企业可以进一步了解员工的基本情况，包括家庭背景、经济负担、个人兴趣及特长等；另一方面可以借此机会向员工介绍企业经营情况、企业文化、规章制度、薪酬福利、职业生涯管理、对员工的希望和要求等，使新员工对企业和岗位有更全面的了解，能快速适应工作环境。

（二）熟悉工作环境

员工入职，企业应及时带领员工熟悉工作场地、相关办公设备和生活休闲场所，发放员工工号、办公系统账号及密码、邮箱及密码、工作证件等，并将员工介绍给部门主管和同事，说明相关工作关系，营造一个友好、和谐的工作氛围，以便员工开展工作。

（三）签订劳动合同

根据《劳动合同法》规定，用人单位应在员工入职30日内与员工签订书面劳动合同。劳动合同一般由用人单位拟定，并且不能缺少劳动合同的必备条款，劳动合同内容通常包括：

（1）用人单位的名称、住所和法定代表人或主要负责人。

（2）劳动者姓名、住址、居民身份证和其他有效证件号码。

（3）劳动合同期限。

（4）工作内容和工作地点。

（5）工作时间和休息休假。

（6）劳动报酬。

（7）社会保险。

（8）劳动保护、劳动条件和职业危害防护。

（9）法律、法规规定应当纳入劳动合同的其他事项。

企业在拟定劳动合同时，除了法律规定的必备条款内容外，双方可以自愿协商约定其他内容。

（四）办理社会保险

为新入职员工交纳社会保险，社会保险包括养老保险、医疗保险、失业保险、工伤保险、生育保险等，并根据法律法规和当地政策要求依法为员工缴纳。

（五）入职培训

组织新员工参加与岗位工作相关的业务知识培训和企业文化、规章制度、员工手册、安全知识等方面的培训，帮助员工尽快熟悉和适应新岗位的工作。

本章小结

1. 员工招聘是指组织为了生存和发展需要，根据组织人力资源规划和空缺岗位实际情况，借助一定的渠道吸引或寻找具备任职资格和条件的求职者，并从中甄选和确定合适的人员予以录用的过程。

2. 招聘工作应坚持公开公平、人岗匹配、全面评价和效率优先原则。

3. 招聘的流程包括提出招聘需求、编制招聘计划、人员招募、甄选与录用、招聘效果评估等。

4. 招聘渠道主要分为内部招聘和外部招聘两类。内部招聘是指面向组织内部员工进行人员招募与选拔，挑选出合适人员填补空缺岗位或新增岗位的过程；包括内部公开招聘、主管推荐、企业人才库、岗位轮换、职业生涯开发系统等。外部招聘是指通过高校和社会进行人才招聘，包括校园招聘、利用媒体招聘、职业中介机构、人才招聘会、猎头招聘、员工引荐、招聘外包等方式。

5. 人员甄选是指运用一定的工具和方法，对应聘者进行鉴别和考察，最终挑选出最符合组织需要的岗位任职者的过程。人员甄选的方法包括履历筛选、笔试、面试、无领导小组讨论、心理测验、评价中心技术等。

6. 招聘录用是指通过一系列测评后，对合适的人选做出录用决策并办理相关手续的过程。具体包括确定拟录用人员、拟录用人员背景调查和入职体检、发出录用或辞谢通知、办理入职手续等。

复习思考题

1. 如何进行招聘需求分析？

2. 招聘的流程有哪些环节？

3. 内部招聘和外部招聘的缺优点是什么？

4. 心理测验的方法有哪些？各有什么特点？

5. 拟录用人员背景调查可以采取哪些方法？

【实战案例】

京东人事管理的"七上八下"原则

京东的人事管理规定中，有一条重要的用人原则"七上八下"原则。什么叫"七上八下"？就是内部员工，包括管培生在内，觉得你有七成把握的时候，就让你来当这个管理者。过去，京东需要增加管理者的时候，自然而然地想到招聘。现在，为了保证将更多的机会留给内部员工，京东规定，有七成把握了，就将机会留给内部同事，不从外部招聘。

同时，京东强制性规定，以后80%的管理者都必须内部培养提拔，只允许20%从市场招聘。培养一名管理者要花费很多时间精力，带一个人出来很难，需要他的上级跟他去沟通、交流，要跟他讲解怎么做，还要了解他的生活、家庭各种各样的困难等。而且通常需要五年才能将一个人培养出来。那为什么京东还要20%去社会招聘？因为京东要保证组织有新鲜的血液，京东不能变成一个封闭化的组织。刘强东认为，如果有一天规定整个京东管理者必须内部培养，一个都不能从社会上招聘，京东就会变成一个封闭的系统，他们的思维、思路就会固化。20%的人过来以后，会带来新的观点、新的思考、新的工作方法、新的行业信息。所以，按照"二八原则"，80%内部培养，20%进行社会招聘，这是相对比较好的安排。所以七上八下，七分熟就要内部提拔，80%的管理者都要内部培养出来，这样才能保证这家公司真正的文化、价值观落地。

资料来源：刘强东. 京东人事管理的八项规定［J］. 国企. 2016（9）：64–67。

思考分析：

1. 如何看待京东人事管理的"七上八下"原则？

2. 分析企业管理人员内部培养和外部招聘的不足？

第四章　习题

第五章

培训管理

【学习目标】

- 理解员工培训的概念和实质；
- 熟悉员工培训的形式和方法；
- 掌握员工培训的组织程序；
- 了解培训计划的制订方法。

【案例导入】

一次不理想的员工培训

某服装有限公司现有员工约 400 名。一年前，一位与企业长期合作的客户，因不满产品质量的缺陷，终止了合作。管理层经研究认为：公司的基本工程技术是可靠的，问题出在生产线上的工人、质量检查及相关管理部门缺乏质量管理意识。于是，公司高层决定开设质量管理课程来解决质量问题。

培训的授课时间安排在每周五晚上 7：00 ~ 9：00，历时 10 周，不付额外薪水，所有员工可以自愿听课；员工参加课程，会记录在个人档案里，将来涉及加薪或升职时，给予优先考虑。该培训课程由质量管理部门的李工程师授课，结合视频，进行专题讨论。培训内容包括质量管理的必要性、影响的客观条件、质量检测标准、检查的程序、抽样检查和质量统计方法等。培训开始时，听课人数每天平均 60 人左右；临近结束时，已下降到 30 人左右。

在总结课程培训时，大家一致认为：李工程师的课讲得不错、内容充实、知识系统，而且还很幽默，听课人数减少不是他的过错。于是，解决培训效果不理想的问题及改善任务落在了人力资源部门的头上……

培训管理是指组织采用各种方式对员工进行有目的、有计划的培养和训练的活动，使员工不断积累知识、提升技能、更新观念、开发潜能，满足组织开展业务及培养人才的需要，从而促进组织效率提高和组织目标的实现。本章主要阐释员工培训的目标及内容，讲解员工培训的形式，重点分析员工培训的程序。

第一节　员工培训概述

一、员工培训的概念与原则

（一）员工培训的概念

培训有广义和狭义之分，广义的培训指一切通过传授知识、转变观念或提高技能来改善当前或未来管理工作绩效的活动；狭义的培训是指给新员工或现有员工传授完成本职工作所必需的基本技能的过程。

这里讲到的员工培训是指为实现经营目标和员工个人发展目标而有计划地组织员工进行学习和训练，以改善员工工作态度、增加员工知识、提高员工技能、激发员工创造潜能，进而保证员工能够按照预期标准或水平完成所承担或将要承担的工作和任务的管理活动。培训对企业战略发展和员工职业生涯规划至关重要，是企业人力资源管理的重要内容。

员工培训一方面可以协助员工完成现在的工作，并基于未来的工作对员工提出了更新的要求；另一方面按照具体的工作要求对员工的工作方式进行了塑造，并对员工可能的行为方式进行拓展，使员工适应未来可能出现的情况。员工培训实质上是一种系统化的智力投资。

（二）员工培训的原则

为了保证员工培训不偏离组织预定目标，在培训过程中要坚持一定的基本原则，具体包括以下几个方面：

1. 战略性规划培训的原则

企业必须将员工培训放在战略的高度。员工培训有的能立竿见影，很快会反映到员工工作绩效上，比如专项技能培训；有的可能在若干年后才能收到明显的效果，比如对管理人员的培训。如果企业将培训看成是只见投入不见产出的"赔本"买卖，往往只重视当前利益，安排一些立竿见影的培训计划，而并未设计长期培训规划，那么这些人只能满足企业的短期需求，而随着企业的不断发展，他们还能满足企业所需吗？

因此，企业必须树立战略观念，根据企业发展目标及战略制定培训战略规划，包括短期规划和长期规划，使培训战略规划与企业的长远发展战略规划紧密结合。

2. 理论联系实际，学以致用的原则

培训的主要目的，就是通过培训让员工掌握必要的技能以完成规定的工作，最终为提高企业的经济效益服务。因此员工培训，特别是专项培训，一定要具有针对性，以工作的实际需求为出发点，与职位紧密结合，与培训对象的能力紧密结合。只有这样的培训才能收到实效，才能提高员工的工作效率。

3. 知识技能培训与企业文化培训兼顾的原则

培训过程中除了文化知识、专业知识、专业技能等内容外，还应包括价值观、道德观等方面的培训。而后者要与企业目标、企业文化、企业制度等结合起来，这样才能保证员工在各方面都能够符合企业的要求。

4. 全员培训与重点提高相结合的原则

全员培训就是有计划、有步骤地对在职的所有员工进行培训，这是提高全体员工素质的必经之路。但是，为了提高培训投入的回报率，培训必须有重点，即对企业发展有着重大影响力的管理和技术骨干，更应该有计划地进行培训。

5. 培训效果的反馈与强化原则

培训效果的反馈指的是在培训后对员工进行检验，以便及时优化培训内容或者培训方式等。强化原则是指根据培训员工的反馈，对接受培训员工进行奖励或惩罚。奖励接受培训并取得绩效的人员之时，也能加强其他员工的培训意识，使培训效果得到进一步强化。

二、员工培训的内容

培训工作的内容包括企业文化培训、规章制度培训、岗位技能培训以及管理技能开发培训等。但是针对一项具体的培训工作，培训内容必须做到具有针对性。比如对于新进员工来说，培训工作应该侧重于帮助他们适应并胜任工作；对于在岗员工来说，培训应该侧重于帮助他们掌握岗位所需要的新技能，并帮助他们最大限度开发自己的潜能。

员工培训的内容主要分为三个部分。

（一）知识的学习

员工要了解：企业的发展战略、企业愿景、规章制度、企业文化、市场前景及竞争；员工的岗位职责及本职工作基础知识和技能；如何节约成本，控制支出，提高效益；如何处理工作中发生的一切问题，特别是安全问题和品质事故等。对于有些规章制度和企业文化，要求全体员工能理解、认同和遵守。

（二）技能技巧

技能是指为满足工作需要必备的能力，而技巧是要通过不断的练习才能得到的，熟能生巧，像打字，越练越有技巧。企业高层干部必须具备的技能是战略目标的制定与实施，领导力方面的训练；企业中层干部的管理技能是目标管理、时间管理、有效沟通、计划实施、团队合作、品质管理、营销管理等，也就是执行力的训练；基层员工是按计划、按流程、按标准等操作实施要求，完成任务必备能力的训练。

（三）态度培训

态度决定一切，没有良好的态度，即使能力好也没有用。员工的态度决定其敬业精神、团队合作、人际关系和个人职业生涯发展，关系到员工能不能建立正确的人生观和价值观、能不能塑造职业化精神。

员工的工作态度要用正确的观念去引导，良好的企业文化去熏陶，合理的制度去激励；赏识员工的进步，使他们建立强大的自信心。帮助员工实现自我价值，企业和员工才能共同成长。

三、员工培训的目标

员工培训的目标是培训方案实施的最终目标，主要表现在以下几个方面：

（1）提升职业技能。通过培训，使员工正确地掌握与工作有关的知识和技能，了解和掌握本企业或本行业最新的科学技术动态，使他们能够担负起随着工作内容变化的新工作。

（2）认同企业文化。企业文化精神有利于强化整体凝聚力，如何让员工适应并融入企业文化中、自觉地遵守企业的文化，是员工培训的一个重要内容。

（3）建立合作精神。培养员工的团队合作精神，使企业团队成员科学合理地分工与协作，进一步促进企业的发展。

四、员工培训的类型

典型的员工培训有以下几种类型：

（一）按培训方式来划分

（1）公开课培训：让员工到企业外面参与公开培训课程。

（2）企业内训：企业邀请相关讲师到企业进行调研，对企业员工进行针对性培训，这是全面的内部培训，一般不对外公开。

（二）按培训内容来划分

（1）员工技能培训：企业针对岗位的需求，进行的岗位能力培训。

（2）员工素质培训：企业对员工素质方面的要求，主要是心理素质、个人工作态度、工作习惯等的培训。

（三）按培训目的来划分

（1）新员工入职培训：这是为了促使新员工更快融入工作而做的培训。通过岗位要求的培训，帮助新员工尽快胜任岗位，提高工作效率，取得较好的工作业绩，起到事半功倍的效果。

（2）一般员工在职培训：人力资本投资的重要形式是对已具有一定教育背景，并已在工作岗位上从事有酬劳动的各类人员进行再教育活动。

【管理实践 5-1】

字节跳动的新员工培训计划

据字节跳动校园招聘官网消息称，字节跳动内部学习氛围浓厚，公司关注员工成长，为员工提供阶段性的培训项目和开放的学习资源。那么，字节跳动有哪些新员工培训计划？

● 新员工入职课程，快速融入公司。入职两周内，新员工必修课程为新人开启职场第一课；通过学习，可以全面了解公司文化、政策、办公系统等，快速融入公司。

● 技术新人训练营，开拓技术视野。入职两个月内，技术新人培训项目如约而至；通过星火计划、Bootcamp 训练营等，可以和技术"大牛"零距离交流，全面了解字节跳动技术全景，快速提升专业技能。

● 一对一 Mentor 机制，体验定制化成长。入职六个月内，Mentor 一对一指导，为新人制定专属成长计划、明晰发展路径；Mentor 将帮助新人更好地熟悉业务、融入团队，从校招小白快速成长为独当一面的职场人。

● 开放的学习资源和平台，持续积累持续提升。知识库沉淀丰富的内部优秀实践；ByteTalk 定期开放，带领新人探索行业前沿资讯；ByteLearning 提供丰富的学习资源，随时在线学习，了解不同领域知识，提升专业能力。

资料来源：字节跳动校园招聘，https：//jobs. bytedance. com/campus。

第二节　员工培训的形式

目前有关培训的形式多种多样，但最基本常用的培训方式可以分为三类，即：岗前培训、在职培训和脱产培训。

一、岗前培训

岗前培训又称为新员工培训、职前教育，是一个组织所录用的员工从局外人转变为组织人的过程，是员工从一个团体融入另一个团体的过程，是员工逐渐熟悉和适应组织环境并开始初步规划自己的职业生涯、定位自己的角色、开始发挥自己才能的过程。

每一个新员工上岗之前都应该得到岗前培训，这关系到员工进入工作状态的快慢和对自己工作的真正理解以及对自我目标的设定。这种培训一般由人事主管和部门主管进行，除了对工作环境的介绍和同事间的介绍之外，最重要的是对企业文化的介绍，包括企业的经营理念、企业的发展历程和目标。通俗地讲，就是告诉新员工公司是什么样的一个企业，公司的发展历史如何，我们在同业之间的地位如何，谁是我们最主要的竞争对手，公司的发展愿景，等等。

岗前培训的具体内容包括：

（1）企业概况：公司业务范围、创业历史、企业现状以及在行业中的地位、未来前景、经营理念与企业文化、组织机构及各部门的功能设置、人员结构、薪资福利政策、培训制度等。

（2）员工守则：企业规章制度、奖惩条例、行为规范等。

（3）财务制度：费用报销程序及相关手续办理流程，以及办公设备的申领使用。

（4）实地参观：参观企业各部门以及工作娱乐等公共场所。

（5）上岗培训：岗位职责、业务知识与技能、业务流程、部门业务周边关系等。

二、在职培训

在职培训又称"工作现场培训"，是指员工不离开自己的岗位，在实际的工作岗位和工作场地，通过实际完成工作任务来进行技能和知识学习的一种培训方法。在职培训方式适用于技术性的技巧和能力培训，主要的培训方法有：学徒制培训、工作指导培训、工作轮换法。

（一）学徒制培训

学徒制培训就是由工龄较长的技工以师傅带徒弟的方式传授技艺的培训方法。这是一种比较传统的培训方式，适用于技术性工种的任职前培训，如电工、仪表工、钳工、机修工、水管工、木工等。采用此种培训方式的重要前提条件是要对师傅进行资格培训，否则不能有效地达到培训目的。

（二）工作指导培训

工作指导培训主要是指列出每一项工作的基本任务清单、完成任务的工作步骤以及每一步骤所对应的关键点，从而对员工进行培训的方法。工作指导培训可以快速培养大量新手，是一种颇为有效的在职培训方式。使用工作指导培训时，培训实施者首先必须解释和示范工作内容，然后让受训者练习，一步一步示范操作，必要时纠正错误，直到受训者能履行工作为止。

工作指导培训对于受训者完成相对单一的工作任务非常有效，其有效性归根于为受训者提供了广泛的练习机会并得到帮助性很强的反馈。这种方法很少单独使用，多数情况下要和其他方法配合，才能产生良好的效果。培训师可以是受训者的直接上级或其他人员，一般适用于技术工种的技能培训和普通岗位的操作技能培训。

（三）工作轮换法

工作轮换法指在组织的不同部门或在某一部门内部调动员工工作的培训方法。这是企业培训中常用的方法，让受训者在预定的时期内变换工作岗位，使其获得不同岗位的工作经验。

在为员工安排工作轮换时，必须对工作进行分析，明确哪些职位之间可以互相轮换。一般来说，职位间的工作轮换首先从同一个职位类别中的职位开始，然后再考虑不同职位类别的工作轮换。

工作轮换要考虑培训对象的个人能力、需要、兴趣、态度和职业偏爱，从而选择与其合适的工作，不能进行强制性的工作轮换；工作轮换时间长短取决于培训对象的学习能力和学习效果，而不是机械地规定一个时段。此外，工作轮换应有序进行，以免影响正常的工作秩序和工作效率。

三、脱产培训

脱产培训又称为脱产教育培训，主要是指员工离开工作和工作现场，由组织内外部的专家和讲师，对组织内各类人员进行集中教育培训。

（一）脱产培训的类型

脱产培训有分阶层脱产培训、分专业脱产培训和分等级脱产培训三类。

1. 分阶层脱产培训

分阶层脱产培训就是对不同阶层的职工进行脱产教育培训，包括：对各类管理阶层人员的培训；对新职工的岗前培训；对女职工的脱产培训；对骨干职工的脱产轮训；等等。

2. 分专业脱产培训

分专业脱产培训是指按不同专业对各类职工进行脱产教育培训。包括对不同职工进行全面质量教育培训、安全生产教育培训，以及专业教育培训和技术教育培训等。

3. 分等级脱产培训

分等级脱产培训类似"职工终身教育制"，即：在进入公司前进行前期教育；进入公司后进行新职工教育；随着职务职位等级上升，进行定期或不定期的教育。从另一个角度说，对每一位处在不同职务或职位等级上的职工来说，都必须经历相应的"脱产教育培训"，以便其更快地适应所承担的新职务或新职位。

（二）脱产培训的方法

1. 课堂讲授法

课堂讲授法是指培训讲师通过课堂面授的形式，系统地向学员传授知识、教授经验的一种培训方法。培训场地可选用教室、餐厅或会场，教学资料可以事先准备妥当，教学时间也容易由讲课者控制。

课堂讲授法适用于对本企业新政策或新制度的介绍与演讲、引进的新设备或技术的普及讲座等理论性内容的培训。

2. 研讨法

研讨法是对某一专题进行深入探讨的培训方法，其目的是解决某些复杂的问题，或通过讨论的形式使众多受训学员就某个主题进行沟通，谋求观念看法的一致。

采用研讨法培训，必须由一名或数名指导训练的人员担任讨论会的主持人，对讨论会的全过程实施筹划与控制。参加讨论培训的学员人数一般不宜超过 25 人，也可分为若干小组进行讨论。

研讨法适用于以研究问题为主的培训内容，其培训效果取决于培训人员的经验与技巧。

3. 案例研究法

案例研究法是一种用集体讨论方式进行培训的方法。与研讨法的不同在于，案例研究法通过研讨不单是为了解决问题，而是侧重培养受训学员对问题的分析判断及解决能力。在对特定案例的分析、辩论中，受训学员集思广益，共享集体的经验与意见，有助于他们将受训的收益在未来实际业务工作中思考与应用，建立一个系统的思考模式。

案例研究法可按以下步骤开展：发生什么问题、问题因何引起、如何解决问题、今后采取什么对策。适用的对象是中层以上管理人员，目的是训练他们具有良好的决策能力，帮助他们学习如何在紧急状况下处理各类事件。

4. 角色扮演法

角色扮演法中由受训员工扮演某种训练任务的角色，使他们真正体验到所扮演角色的感受与行为，以发现及改良自己原先职位上的工作态度与行为表现。为了增进对对方情况的了解，在角色扮演法训练中，受训员工常扮演自己工作所接触的对方的角色而进入模拟的工作环境，以获得更好的培训效果。采用角色扮演法培训时，扮演角色的受训学员数量有限，可以要求其余受训员工在一旁仔细观察，对角色扮演者的表现用"观察记录表"方式，对其姿势、手势、表情和语言表达等方面进行评估，以到达培训的效果。观察者与扮演者应轮流互换，这样就能使所有受训者都有机会参加模拟训练。

5. 游戏法

游戏培训法具有生动、具体的特点。员工在游戏决策过程中会面临更多切合实际的管理矛盾，决策成功或失败的可能性同时存在，需要受训员工积极地参与训练，运用有关的管理理论与原则、决策力与判断力对游戏中所设置的种种环节进行分析研究，采取必要的有效方法去解决问题，以争取游戏的胜利。

6. 视听教学法

视听教学法是运用智能交互书写屏、高拍仪、摄像机等视听教学设备为主要培训手段进行培训的方法。随着"互联网＋"时代的发展，许多企业自行摄制培训内容，选择一定的课题将企业实务操作标准程序、礼貌礼节行为标准等内容自编成音像教材用于培训中。

第三节　员工培训的程序

员工培训是一项复杂的系统工程，一般来说主要包括以下几个基本程序：首先分析培训需求，其次制订详细的培训计划，然后实施培训活动，最后评估反馈培训效果。

一、培训需求分析

培训需求分析，是指在规划与设计每一项培训活动之前，由培训部门、主管人员、工作人员等采用科学的方法与技术，对组织及其成员的目标、知识、技能等方面进行系统的鉴别与分析，以确定是否需要培训及培训内容的一种活动或过程。

（一）培训需求分析的内容

进行培训的需求分析，一般来说应从组织、工作、员工三个层次着手。

（1）组织分析是指依据公司经营战略的条件，决定与之对应的员工培训，为培训提供有效的资源，并获得管理者和同事对培训活动的支持。它反映的是一个企业的员工在整体上是否需要进行培训。组织分析一般包括对战略、环境、资源、绩效等方面进行分析，以确定组织中培训是否符合需要。

（2）工作分析主要是确定工作的具体内容是什么，即描述工作由哪些任务组成，完成这些任务需要做哪些具体的工作，以及完成它需要哪些知识、技能或能力。任务分析的目的是确定培训内容应该是什么。任务分析的结果也是将来设计和编制相关培训课程的重要资料来源，它需要富有工作经验的员工积极参与，以提供完整的工作信息与资料。

（3）员工分析的目的是将员工目前的实际工作绩效与企业的员工绩效标准进行对比，或者是将员工现有的技能水平与预期未来此技能的要求进行对比，发现两者之间存在的差距。这种分析的信息来源包括业绩的考核记录、员工技能测试成绩以及员工个人填写的培训需求问卷等。

实际上，由于组织分析与培训是否适合公司的战略、公司是否愿意在培训中投入时间和资金的决策有关，所以通常首先进行组织分析，然后才是工作分析和员工分析。当然，有时工作分析和员工分析也可混合进行。

【管理实践 5 - 2】

为了提高高层管理人员的整体素质，配合公司长远发展规划，人力资源部决定加强对高层管理人员的培训与开发力度。为此，人力资源部设计了访谈提纲（见表 5 - 1），就高层管理人员的培训需求等情况，向公司内部相关人员进行访谈调查。

表 5 - 1 高层管理人员培训需求访谈提纲

访谈对象	访谈问题	访谈记录
高层管理人员的领导	1. 你对企业高层管理人员的总体评价是什么	
	2. 从组织需求角度出发，你理想中的高层管理团队是什么样的	
	3. 你认为或期望这些高层管理人员在哪些方面需要提高	
高层管理人员的同事	1. 你与哪些同事经常有工作上的联系	
	2. 你觉得××经理在工作中有哪些地方需要改进	
高层管理人员本人	1. 你在工作中是否觉得压力过大，有哪些现象说明这些	
	2. 你在工作中遇到的最大难题是什么，到目前为止是否得到解决	
	3. 对于下属的发展，你采取了哪些措施	
	4. 你在工作中如何管理绩效不好的下属	
	5. 你认为企业现有管理制度有哪些不健全的地方	
高层管理人员的下属	1. 举例说明你的上司对你工作上的指导情况	
	2. 若在生活或工作上遇到困难，你会向谁寻求帮助	

（二）培训需求分析的方法

进行培训需求分析时，不能凭主观想象进行，而要采取科学的方法。常用到的方法有观察法、问卷法、访谈法、测试法等。

1. 观察法

观察法要求调查者亲自到员工工作岗位上去了解员工的具体情况，通过与员工一起工作，观察员工的工作技能、工作态度，了解他们在工作中遇到的问题。使用观察法的时候，调查者应避免在正式的场合下进行,否则容易造成被观察人员的紧张和不适。

2. 问卷法

问卷法是通过将一系列的问题编制成问卷,发给培训对象填写之后再收回分析,以此来获得有关分析培训需求信息的方法。问卷法是现今收集资料最常用且最有效的一种分析方式。但是在使用的过程中应该注意合理地设计问卷中的问题,注意对问卷进行编号处理以保证回收率。

3. 访谈法

访谈法是调查者针对某一特定目的,通过与调查对象面对面的谈话方式了解情况,收集所需要资料的方法。访谈的形式可以根据访谈对象和内容灵活变化。在使用访谈法时应提前对所访谈对象及性质、内容有充分的准备,并在谈话时进行必要的记录以确保收集到所需要的信息。

4. 测验法

测验法是采用一套标准的统计分析量表,对企业中人员的技术知识熟悉程度、观念、素质等进行评价的方法,根据评价结果来确定培训需求。在使用这个方法时应注意控制测验题目的数量,以确保测出员工真实的水平。

其中,观察法、问卷法、访谈法的相关原理可查阅第三章第二节。

(三)培训需求分析报告的撰写

培训需求调查结束之后,人力资源部应该对培训需求进行分析与确认,撰写培训需求分析报告。该报告的结论要以调查分析的信息为依据,经上级审核、审批后,成为制订员工培训计划的基础。

一般而言,培训需求分析报告通常由以下几个部分组成:

(1)培训需求分析的背景介绍。

(2)需求分析实施的方法和过程。

(3)培训需求调查的对象。

(4)培训需求调查的主要内容及分析结果。

(5)主要建议与说明。

(6)附录、报告提要等。

【管理实践5-3】

管理人员技能培训需求分析报告(示例)

一、培训需求分析实施背景

×××年××月,通过对中层管理人员进行年度培训需求调查,了解到企业现任的中层管理人员大部分在管理岗位上任职时间较短,大多是从基层管理职位或各部门的业务骨干中提拔上来的。

通过需求调查发现,有必要把管理技能的提升列为中层管理人员培训的重点内容之一。

二、调查对象

企业各职能部门主要负责人(合计40人)。

三、调查方式及主要内容

1. 调查方式：访谈、问卷调查

(1) 访谈：由人力资源部经理作为培训需求分析的主要负责人，同企业各职能部门负责人（共计40人）分别进行面谈，并与企业部分高层分别就这40人的工作表现进行沟通。

(2) 问卷调查：问卷调查共发出40份，回收有效问卷35份。

2. 调查的主要内容及其分析

(1) 岗位任职时间：从表5-2中可以看出，50%的中层管理者到现任职位的任职时间都不足一年，这足以说明其管理经验尚待提高。

表5-2 岗位任职时间调查

任职时间	1~6个月以内	6个月至1年	1~2年	2年及以上
中层管理者人数（人）	4	16	8	12
所占比例（总人数40人）	10%	40%	20%	30%

(2) 管理幅度：从表5-3中可以看出，20%的中层管理者的直接管理人员是10人及以上，40%的中层管理者的直接管理人员是4~6人。目前有8个管理者没有直接下属，但只是暂时的，因为企业正在对这部分业务进行调整或重组，所以管理者角色认知是其必备的管理知识之一。

表5-3 管理幅度调查

管理幅度	无	1~3人	4~6人	7~9人	10人及以上
中层管理者人数（人）	8	0	16	8	8
所占比例（总人数40人）	20%	0	40%	20%	20%

(3) 制订工作计划：从访谈及回收的问卷中获得的信息来看，大多数中层管理者是以月或者季度作为制订计划的时间单位，很少有人制定长期规划。从与他们访谈的信息中得知，在如何围绕总目标制订具体的可行性计划、如何确保计划的实现等问题上，他们存在着诸多不足之处，因而制订工作计划是其所需掌握的重要内容。

(4) 有效授权与激励：授权和激励是管理者的重要管理技能之一，根据培训需求调查的结果来看，35人都表示自己会授予下属一定的权限并激励员工，但在工作中具体如何操作，40%的人员表示希望得到这方面的培训。

(5) 高效团队的建设：团队作用发挥得好，就能产生 $1+1>2$ 的效果，至于如何组建及带领一支高效的团队，60%的人员表明自己缺乏这方面的技巧。

(6) 员工培训：所有此次培训对象的管理者都会对员工进行培训，但只有10%的人员制订了员工培训计划并认真执行，10%的人员认为没有时间对下属进行培训。由此可以看出，他们大都已意识到对下属进行培训的重要性，但真正能落实的人比较少，而且他们对于培训技巧还需要学习。

四、培训计划建议

（1）时间安排。培训时间：××日至××日，共计××天。

（2）课程设置安排如表5-4所示。

表5-4 中层管理人员培训课程安排

培训课程	培训课时
1. 管理者的角色定位与主要工作职责	2
2. 部门工作计划的制订与执行	4
3. 有效的授权	4
4. 员工激励	4
5. 高效团队的建设	4
6. 培训技巧	3
7. 如何与上级领导进行有效沟通	2
8. 如何与下属员工进行有效沟通	2

二、培训计划的制订

培训计划是从组织的战略出发，在全面、客观的培训需求分析基础上，制订培训活动方案的过程。它包括确定培训目标、培训内容、培训形式、培训对象、培训计划的调整和组织等工作。

（一）确定培训目标

培训目标的确定依赖于培训需求分析，有了培训目标才能确定培训内容、培训形式、培训对象等具体内容，并在培训结束后对照此目标进行效果评估。培训总目标是宏观的、抽象的，它需要不断分层细化，目标越具体，越具有可操作性，越有利于总目标的实现。

（二）选择培训内容

培训内容应服务于培训目标。通过培训使员工能掌握所需的知识或技能，改变某种行为或态度，提高员工的胜任力或发展潜力，推动企业向前发展。为此培训内容的选取要科学、合理，符合企业发展战略和员工实际工作需要，还要具有一定的前瞻性，能根据不同培训对象和不同发展时期而有所变化。

（三）确定培训方式

员工培训方式主要有两种：一种是企业自己组织；另一种是外包给专业的培训机构。这两种方式各有利弊，应根据培训需求分析和培训内容来确定。一般而言，企业专属的、涉及企业机密的、岗位技能关联度比较大的培训内容，以企业自己承担为宜；通用理论、社会公共知识、企业内部无法满足的需求，外包给专业的培训机构效果会更好。

（四）选择培训对象

由于组织资源的有限性，企业不可能在同一时间对所有员工进行培训，这就需要企业根据组织目标和岗位需要来选择合适的培训对象。

一般而言，组织内需要培训的人员有以下几类：

（1）新入职员工。新入职员工通过参加岗前培训，可以尽快熟悉企业的环境，掌握岗位所需要的基本技能，快速融入工作中去。

（2）需要改进目前工作的员工。对工作成效不佳的员工通过相关培训，提升其知识、技能等，弥补不足，提升工作绩效。

（3）新晋升员工或轮岗员工。为使新晋升员工或轮岗员工尽快适应新的岗位或职位，需要对其进行相关培训，以提升他们的知识、技能，端正工作态度，满足新岗位或职位的各项要求。

（4）有潜力的员工。企业应该有计划地培训有潜力的员工，让他们掌握更多的知识或技能，做好人才储备，为企业承担更大的责任。

（五）确定培训时间

培训时间超前或滞后都起不到应有的效果，培训的时间、时长、周期、批次、阶段等受培训内容、培训费用、员工素质、员工时间等因素影响，要与相关部门沟通后确定。

（六）选择培训方法

员工培训的方法有很多种，比如课堂讲授法、案例分析法、角色扮演法等。各种培训方法都有其适合的领域，也有各自的优缺点，为了达到培训的目的，往往需要将几种方法结合起来，灵活运用。

（七）配备培训师

培训师的选择是培训项目取得成功的关键。培训管理者应根据每个培训项目的具体需求选择好德才兼备的培训师。培训师既可以在组织内部选择，也可以从组织之外进行选聘。

一般而言，优秀的培训师应具备以下条件：

（1）关心学员，帮助学员，和学员建立融洽的关系。

（2）能结合培训环境、培训对象、培训内容对教学方式进行创新。

（3）具有从事培训工作所需要的知识和教学经验。

（4）具备良好的沟通和表达能力。

（5）心态积极，热爱培训工作。

（6）宽容、有耐心，对学员无偏见。

（7）具有一定的组织管理能力，能够控制培训过程。

（8）具有激励他人的能力。

（八）做好培训预算

组织应根据需求分析的结果，对培训活动进行成本估计，在合理分析的基础上，分项计算培训费用，然后加总得出培训的总预算额度。

一般而言，培训费用包括直接费用和间接费用。

直接费用包括培训的运作费用和管理费用，由以下几部分构成：场地费；食宿费；培训器材、教材费；教育培训人员的工资及培训师的报酬；交通差旅费；管理费及其他费用。

间接费用主要包括员工培训期间的正常工资、顶替受训员工工作所额外支付的报酬、相关的机会成本和生产力的浪费等。

组织也可以参考同行业企业的同类培训做预算，或者每年划定专项培训经费，但无论哪种方式，都应考虑企业的培训需求和提供经费的可能性。培训的预算一旦确定，便决定了经费使用的基本框架。

【管理实践5-4】

现代企业的竞争是"人才"的竞争。随着知识和技术的更新速度加快，企业需要不断地对员工进行培训。通过培训挖掘员工的潜在能力、提高员工的工作技能，通过培训传承企业文化，增强企业凝聚力。为了保证培训的有效性，企业需要根据目前的需要和长远发展目标，制订各部门、岗位的培训计划，明确培训内容、培训对象、培训方式、培训地点以及培训预算等。表5-5是员工培训计划常见的模板。

表5-5　　　　　　　　　　　员工培训计划

文件编号：

序号	培训方式	培训内容	参训人员	授课人	培训时间	培训地点	负责部门	课时	人数	考核要求	预计费用	实际执行结果记录	备注
1													
2													
3													
……													

编制/日期：　　　　　　　　　　　　　　审批/日期：

三、培训的具体实施

（一）确定培训场所和设备

培训场所包括教室、会议室、工作现场、户外等。如果培训内容以技能培训为主，应选择工作现场；如果培训内容以素质培训为主，建议选择户外场所，以拓展训练的方式进行。

培训设备包括桌椅、黑板、话筒、演示模型、投影仪、激光笔、培训道具等。

不同的培训内容和培训方法最终决定了培训场所的选择和需要用到的设备。

（二）备齐培训资料

培训需要的资料包括培训教材、培训授课计划表、培训须知、培训考核办法、培训师简介、学员名册等，这些资料必须在实施培训前印发给学员和培训师，以保证培训活动的正常开展。

其中培训教材的准备非常重要，一定要符合培训的目的和目标。一般而言，企业选择的培训教材可以是培训师的讲义，也可以企业自行编写的材料，或者直接利用培训机构开发的教材，但选择何种形式的教材，宜提前和培训师沟通，听取培训师的意见。

（三）签订培训相关协议

为保证培训的效果，在正式实施培训前企业要和培训师或培训机构签订培训协议，明确双方的责任、权利和义务，寻求法律上的支持和保护。

此外，企业还可能与提供培训场地和培训设备的酒店或机构签订相关的租赁协议。

（四）制定相应的培训制度

培训的实施需要相应的制度来保证。一般而言培训制度包括奖惩制度、培训员工管理制度、培训师管理制度、培训质量跟踪监控制度、培训档案管理制度、预算审批制度、培训效果评估制度等。

企业在实施培训时，应严格按照培训制度的规定，对培训进行管理、监督与控制，以保证培训目标的实现。

（五）做好培训介绍

培训介绍是培训活动实施的重要步骤，一般以开班仪式或开幕式的形式进行，主要包括培训项目的介绍、课程或培训内容的介绍、培训师的介绍或培训机构的介绍、培训管理规则的介绍等。为活跃培训气氛，还可设计学员之间的介绍。

四、培训效果评估

员工培训效果是指员工把培训中所获得的知识、技能应用于工作中的程度。员工培训效果评估是指通过一系列的信息、资料、数据，对员工培训的效果进行定性和定量的评价，以提高培训质量的过程。

员工培训效果评估是对员工培训的认知成果、技能成果、情感成果、绩效成果及投资回报率所进行的定性和定量的评价。

在培训的各个环节都应进行培训评估。可以说，员工培训需求分析和员工培训效果评估是培训环节中的两个关键点。在进行员工培训需求分析时应对员工培训需求分析的结果进行评价；在培训进行的各阶段应及时进行评估，以保证培训沿着既定的方向运行；在培训结束后，对培训成果应进行不同时段的跟踪评估，为下一次培训提供依据，使培训工作的质量呈螺旋式上升。

（一）员工培训效果评估的模式

员工培训效果可能是积极的，这时工作绩效得到提高；也可能是消极的，这时工作绩效可能会出现退步。一般来说，培训内容与以后工作的相似成分越多，就越容易获得积极的效果。

美国学者柯克帕特里克（Kirkpatrick）提出的培训效果四级评价模式，简称为柯氏模式，认为员工培训效果可从四个层面进行评估。

（1）评估参与者的反应。因为无论培训师怎样认真备课，受训者只要对某方面不感兴趣，就不会认真学习。对参与者反应的评估是培训效果测定的最低层次，主要通过问卷或问询来进行测定，可以问下列问题：受训者是否喜欢这次培训？是否认为培训师很出色？是否认为这次培训对自己很有帮助？有哪些地方可以进一步改进？

（2）评估受训者所学到的知识和技能。这种评估可能以考卷形式进行，也可能是实地操作，主要测定受训者与受训前相比是否掌握了更多的知识，学到了更多的技能。

（3）评估受训者工作行为的变化。在测定受训者的反应和学习成果时，培训效果的得分往往很高，但实际工作中会发现，由于某些原因，受训者未能在工作中表现出行为的改变。为了使培训转移的效果最大化，管理者可以对受训者行为改变进行评估，以便记录受训者是否真正掌握了培训内容并运用到工作中去。行为变化的测定可以通过上级、同事、下级、客户等相关人员对受训者的业绩评估来进行，主要测定受训者在受训前后行为是否有改善，是否运用了培训学到的知识、技能，是否在与人交往中态度更正确等。

（4）评估培训结果。评估培训结果即衡量培训是否有助于公司业绩的提高。如果一门课程达到了让受训者改变工作态度的目的，那么这种改变是否对提高公司的经营业绩起到了应有的作用，这是培训效果测定的最高层次。它可以通过事故率、产品合格率、产量、销售量、成本、利润、离职率、迟到率等指标进行测定，主要测定内容是：个体、群体、组织的效率状况在受训后是否有改善。

以上四个层面中，第一个层面的评估主要是观察受训者的反应，第二个层面的评估则侧重于检查受训者的学习结果，第三个层面的评估可以衡量受训者培训前后的工作表现，第四个层面的评估目标是衡量公司经营业绩的变化。对培训效果进行评估不但能发现培训对实现组织目标是否有贡献，还可及时发现在工作中运用培训内容的阻碍与困难等。

（二）员工培训效果评估方法

1. 定性评估法

定性评估法偏向于主观上的评价。主要包括以下几种方法：

（1）笔试法。对培训对象参加培训前和培训后的学识、技能状况进行测试，如果测试后的成绩高于测试前的成绩，或者测试的成绩达到一定的标准，则表明培训是有效果的。

（2）意见反馈法。培训主管部门通过收集受训员工对培训活动的评价或意见，对培训结果进行评估，并调整培训计划。受训员工的反馈意见会涉及培训的各个方面，比如培训目标是否合理、培训内容是否实用、培训师水平如何、培训方法是否合适等。意见反馈法经常采用调查或面谈的形式进行。

（3）跟踪分析法。培训主管部门采用跟踪分析法了解培训对象培训后的变化，比如工作量有无增减、工作质量有无提高、处理工作是否比以前熟练等。如果受训的员工在工作技能、工作态度、工作业绩等方面有所提高，则说明培训是有效果的。

2. 定量评估法

定量评估法能通过具体数据说明培训的效果，因此也是一种非常重要的评估方法。比较常用的方法是成本效益分析法，该方法有两种评估途径：一是计算培训效益；二是计算培训投资回报率。

培训效益是指培训获得的总效益减去总成本之后得到的净收益。培训效益越高，说明培训效果越好。培训效益的公式如下：

$$TE = (E_2 - E_1) \times T \times N - C$$

式中，TE 表示培训效益；E_1 表示培训前每个受训者产生的年度效益；E_2 表示培训后每个受训者产生的年度效益；T 表示培训效益可持续年数；N 表示参加培训的人数；C 表示培训成本。

培训的投资回报率是指培训效益与培训成本之比，计算公式如下：

$$培训投资回报率 = 培训效益 \div 培训成本 \times 100\% = TE \div C \times 100\%$$

（三）撰写培训评估报告

培训评估后的结果要形成正式的书面报告，这是对评估过程的综合反映。一份完整的培训评估报告应包括以下内容：

（1）导言，包括培训项目概况、评估的目的、评估的类型以及以前是否做过类似的评估等。

（2）概述评估的实施的过程，包括评估采用的工具、调查内容及范围、调查测验的方法等。

（3）阐明评估的结果。

（4）解释、评论评估结果和提供参考意见。

（5）结论。

（6）附录及其他。

本章小结

1. 员工培训是提高企业员工人力资本存量，实施人力资源开发战略的有效途径。对企业而言，培训可以发掘人的潜能，发挥人才的作用，为企业目标的实现服务；对员工个体而言，培训可以帮助员工适应新环境，掌握新技术，了解新的企业任务。

2. 员工培训是按一定程序实施的，程序化是其可操作性、目的性和有效实施的基本保证。良好的组织和管理可以使程序化的培训落到实处，起到事半功倍的效果。

3. 员工培训的形式主要有岗前培训、在岗培训、脱产培训。

4. 员工培训的程序包括培训需求分析、培训计划制订、培训实施、培训效果评估等。

复习思考题

1. 如何理解员工培训的概念和实质？

2. 员工培训的目的是什么？

3. 培训计划的制订包括哪些内容？

4. 培训需求分析从哪些方面着手？

5. 培训的实施包括哪些方面的工作？

6. 如何进行有效的培训评估？

【实战案例】

某精密电子科技公司培训体系建设

一、公司简介

某公司为半导体基础设备的供应商，中美贸易摩擦及设备的国产化给公司的发展带来了很大机遇，客户呈现爆发式增长，同时也给公司培养员工带来了压力和挑战。近一年来公司新入职的员工占比50%以上，新晋管理者占比40%以上，而现有的培训体系无法支撑业务的快速发展。

二、培训体系存在的问题

主要问题表现在以下方面：

（1）培训管理体系方面。缺乏完善的组织架构，培训运营资源相对分散；公司、部门层面的责权利及边界理解不一致。

（2）培训需求与计划方面。培训需求差异大，受个体认知影响大；公司及各部门均有培训计划，但计划的颗粒度和差异性比较大。

（3）培训课程方面。企业文化作为公司的基因，未来企业文化培训工作还需加强和完善；对新员工的培训差异过大，公司级培训课程质量参差不齐，有待改善；对于专业序列员工的培训课程集中在入门层和独立层，独立层以上的课程清单缺失，且尽管不同体系的部分专业类通识课程具有互通性，但因信息不对称，课程重复开发，浪费管理资源；对于管理序列员工的培训内容与培训项目缺乏系统性规划。此外，不同课程的讲授方式不同，效果差异性大。

（4）培训讲师方面。讲师的选拔标准不一，缺乏认证机制；讲师的能力良莠不齐，内部讲师培训体系未完全建立；对外部讲师缺乏系统的管理机制；讲师的激励与考核程度不一，通常以激励为主，但激励效果不明显；部分培训以老员工作为指导老师，但缺乏认证、评估、激励机制；讲师资源缺乏整合，无法实现内部优势资源共享。

（5）培训评估方面。对项目类、管理类等难以量化评估的内容，评估效果不理想；公司对各体系/BU的培训实施监督机制不够完善。

（6）培训运营方面。具备基本的制度、流程，但整体缺乏系统性规划；培训运营的IT系统正在上线中，线上内容还需整体评估；培训的宣传是公司品牌宣传的一部分，但仅限于内网，渠道单一。

此外，虽然培训体系与人力资源其他模块有衔接，但衔接性较弱。

三、培训体系优化

为了解决培训体系存在的主要问题，公司进行了以下工作：

（1）明确公司培训体系的架构。在人力资源管理部门下设专门的人才发展模块，具体包括：新员工培训、职业发展培训、领导力培训、培训运营（见图5-1）。公司的培训工作分为三个层级：公司级、体系级和部门级。

（2）在培训架构基础上明确职责。例如，制定公司级和体系级的培训制度与规划的主责岗位分别是人才发展经理和体系培训负责人，培训组织管理的主责岗位为人才发展经理。

（3）对培训制度进行更新与完善。明确培训制度的适用范围为"与公司签订劳动合同的全体正式员工"；明晰职责分工，明确总经理、人力资源部、培训部门/岗位、培训负责

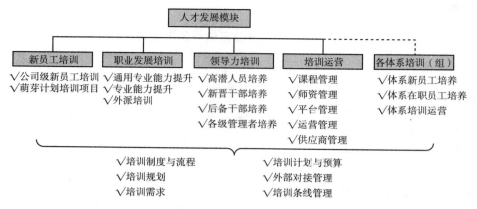

图 5-1　培训体系架构

人的详细职责；规范培训管理流程；将培训进行分类，新员工入职培训、在岗员工通用类培训、在岗员工专业类培训、管理者领导力培训，与培训课程分类和人才培养方式相统一。并编撰形成公司制度《培训控制程序》《讲师管理办法》《学员管理办法》等。

（4）结合现实痛点制订员工培训方案。公司秉承"以客户为中心、以价值创造者为本、持续创新"的企业文化核心价值观，不仅构建员工胜任力模型，还结合实际情况制订员工培训方案，比如"新员工"和"新晋管理者"的培训方案（见图 5-2）。

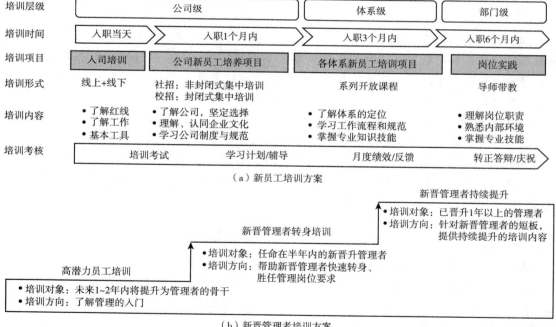

图 5-2　培训方案

资料来源：汉哲项目管理中心，http：//www. han-consulting. com. cn/article/item - 2011. html，2022 - 04 - 25，局部改编。

思考分析：

1. 培训体系构建的要点是哪些？

2. 你怎么看新员工培养方案的合理性？

第五章　习题

第六章

职业生涯管理

【学习目标】

- 掌握职业生涯管理的内涵；
- 了解影响职业生涯管理的因素；
- 掌握职业生涯管理理论的基本内容；
- 熟悉职业生涯规划的流程。

【案例导入】

职业"迷茫族"

小林毕业已经两年了，其间从事过两份工作，第一份是一家工厂的技术员，做了半年后、由于感觉性格不合，"跳槽"到一家外贸公司做业务。一开始状况还不错，但一年后感觉学不到什么东西，千篇一律的事情太多，而且没有发展空间。于是他有了跳出这个圈子的想法，出来后也没有特别着急，认为机会应该多的是，也想找个自己满意的工作，虽然有过面试但总感觉不合适，所以一直处在失业状态。眨眼两个月过去了，自我感觉良好的小林逐渐迷茫：难道没有出路了吗？

随着人才市场的竞争越来越激烈，个人求职的压力也越来越大。每一步的求职、晋升、发展都必须要明确定位点，明白自己的目的究竟是什么，只有走适合自己的路才能为下一步发展打下一个良好的基础。反之，就业择业盲目、职业转型迷茫，可能导致求职晋升发展阶段性失败，给个人增大压力，浪费时间。本章将重点讲解职业生涯管理的主要内容和影响因素、职业生涯管理理论以及职业生涯规划和开发的方法等。

第一节　职业生涯管理概述

一、职业生涯管理的内涵

职业生涯是指一个人从首次参加工作开始、一生中所有的工作活动与工作经历按编年的顺序串接组成的整个过程；也是以开发人的潜能为基础，以工作内容的确定和变化、工作业绩的评价、工资待遇及职务的变化为标志，以满足需求为目标的工作经历和内心体验的全过程。简言之，职业生涯是一个人一生的工作历程，它以时间为主线，以工作活动内容为载体，具有动态性和发展性。

　　职业生涯管理指组织和员工对职业生涯进行设计、规划、执行、评估、反馈和修正的综合性过程。员工和组织通过共同努力与合作，使每个员工的职业生涯目标与组织发展目标一致，使员工的发展与组织的发展相得益彰。由此可见，职业生涯管理包括两个方面：个人职业生涯管理和组织职业生涯管理。个人职业生涯管理是个人对自己所要从事的职业、要去工作的组织、在职业发展上要达到的高度等做出规划和设计，并为实现自己的职业生涯管理而积累知识、开发技能的过程；它一般通过选择职业、选择工作组织、选择工作岗位，在工作中技能的提高、职位的提升、才能的发挥等来实现。组织职业生涯管理是组织为了自身战略发展的需要，协助员工规划其职业生涯的发展，建立各种适合员工发展的职业通道，针对员工职业发展提供必要的教育、培训、轮岗、晋升等机会，并给予员工必要的职业指导，促使员工职业生涯的成功。

　　个人和组织的职业生涯管理存在相互依存、相互配合的必然联系。组织是个人职业生涯得以存在和发展的载体，个人的职业生涯设计得再好，如果不进入特定的组织，就没有职业生涯位置和工作场所，如果没有组织提供的良好职业管理措施和发展机会，个人职业目标就难以实现；同样，组织的存在和发展依赖于员工个人的职业工作和发展，如果员工能够积极参与由组织系统规划的职业生涯，那么双方定会获取良好的配合，以实现共同的目标。因此，职业生涯管理是员工与组织的双向职业活动，是员工与组织双方动态运作的过程。

二、职业生涯管理的内容

（一）职业路径

　　职业路径是指组织为内部员工设计的自我认知、成长和晋升的管理方案。职业路径在帮助员工了解自我的同时使组织掌握员工职业需要，以便排除障碍，帮助员工满足需要。另外，职业路径通过帮助员工胜任工作，确立组织内晋升的不同条件和程序对员工职业发展施加影响，使员工的职业目标和计划有利于满足组织的需要。职业路径设计指明了组织内员工可能的发展方向及发展机会，组织内每一个员工可能沿着本组织的发展路径变换工作岗位。良好的职业路径设计一方面有利于组织吸收并留住最优秀的员工，另一方面能激发员工的工作兴趣，挖掘员工的工作潜能。因此，职业路径的设计对组织而言很重要。

　　（1）传统职业路径是一种基于过去组织内员工的实际发展道路而制定的发展模式。

　　（2）行为职业路径是一种建立在对各个工作岗位上的行为需求分析基础上的职业发展路径设计。

　　（3）横向职业路径。组织采取横向调动来使工作具有多样性，使员工焕发新的活力、迎接新的挑战。虽然没有加薪或晋升，但员工可以增加自己对组织的价值，也使他们自己获得新生。

　　（4）双重职业路径主要是用来解决某一领域中具有专业技能的员工的职业发展问题。他们既不期望在自己的业务领域内长期从事专业工作，又不希望随着职业的发展而离开自己的专业领域。

（二）职业选择

美国霍普金斯大学心理学教授约翰·霍兰德（John Holland）提出的人业互择理论具有较为广泛的社会影响。霍兰德根据劳动者的心理素质和择业倾向，将职业性向分为六种类型：现实型（realistic）、研究型（investigative）、社会型（social）、常规型（conventional）、企业型（enterprising）、艺术型（artistic），详见表6-1。

表6-1   职业选择

职业性向	职业描述	职业类型
现实型	包含着体力活动并且需要一定的技巧、力量和协调才能承当的职业	森林工人、耕作工人及农场主等
研究型	包含着较多认识活动（思考、组织、理解等）的职业	生物学家、化学家以及大学教授等
社会型	包含大量人际交往内容的职业	诊所的心理医生、外交工作者及社会工作者等
常规型	包含大量结构性的且规律较为固定的活动的职业	会计以及银行职员等
企业型	包含大量以影响他人为目的语言活动的职业	管理人员、律师及公共关系管理者等
艺术型	包含大量的自我表现、艺术创造、情感表达以及个性化活动的职业	艺术家、广告制作者及音乐家等

实际上，大多数人并非只有一种职业性向，如一个人可能同时包含社会性向、现实性向和研究性向。霍兰德认为，一个人的性向越相似，相容性越强，在选择职业时所面临的内在冲突或犹豫就会越少。为了描述这种情况，霍兰德建议将这六种性向分别放在正六角形的每个角上（见图6-1），每个角代表一种职业性向。图中的两种性向越接近，则它们的相容性会越高。霍兰德相信，如果某人的两种性向是紧挨着的话，那么他会很容易选定一种职业；如果某人的性向是相互对立的，例如同时具有现实性向和社会性向，那么他在职业选择时将会出现摇摆不定的情况，因为他的多种兴趣将驱使他在不同的职业之间犹豫不决。

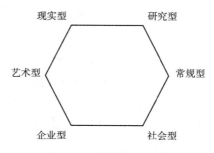

图6-1　职业性向分类

（三）家庭生活

组织中的员工除了过职业生活外同时还在经历家庭生活，家庭对员工本身有重大意义，也会给职业生活带来许多影响。工作—家庭平衡计划是组织帮助员工认识和正确看待家庭与工作的关系，调和职业与家庭的矛盾，缓和由于工作—家庭关系失衡而给员工造成压力的计划。

工作—家庭计划的目的在于帮助员工找到工作和家庭需要的平衡点。组织必须了解家庭各阶段的需求、工作境况对员工家庭生活的影响，然后给予员工适当的帮助。

（四）职业咨询

职业咨询是指帮助被解职员工找到合适的工作，或是重新选择职业，同时向他们提供一部分资助以帮助他们度过职业转换期。

三、职业生涯的影响因素

影响职业生涯的因素有很多，主要分为两大类：个人因素和环境因素。

（一）个人因素

个人因素主要包括性格、兴趣、个人能力等。

（1）性格。人的性格差异较大，不同的职业对于就业者有不同的性格要求。对企业而言，不同性格特征的人员，决定了每个员工的工作岗位和工作业绩；对于个人而言，不同的性格决定着自己的事业能否成功（见表6-2）。

表6-2　　　　　　　　　　　　　　　　职业性格的类型

类型	特征	适合的职业
变化型	在新的和意外的活动或工作情境中感到的愉快，喜欢有变化的和多样化的工作，善于转移注意力	记者、市场销售人员、演员
重复型	适合连续从事同样的工作，按固定的计划或进度办事，喜欢重复的、有规律的、有标准的工作	司机、机床操作、印刷工、电影放映员
服从型	愿意配合别人或按别人的指示办事，而不愿意自己独立做出决策，担负责任	办公室职员、秘书、翻译
独立型	喜欢计划自己的活动和指导别人的活动，或对未来的事情做出决定，在独立负责的工作情境中感到愉快	管理人员、律师、警察
协作型	在与人协同工作时感到愉快，善于引导别人，并想得到同事们的喜欢	社会工作者、咨询人员
机智型	在紧张和危险的情况下能自我控制，沉着应对，发生意外和差错时能不慌不忙、出色地完成任务	驾驶员、飞行员、警察公安、消防员、救生员
自我表现型	喜欢表现自己的爱好和个性，根据自己的感情做出选择，通过自己的工作来表现自己的思想	艺术家、诗人、音乐家、画家、设计师
严谨型	注重工作过程中各个环节、细节的精确性，愿意按一定步骤工作并尽可能做得完美，倾向于严格、努力地工作以看到自己出色地完成工作的效果	程序员、会计、出纳、统计员、校对员、图书档案管理、打字、秘书

（2）兴趣。兴趣对职业生涯的发展至关重要，是职业选择重点考虑的因素之一，根据兴趣特征分类，可以选择兴趣适应的职业（见表6-3）。

表 6 – 3 　　　　　　　　　　　　　　　　　兴趣特征与职业对应

兴趣特征	适应的职业
愿与事物打交道，喜欢接触工具、器具或数字，而不喜欢与人打交道	制图员、修理工、裁缝、木匠、建筑工、出纳员、记账员、会计、工程技术、机器制造等
愿与人打交道，喜欢与人交往，对销售、采访、传递信息一类的活动感兴趣	记者、推销员、营业员、服务员、教师、行政管理人员、外交联络等
愿与文字符号打交道，喜欢常规、有规律的活动。习惯在预先安排的程序下工作，做有规律的工作	邮件分类员、办公室职员、图书馆管理员、档案整理员、打字员、统计员等
愿与大自然打交道，喜欢地理、地质类的活动	地质勘探人员、钻井工、矿工等
愿从事农业、生物、化学类工作，喜欢种养、化工方面的实验性活动	农业技术员、饲养员、水文员、化验员、制药工、菜农等
愿从事社会福利类工作，喜欢帮助他人解决困难。这类人乐于助人，试图改善他人的状况，帮助他人排忧解难	咨询人员、科技推广人员、教师、医生、护士
愿做组织和管理工作，喜欢掌管事情，希望受到众人的尊敬和获得声望，愿做领导和组织工作	组织领导管理者，比如行政人员、企业管理干部、学校领导和辅导员等
愿研究人的行为和心理，喜欢谈论涉及人的主题，对人的行为举止和心理状态感兴趣	心理学、政治学、人类学、人力资源管理、教育、行为管理等方面的从业者；社会工作者；作家
愿从事科学技术事业，喜欢逻辑推理、理论分析、独立思考、发现和解决问题，善于理论分析	生物、化学、工程学、物理学、自然科学、工程等技术人员
愿从事有想象力和创造力的工作。喜欢创新，喜欢独立的工作，对自己的学识和才能颇为自信。乐于解决抽象的问题，急于了解周围的世界	社会调查、经济分析、各类科学研究工作、化验、新产品开发等方面的从业者；演员；画家；创作或设计人员
愿做操作机器的技术工作，喜欢技术活动，操作各种机械，制造新产品；喜欢使用工具和设备，特别是大型的、马力强的先进机器	飞行员、驾驶员、机械制造师等
愿从事具体的工作，喜欢制作看得见、摸得着的产品，希望看到自己的劳动成果并从中得到满足	室内装饰、园林、手工制作、机械维修等方面的从业者；厨师；美容师；理发师

（3）能力。能力是个人完成任务的前提条件，是影响工作效果的基本因素。能力不同，职业选择就有差异。

个人事业发展与能力之间有着较紧密的直接关系，而人的能力可分为一般能力和特殊能力两类。一般能力，又称智力，包括注意力、观察力、记忆力、思维能力和想象力等，一般能力是人们顺利完成各项任务必须具备的一些基本能力。特殊能力是指从事各项专业活动的能力，也称特长，比如计算能力、音乐能力、语言表达能力等。

（二）环境因素

环境因素分为组织环境因素及社会环境因素。组织环境因素包含企业文化、管理制度以及领导者素质和价值观。

（1）企业文化决定着员工的职业发展方向、发展机会等。

（2）管理制度是员工在企业中职业发展的保障，例如培训制度、晋升制度、考核制度、奖惩制度等。

（3）领导者素质和价值观决定着企业是否重视员工职业发展，并为此提供条件与机会。

社会环境因素主要包括：就业市场的供需；国家有关劳动人事方面的政策；法规的颁布与实施；政治的变动；经济的增长；市场竞争；等等。

第二节　职业生涯管理理论

一、职业选择理论

在整个职业生涯发展过程中，有初入职场时的职业选择，也有职业转换时的职业再选择。所谓职业选择是指依照职业期望和兴趣，凭借能力挑选职业，使能力与职业需求相匹配的过程。

职业选择理论是指通过了解人自身的个性特质和不同职业的需求及其类型，依照自己的职业期望和兴趣选择个人的职业的观点。与此相关的理论有人职匹配理论、职业性向理论等。

（一）人职匹配理论

人职匹配理论，又称特质因素理论。由"职业辅导之父"、美国波士顿大学教授弗兰克·帕森斯（Frank Parsons）创立，其所著的《选择职业》（1909）一书中提出：人与职业相匹配是职业选择的焦点。他认为每个人都有自己独特的人格模式，每种人格模式都有其相适应的职业类型。一个人的职业选择要考察三个方面的因素：一是爱好、价值观、能力、资源、限制条件等；二是不同行业的工作性质、要求、成功要素、优缺点、薪酬水平、发展前景和机会；三是前述两者的协调和匹配。"人职匹配"作为职业指导的核心理念，被广泛应用于人们的职业选择。

（二）职业性向理论

约翰·霍兰德教授提出的职业性向理论（career orientation），具有广泛的社会影响。他认为，职业性向，即人的价值观、动机和需要，是决定一个人选择何种职业的重要因素。霍兰德经研究发现六种基本的职业性向并对应六种职业类型，即现实型、研究型、艺术型、社会型、企业型和常规型（具体可参见表6－1）。他认为，某种人格类型的劳动者应与其相同类型的职业相结合，即做到"人格—职业匹配"，劳动者的积极性就会被充分调动。

二、职业生涯阶段理论

每个人的职业生涯都要经历许多阶段，每一阶段都有其不同的特征和相应的职业能力要求。为了更好地促进个人的职业生涯发展，学者们根据人的生命周期，将职业生涯划分为不同的阶段。比较有影响的理论有舒伯（Donald E. Super，1953）的"五阶段理论"、施恩（Edgard H. Sehein，1978）的"九阶段理论"和金斯柏格（Eli Ginzberg，1951）的"三阶段理论"。这些理论虽然有差异，但本质上具有相似性。因此，这里选取舒伯的职业生涯发展五阶段理论作为代表进行阐述。

舒伯是美国一位具有代表性的职业管理学家，经过二十多年的大量实验研究，依据发展心理学和社会学对各种职业行为的分析，以年龄阶段分析职业生涯发展的过程。他将职业生涯分为五个主要阶段——成长阶段、探索阶段、建立阶段、维持阶段和衰退阶段，每个阶段都有其独特的发展任务。

（一）成长阶段

（1）年龄范围：0~14岁，属于认知阶段。儿童通过家庭和学校中关键人物的影响并加以认同，发展自我概念。此阶段早期，需要和幻想占统治地位，随着参与社会和了解现实的增加，兴趣和能力也变得更加重要。

（2）主要任务：发展自我概念，也就是认识自己是个什么样的人，建立对工作世界的正确态度，并了解工作的意义。

（3）阶段细分：4~10岁为幻想期。需要支配一切，在幻想中扮演自己喜爱的职业角色。11~12岁为兴趣期。喜好成为个人职业期望和活动的主要决定因素。13~14岁为能力期。能力的重要性逐渐增加，开始考虑自己的能力及工作要求。

（二）探索阶段

（1）年龄范围：15~24岁，属于学习打基础阶段。通过学校学习、休闲活动和短期工作，进行自我考察、角色鉴定和职业探索。

（2）主要任务：使职业偏好逐渐具体化、特定化并实现职业偏好；形成事实相符的自我概念，并根据未来的职业选择做出相应的教育决策，完成择业及最初就业。

（3）阶段细分：15~17岁为试验期。综合认识和考虑自己的兴趣、能力与职业社会价值、就业机会，开始进行择业尝试。18~21岁为过渡期。正式进入职业，或者进行专门的职业培训，明确某种职业倾向。22~24岁为尝试期。选定工作领域，开始从事某种职业，对职业发展目标的可行性进行实验。

（三）建立阶段

（1）年龄范围：25~44岁，个体在这个阶段开始确定自己在整个生涯中应有的位置，并开始增加作为家庭照顾者的角色。这个阶段的任务主要是在不断的挑战中稳定工作，并学会在家庭和事业之间合理的均衡。

（2）主要任务：获取一个合适的工作领域，并谋求发展。这一阶段是大多数人职业生涯周期中的核心部分。

（3）阶段细分：25~30岁为尝试期。个人在所选的职业中安顿下来。重点是寻求职业及生活上的稳定。31~44岁为稳定期。致力于实现职业目标，是富有创造性的时期。

（四）维持阶段

（1）年龄范围：45～64 岁，个体已经找到了适合的领域，并努力保持在这个领域的成就。与前一阶段相比，这个阶段发生的变化主要是职位、工作和单位的变化，而不是职业的变化。个人主要应巩固已有的地位并力争有所提升。

（2）主要任务：在这一长时间内开发新的技能，维护已获得的成就和社会地位，维持家庭和工作两者间的和谐关系，寻找接替人选。

（五）衰退阶段

（1）年龄范围：65 岁以上，该阶段的重心逐步由工作向家庭和休闲转移。该阶段的主要任务是安排退休和开始退休生活，精神上寻求新的满足点。

（2）主要任务：逐步退出职业和结束职业，开发社会角色，减少权力和责任，适应退休后的生活。

不仅如此，在后期的研究中，舒伯又进一步深化了生涯发展阶段理论，将每个发展阶段同样分为成长、探索、建立、维持、衰退五个阶段，提出人生发展是螺旋循环的模式。但所有的发展阶段理论里，舒伯都强调个人应重视生涯发展的规律，根据发展阶段安排自己的任务，也要合理塑造生涯发展的过程，使得各个阶段能够如期而至，并符合它们应有的意义。

三、职业锚理论

职业生涯的发展充满着不确定因素，需要个体不断探索和决策。理想的境界是尽快找到符合个人兴趣、能安身立命的职业，同时也成为个人无怨无悔的事业。

"职业锚理论"由美国麻省理工学院斯隆管理研究院的埃德加·H. 施恩（Edgar H. Schein）教授于 1978 年在其出版的《职业的有效管理》一书中首次提出。职业锚是指当一个人不得不做出选择的时候，无论如何都不会放弃的职业中那种至关重要的东西或价值观。实际上就是人们选择和发展自己的职业时锁定的目标和所围绕的中心。施恩教授最初提出的职业锚理论包括五种类型：职能型、管理型、独立型、创业型、挑战型；后来又增加了稳定型、生活型和服务型三种职业锚，并推出了职业锚测试量表。

（一）技术/职能型（technical functional competence）

技术/职能型的人追求在职能领域的成长和技能的提高，以及应用这种技术职能的机会。对自己的认可来自自身的专业水平，喜欢面对专业领域的挑战。他们不喜欢从事一般的管理工作，因为这将意味着放弃在职能领域的成就。

（二）管理型（general managerial competence）

管理型的人追求工作晋升，倾心于全面管理、独自负责，跨部门整合他人的努力成果；并将公司的成功与否看成是自己的工作。具体的技术职能工作仅仅被看作是通向更高、更全面管理层的必经之路。

（三）自主/独立型（autonomy independence）

自主/独立型的人向往自由与独立，希望随心所欲地安排自己的工作方式、工作习惯和生活方式。追求能施展个人能力的工作环境，最大限度地摆脱组织的限制和制约。

（四）创业型（entrepreneurial creativity）

创业型的人希望凭借自身能力去创建属于自己的公司或产品（或服务），而且愿意冒风险、克服面临的障碍。他们想向世界证明公司是他们靠自己的努力创建的。他们可能正在别人的公司工作，但同时也在学习并评估将来的机会。一旦感觉时机到来，便会出去创业。

（五）挑战型（pure challenge）

挑战型的人喜欢解决看上去难以解决的问题和困难，战胜强硬的对手，参加工作或职业的原因是工作允许他们去战胜各种不可能。新奇、变化和困难是他们的终极目标；如果事情非常容易，就会让他们感到厌烦。

（六）安全/稳定型（security stability）

安全/稳定型的人追求工作中的安全与稳定感。因可以预测将来的成功从而感到放松，比如退休金和退休计划带给他们的财产安全感。稳定感包括诚信、忠诚以及完成领导交办的工作。

（七）生活型（lifestyle）

生活型的人喜欢将个人的需要、家庭的需要和职业的需要视为整体，需要一个能够提供足够弹性让其实现这一目标的职业环境。

（八）服务型（service dedication to a cause）

服务型的人一直追求他们认可的核心价值，例如：帮助他人、改善人们的安全，通过新的产品消除疾病。他们追寻这种机会，不会接受不允许他们实现这种价值的工作。

【管理实践 6 –1】

腾讯公司的职业生涯发展通道

腾讯公司在 20 余年的超速发展期间，员工的规模也得以迅速扩大。保持员工队伍的稳定性和成长性，腾讯的职业发展通道体系起了关键作用。横向上，腾讯公司按照能力与职责相近的原则，分 3 个层次建立了细致的岗位体系，包含 4 个职族、24 个岗位类别以及每个类别下的若干岗位。纵向上，腾讯公司将通用职族的岗位由低到高划分成 6 个等级；每个等级中设置基础等、普通等和职业 3 个子等（见图 6 –2）。基础等是指刚达到基本能力要求，尚需巩固；普通等是指完全达到本级别各项能力要求；职业等是指本级别各项能力水平成为公司或部门内标的杆。

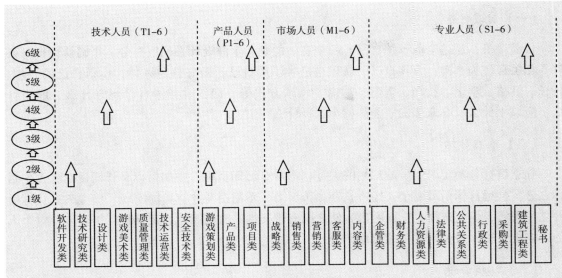

图6-2　腾讯公司职位体系

　　当员工成长发展到一定阶段后，腾讯会视员工在管理或者专业方面的能力优势，结合员工意愿与公司的人才培养规划，帮助员工确定更能发挥其能力特长的发展方向，在专业通道上发展可以获得与管理通道发展相同的认可和回报。同时，为保证管理人员在从事管理工作的同时不断提升专业水平，腾讯规定除总办领导以及执行副总裁（EVP）以外的所有管理人员必须同时选择市场族、技术族、专业族的某一职位类作为其专业的发展通道，走双通道发展。

　　资料来源：北京智鼎管理咨询公司报告. 揭秘腾讯"鹅厂"员工职业发展通道的成功之处. 2018 - 9 - 21，转自周文霞. 职业生涯管理［M］. 2版. 上海：复旦大学出版社，2020：198 - 199。

第 三 节 　 职 业 生 涯 规 划 与 开 发

一、 职 业 生 涯 规 划 流 程

　　职业生涯规划是指组织与员工共同制定基于个人和组织方面需要的个人发展目标与组织发展路径的活动。职业生涯规划的主体是组织与个人，其内容主要包括职业选择、职业生涯目标的确立、职业生涯路径的设计、职业生涯发展战略的制定。

　　对员工个人而言，职业生涯规划是指员工根据自身的主观因素和对客观环境的分析，确定自己的职业生涯发展目标，选择能够实现这一目标的职业，制定相应的工作、培训和教育计划，采取必要的行动实施职业生涯目标的过程。

　　职业生涯规划的流程主要包括六个步骤：

（一）自我评价

自我评价，就是全面了解自己。一个有效的职业生涯设计必须以充分、正确认识自身条件与相关环境为基础；审视自己、认识自己、了解自己，做好自我评估，包括自己的兴趣、特长、性格、学识、技能、智商、情商、思维方式等。即，要弄清自己想干什么、能干什么、应该干什么、在众多的职业面前会选择什么等。

（二）确立目标

确立目标是制定职业生涯规划的关键，通常有短期目标、中期目标、长期目标和人生目标之分。长远目标是需要个人经过长期艰苦努力、不懈奋斗才有可能实现，确立长远目标时要立足现实、慎重选择、全面考虑，使之既有现实性又有前瞻性。短期目标更具体，对个人的影响更直接，是长远目标的组成部分。

（三）环境评价

职业生涯规划要充分认识与了解相关的环境。评估环境对自己职业生涯发展的影响，分析环境条件的特点、发展变化情况，把握环境因素的优势与限制；了解本专业、本行业的地位、形势以及发展趋势。

（四）职业定位

职业定位就是为职业目标与自己的潜能以及主客观条件谋求最佳匹配。良好的职业定位以自己的最佳才能、最优性格、最大兴趣、最有利的环境等信息为依据，进而考虑性格与职业的匹配、兴趣与职业的匹配、特长与职业的匹配、专业与职业的匹配等。职业定位是决定职业生涯成败的关键一步，也是职业生涯规划的起点。

职业定位应注意以下方面：

（1）依据客观现实，考虑个人与社会、单位的关系。

（2）比较职业的条件、要求、性质与自身条件的匹配情况，选择条件合适、符合自身特长、兴趣以及经过努力能很快胜任、有发展前途的职业。

（3）扬长避短，不追求十全十美的职业。

（4）审时度势，及时调整，根据情况的变化及时调整择业目标，不要固执己见、一成不变。

（五）实施策略

实施策略指制定实现职业生涯目标的行动方案，并有具体的行为措施来保障。没有行动，职业目标只能是梦想。要制订周详的行动方案，更要落实这一行动方案。

（六）评估与反馈

职业生涯规划需在实施中去检验，看效果如何，及时诊断职业生涯规划的各个环节；当出现问题时，及时找出原因和找到对策，对规划进行调整与完善。

二、职业生涯开发

（一）个人职业生涯开发

个人职业生涯开发是指为了获得或改进个人与工作有关的知识、技能、动机、态度、行为等因素，以利于提高其工作绩效、实现其职业生涯目标的各种有计划、有系统的努力。

1. 主要内容

（1）自我要素开发。它主要包括能力的开发、态度的开发和职业资本的开发。

能力的开发要做到以下几个方面：采取多种形式，不断加强专业知识和职业技能的学习，尽可能提高自己的学历，丰富工作经验，从而增强实力；抓住关键性的事业变动转折点，获得新能力；适应职业需要发展个人能力，做表现杰出的突出人物。

态度的开发。态度是个人每天对生活所作的回应，良好的态度是一种责任的体现。良好的思维方式可以让个人拥有正确的处事态度，而这种态度是个人职业生涯成功的关键。每个人都会经历各种艰难，乐观的积极态度会让他们重新崛起。

职业资本的开发。职业资本是一个人选择职业、发展自我、运作资金和创造财富等能力的总和，一个人拥有了雄厚的职业资本后，就有了更大的择业自由，可以获得更多的就业机会以及职业生涯发展与成功机会。

（2）社会资本开发。社会资本是指处于一个共同体之内的个人或组织，通过与内部、外部对象的长期交往、合作、互利形成的一系列认同关系，以及由此而积淀下来的历史传统、价值理念、信仰和行为范式。

随着社会的进步与发展，影响人类发展的因素逐渐由物资资本向人力资本转化，资本的智能化是知识经济发展的必然结果。人力资本的无限性、稳定性与普惠性使其成为现代社会经济发展中的真正资本与首要财富。

社会资本作为影响个人行动能力以及生活质量的重要资源，在任何经济体制下都有着重要的作用。如职业知名度和职业信用度都是非常重要的社会资本。因此，在个人的职业生涯发展中，积极开发与利用社会资本，注重个人形象传播和个人公关等社会资本，对促进个人职业生涯发展具有重要意义。

2. 主要方法

职业生涯开发方法直接关系到个人开发的效果，因此，要认真选择开发方法。个人职业生涯开发的方法有多种，而且还在不断创新中。个人需要综合考虑具体开发策略、自身条件、开发内容来选择合适的开发方法，以便得到最佳的开发效果。常见的开发方法包括以下几种：

（1）通过职业测评，充分了解自己和环境特征。职业测评兴起于20世纪初，大大提高了职业招聘和培训部门的经济效益。在我国，职业测评正在受到越来越多的用人单位和个人的欢迎。目前职业测评有两种用途，一是服务于企业——帮助企业选人，二是服务于个人——帮助个人选职业。职业测评不仅可以帮助个人做出职业选择决策，同样还可以用于个人对自身能力进行了解。职业测评所具有的诊断功能有利于个体分析自己的不足，确定自己的优势，做到在职业发展上的扬长避短。

（2）依靠培训开发与终身学习，不断提升胜任能力。培训开发在职业生涯规划与管理中的作用早已众所周知。职业培训可以加速员工对职业技能的掌握，促进相关知识的学习，缩短适应新岗位所需的时间。随着个人在职业生涯规划中的主体地位增强，从客观和现实上保证了个人对培训开发权利的使用。个人通过有效的、定期的培训开发可以不断提高和激发自身潜能，最大限度地使劳动能力与劳动技能的需求匹配，进而取得最佳劳动效果。

（3）积极参与社会活动，构建社会资本。个人积极参与一切可能的社会活动是建立社会资本的必然途径。通过积极的社会活动，个人可以在社会化过程中获得职业发展所需的知识和信息，还可以搭建自己的人际关系网络，为不同信息的获取和分享奠定基础。在社会活动过程中，个人需要注意与上司、同事、客户形成良好的支撑型关系，互补有无，相互支持，相互帮助。

（4）依靠卫生保健与体育锻炼，搭建个人职业发展的坚实基础。合理均衡的体育锻炼能够带来健康的身体和快乐的心态；良好的卫生保健有助于延长工作寿命和改善工作质量。研究表明，注重生活质量和良好生活习性的培养将极大地增加个人职业发展成功的概率。

【管理实践 6–2】

技术研发人员的管理晋升通道设计

为合理、充分、有效地利用人力资源，促进员工的发展、留住优秀人才，增强企业的核心竞争力，人力资源管理者有必要对员工晋升通道进行设计，同时应遵循以下原则：

- 系统性原则：针对不同类型、不同特长的员工设立相应的职业发展通道。
- 长期性原则：员工晋升通道的规划要贯穿员工的职业生涯始终。
- 动态原则：根据公司的发展战略、组织结构的变化与员工不同时期的发展需求进行相应调整。

以技术研发部员工为例，通常有两条晋升通道：管理晋升通道和技术晋升通道。表6–4为技术研发部门员工的管理晋升通道示例。

表6–4　　　　　　　　技术研发人员管理晋升通道

晋升	职位	待遇	职责与绩效目标
↑	技术总监（正、副）	工资：×× 奖金：×× 岗位津贴：×× 股权：××	·职责：技术发展战略规划、技术管理与支持、新产品开发 ·关键绩效指标：产品质量合格率应在__%以上，新产品开发计划完成率应在__%以上，工艺改造计划完成率达__%
	研发部经理（正、副）	工资：×× 奖金：×× 岗位津贴：××	·职责：研发管理、成果测试与验收、组织技术论证与交流 ·关键绩效指标：新技术课题完成率应达__%，新产品开发完成率应达__%，新产品测试达标率应达__%
	工艺主管（正、副）	工资：×× 奖金：×× 岗位津贴：××	·职责：组织研发调研，制定研发方案，管理研发过程，组织新产品鉴定 ·关键绩效指标：研发费用应控制在__万元以内，新产品课题完成率应达__%，新产品开发达成率应达__%
	技术研发员	工资：×× 奖金：××	·职责：执行研发调研，实施研发方案 ·关键绩效指标：新技术应用的生产提高率在__%以上、研发项目完成率应达__%

资料来源：乔继玉．人力资源规划操作指南［M］．北京：人民邮电出版社，2021：133–134。

（二）组织职业生涯开发

组织职业生涯开发是指组织为了提高员工的职业知识、技能、态度和水平，进而提高员工的工作绩效，促进员工职业生涯发展而开展的各类有计划、有系统的教育训练活动。

1. 组织职业生涯开发内涵

组织职业生涯开发集中考察个人与组织在一定时期中的相互作用，其内涵如下：

（1）组织是职业开发的主体。组织职业生涯开发是组织人力资源开发和管理活动的重要组成部分，是组织发出的行为或活动。

（2）员工是组织职业生涯开发的客体。由于员工具有能动性和主动性，组织职业生涯开发需要与员工互相配合完成。

（3）组织职业生涯开发是一个动态过程。组织职业生涯开发不是静止的现象或事物，而是主体作用于客体，将主体目标和任务同客体的个人需要和职业抱负融为一体的管理活动，其目标在于实现组织和个人的共同发展。

（4）组织职业生涯开发的实质是挖掘人力资源内在潜能，提高人力资源的能力和价值，充分启发、调动员工的工作积极性、自觉性和创造性。同时，改善组织的人力资源开发与管理活动，保证组织获得现在和将来所需的人力资源，提升组织的工作效率和经济效益。

2. 组织职业生涯开发方法

组织职业生涯开发的方法一般有四种：正规教育、人员测评、工作实践以及开发性人际关系等。

（1）正规教育。正规教育项目包括员工脱产和在职培训的专项计划。为使员工获得更好的职业生涯开发，在许多情况下，组织根据自身战略目标发展的需要，安排组织需要的不同层次的部分员工离开原来的工作岗位进入高等学校及专门的培训部门或中心，通过长期与短期课程的培训，接受正规系统的教育与培训，以提高文化素质和专项技术技能。

（2）人员测评。人员测评是在收集关于员工的行为、沟通方式以及技能等方面信息的基础上，为其提供反馈的过程。在这一过程中，员工本人、其同事与上级以及顾客都可以提供反馈信息。人员测评通常用来衡量员工管理潜能及评价现任管理人员的优缺点，还可与团队方式结合使用来衡量团队成员的优势与不足。

（3）工作实践。工作实践是指员工在工作中所遇到的各种关系、问题、需要和任务等。该方法的假设前提是：当员工过去的经验和技能与目前工作所需不相匹配时，就需要进行人员开发活动。为了有效开展工作，员工必须拓展自己的技能，以新的方式来应用其技能和知识，并积累新的经验。利用工作实践进行员工开发有各种方式，包括工作扩大化、工作轮换、工作调动、晋升、降级以及其他临时性工作安排。

本章小结

1. 职业生涯是指一个人从首次参加工作开始、一生中所有的工作活动与工作经历按编年的顺序串接组成的整个过程；是以开发人的潜能为基础，以工作内容的确定和变化、工作业绩的评价、工资待遇及职务的变化为标志，以满足需求为目标的工作经历和内心体验的全过程。

2. 职业生涯管理包括个人职业生涯管理和组织职业生涯管理。个人职业生涯管理是个人对自己所要从事的职业、要去工作的组织、在职业发展上要达到的高度等做出规划和设计，并为实现自己的职业生涯管理而积累知识、开发技能的过程。组织职业生涯管理是组织为了自身战略发展的需要，协助员工规划其职业生涯的发展，建立各种适合员工发展的职业通道，针对员工职业发展提供必要的教育、培训、轮岗、晋升等机会，并给予员工必要的职业指导的过程。

3. 职业生涯管理的基本理论主要有职业选择理论、职业生涯阶段理论、职业锚理论。帕森斯提出的人职匹配理论常被用于职业指导、职业选择。霍兰德发现六种基本的职业性向并对应六种职业类型，即现实型、研究型、艺术型、社会型、企业型和常规型。舒伯根据年龄阶段将职业生涯分为五个主要阶段：成长阶段、探索阶段、建立阶段、维持阶段和衰退阶段。施恩早期提出五种类型职业锚：职能型、管理型、独立型、创业型、挑战型；后来又增加了稳定型、生活型和服务型三种职业锚。

4. 职业生涯规划的流程主要包括六个步骤：自我评价、确立目标、环境评价、职业定位、实施策略、评估与反馈。

5. 个人职业生涯开发是指为了获得或改进个人与工作有关的知识、技能、动机、态度、行为等因素，以利于提高其工作绩效、实现其职业生涯目标的各种有计划、有系统的努力。

6. 组织职业生涯开发是指组织为了提高员工的职业知识、技能、态度和水平，进而提高员工的工作绩效，促进员工职业生涯发展而开展的各类有计划、有系统的教育训练活动。

复习思考题

1. 常见的职业路径有几种？
2. 如何进行正确的职业选择？
3. 影响职业生涯的因素有哪些？
4. 职业锚有几种类型？
5. 职业生涯规划流程有哪几个环节？
6. 个人职业生涯开发方法有哪几种？

【实战案例】

A 公司职业生涯规划

一、把握职业生涯规划主要内容

（一）职业生涯规划的概念

职业生涯规划是指组织和员工基于员工个人和企业组织两方面的需求共同制定的个人发展目标与发展道路的活动。

（二）职业生涯规划的目的

A 公司进行职业生涯规划的主要目的包括以下三个方面：

（1）稳定员工队伍，增加员工满意度，留住现有优秀人才，吸引外来优秀人才的加入。

（2）使每个员工的职业生涯目标与组织发展目标相一致，降低和减少因个人职业生涯规划与组织生涯规划相违背而给企业发展带来的损失。

（3）合理配置企业人力资源，保证企业未来人才需求和企业的可持续、稳定发展，避免企业人才断档和后继无人情况的出现。

（三）员工职业生涯规划的内容

（1）对决定员工职业生涯的主客观因素进行分析、总结和测定。

（2）确定员工职业发展目标，并选择实现这一目标的有效路径。

（3）编制相应的工作、教育和培训的行动计划，对每一步骤的实施时间、顺序和方向做出合理的安排。

（4）通过绩效考核、培训、轮岗、晋升等人力资源管理活动为实现企业员工职业生涯规划目标创造条件。

二、员工职业生涯规划流程

（一）实施职业生涯规划的前提条件

在制定员工职业生涯规划时，A 公司具备以下五个方面的前提条件：

（1）企业决策层具备相关管理理念。

（2）企业管理层具备推动职业生涯管理的愿望、知识和能力。

（3）企业员工具有较高的职业生涯管理需要层次。

（4）员工相信企业推行职业生涯管理的诚意。

（5）企业政策和制度系统化、柔性化的程度高。

（二）职业生涯规划具体流程

1. 明确现阶段人力资源发展规划

A 公司根据自身的发展战略目标制定人力资源规划。人力资源规划通过预测企业在未来环境变化中人力资源的供给和需求状况，制定基本的人力资源获取、使用、维持和开发的策略。

2. 构建职业发展通道

构建职业发展通道是企业进行职业生涯规划不可或缺的工作。A 公司在明确现阶段的人力资源发展规划后，根据人力资源发展规划的需求，考虑现有人力资源的状况，设计适合自身的职业发展通道。

3. 制定员工职业生涯管理制度和规范

制度和规范的存在可以引导员工行为的改变，确保优秀人才能够脱颖而出，并能够为企业发展目标的实现做出积极贡献。A 公司制定了有效、健全、可行的员工职业生涯管理制度和规范，确保企业职业生涯管理目标顺利达成。

4. 进行员工基本素质测评

A 公司进行员工基本素质测评的目的在于掌握员工的能力、个性倾向和职业倾向，并为其职业生涯的目标设立提供参考。员工素质测评的信息包括以下两个方面：

（1）员工基本信息，包括员工的年龄、学历、工作经历、兴趣爱好等。

（2）工作状况记录信息，包括绩效评估结果、晋升记录及参加各种培训情况的记录等。

5. 确定员工的职业生涯规划表

A 公司根据职业生涯发展通道设计，参考员工素质测评的结果，同员工一起填写企业和员工个人达成一致的职业生涯规划表。员工职业生涯规划表主要体现以下三个方面的信息：

（1）选择适宜职业。职业选择是事业发展的起点，选择正确与否，直接关系到事业的成败。

（2）选择职业生涯路线。职业生涯路线是指一个人选定职业后选择的实现自己的职业目标的途径，比如是向专业技术方向发展，还是向管理方向发展等。企业会同员工设立的职业生涯目标可以是多层次、分阶段的，这样既可以使员工保持开放灵活的心境，又可以保持员工的相对稳定性，提高工作效率。

（3）选择职业生涯策略。职业生涯策略是指为实现职业目标而采取的各种行动和措施，比如参加培训项目、轮岗训练等。

6. 实施员工职业生涯规划

实施员工职业规划就是通对培训、轮岗、绩效考核等人力资源活动，帮助员工逐步实现员工职业生涯规划表中所列的规划目标和过程。

7. 进行职业生涯规划反馈和评估

制定职业生涯规划后，在实施过程中，A公司人力资源部及时地听取员工对职业生涯规划实施的有效反馈，然后根据反馈的信息，对企业职业生涯规划的实施进行有效的评估。

8. 修正和完善职业生涯规划制度和规范

人力资源部针对职业生涯规划评估过程中发现的问题，提出改进和完善的建议与措施，经高层决策者同意后，及时修正职业生涯规划的制度和规范，及时来纠正了员工最终职业目标与分阶段职业目标的偏差，极大地增强了员工实现职业生涯目标的信心。

资料来源：百度文库，https://wenku.baidu.com/view/e04ece701b37f111f18583d049649b6648d709bd.html。

思考分析：

1. 职业生涯规划的要点是什么？

2. A公司的职业生涯管理有哪些经验可借鉴？

第六章 习题

第七章

绩效管理

【学习目标】

- 掌握绩效管理的概念；
- 了解绩效管理与绩效评估的区别；
- 掌握绩效管理的基本流程；
- 熟悉绩效管理的 4 种重要工具；
- 熟悉绩效评估的 10 种常见方法；
- 了解 OKR 考核法、EVA 考核法。

【案例导入】

优秀员工流失的本质原因是什么？

X 公司是一家网络公司，近日王总经理为销售部经理小刘辞职一事而恼火不已。

小刘是王总经理一年前力排众议，破格提拔到销售部经理位置上的。在这之前，小刘是一名才入职两年、业务水平中上游的销售代表。小刘思维敏捷、善于分析，还形成了一套独特的"IT 产品销售网络图"，深得王总经理赏识。

小刘担任销售部经理后，结合市场状况进行分析研判，重新制定了吻合市场需求的销售策略，并会同人力资源部对销售代表的工资和奖金制度进行了调整，采取了与销售业绩直接挂钩的灵活的激励模式。小刘带领下的销售部工作得到了上级领导和同事们的一致认可，在一年时间内销售业绩激增近 80%。

年末，小刘及其下属得到了 X 公司的高度赞扬，下属们都领到了"价值不菲"的红包，而小刘本人却仅仅得到了一个"不大不小"的红包。他心里很不是滋味，辛苦付出取得如此不错的销售业绩，按照业界的常规奖励规则，奖金至少是 X 公司所发放金额的两倍，并额外享受 15 天的带薪休假。随即小刘以"付出与所得不相称"为由向王总经理提出异议，而王总经理则声称"作为部门经理，提高部门业绩是分内之事"，双方不欢而散。

一周后，小刘辞职，跳槽至 X 公司的竞争公司任销售部经理，薪资增长两倍。

资料来源："销售经理离职案"中的"绩效考核之痛"，https://wenku.baidu.com/view/72323994091c59eef8c75fbfc77da26924c59646.html. 局部改编。

销售部经理离职事件，表面上看是因为年终奖励与贡献不相称而"跳槽"；实质的原因在于 X 公司缺乏对员工绩效进行规范有效的考核及奖金发放的合理制度。员工的调任、升迁、加薪等重大决定，必须依据科学合理的绩效考核结果。唯有客观公正地评价员工绩效，才能深入了解员工能力、工作表现与贡献，合理配置人员和工作安排，增强奖惩决策的公平性，进而提升员工的公平感和工作积极性。本章将重点讲解绩效管理的内涵、流程和绩效考核的常用方法。

第一节 绩效管理概述

一、绩效管理的基本概念

（一）绩效的概念

绩效（performance），又被称为业绩、成效等，是指个体或组织（团队、部门、企业）在一定的时间和条件下，为完成工作任务所采取的有效工作行为以及实现的有效工作结果。

绩效具有动态性、多维性、多因性的特点。动态性强调绩效本身在不断变化，在衡量时需引入时间轴。多维性指员工的绩效往往体现在多个方面，可以表现为产出、态度和能力等，管理者应从多个维度去评价员工的绩效。而多因性强调绩效是一定时期组织内外多种因素综合影响的结果，可借助公式表示如下[①]：

$$P = f(S, M, O, E)$$

其中，f 表示一种函数关系，P（performance）表示绩效，S 表示技能（skill），M 表示激励（motivation），E 表示环境（environment），O 表示机会（occasion）。

（二）绩效评估的概念

绩效评估（performance appraisal），也称绩效评价、绩效考核或绩效考评。它是指衡量和评价员工的工作绩效的过程。通俗地讲，就是要了解和判断员工的工作做得怎么样。绩效评估是绩效管理过程中的一个环节。在这个环节，管理者检查和分析员工的绩效完成情况，判断绩效目标是否达成。

绩效评估的内容因评估的对象、目的和范围而有差异，但就其基本方面而言，不外乎是德、能、勤、绩四个方面。"德"是指人的精神境界、道德品质和思想追求的综合体现。"能"是指一个人的能力，如动手能力、思维能力、表达能力、组织能力、协调能力、决策能力等。"勤"是指一种工作态度，如工作的积极性、主动性、创造性、努力程度及出勤率等。"绩"是指员工的工作业绩，如完成工作的数量、质量、经济效益、影响和作用等，它是绩效评估的重点。

（三）绩效管理的概念

绩效管理是指管理者通过持续有效地管理员工，确保员工在组织目标与如何实现组织目标上达成共识，并努力实现预定的目标，进而促进个人和组织共同发展的管理过程。具体而言，绩效管理包括以下三层含义：

---

① 李宝元，仇勇. 绩效管理［M］. 北京：高等教育出版社，2016：15.

1. 绩效管理是管理者和员工就目标与如何实现目标建立共识的过程

绩效管理把组织目标与关键的成功因素具体化为工作绩效目标，然后通过沟通，让员工理解工作绩效标准以及能达到这种标准的途径、方式，并使员工能够接受这种标准，这样员工就能明确努力的方向。

2. 绩效管理是一个持续的管理过程

绩效管理不仅仅是一套表格、一次年度考核或者一套奖励计划，也就是说它不是简单的任务管理，而是一个融入员工的日常行为之中、以期改进和提高绩效的持续管理过程。

3. 绩效管理不仅重视结果，而且重视获得结果的过程

组织的管理者通过持续的沟通、督促、辅导来确保员工绩效目标的实现，从而确保组织目标的实现。同单纯的考核相比，它更注重未来，更注重长期，更注重参与。

【知识拓展 7-1】

绩效管理的两种认识误区

误区一：绩效管理是人力资源部门的工作

很多企业的高管都认为绩效管理是人力资源部门的事情，由人力资源部门来做是天经地义的。这实际是对绩效管理中角色分配上的认识误区。对于绩效管理这项系统性的工程而言，单靠人力资源部门是无法承受其责任之重的。纵观任何一个成功实施绩效管理的企业，实际上都是企业高管、直线经理、人力资源部门以及员工各司其职、相互配合的典范。

误区二：绩效的执行是员工的事情

很多管理者往往认为员工的绩效是员工个人的事情，管理者的职责就是到了期末对员工绩效进行考核。实际上，员工在绩效管理过程中不应当孤独地上演"独角戏"，个人绩效目标的实现需要员工及其管理者双方的共同努力。因此，管理者和员工首先应当建立新型的"业绩合作伙伴"关系，在整个绩效管理的全过程中保持密切的沟通，唯有如此，管理者才能对员工的绩效执行情况了然于胸，才不至于成为"事后诸葛亮"。其次，管理者应当充分扮演好"绩效辅导员"的重要角色，应当成为员工绩效执行情况的"保健医生"，应当提前设定员工的绩效执行预警系统，对影响员工绩效目标顺利达成的关键因素进行跟踪和分析，一旦发现异常情况，就要及时给予提醒和纠偏，并给予针对性的指导。第三，绩效辅导不应当仅仅针对员工前段工作中存在的问题进行解析，修正绩效目标和计划，还应当通过褒奖员工可取之处和进步成果，进一步增强他们达标的动力。

（四）绩效管理与绩效评估的区别

绩效管理是在绩效评估基础上对于人力资源管理实践的新发展。绩效管理并不简单等同于绩效评估，两者既有明显的区别，也有十分密切的联系。表 7-1 列出了两者的几个明显区别。

表 7 - 1　　　　　　　　　　　　　　绩效管理与绩效评估的区别

比较内容	绩效评估	绩效管理
时间	阶段性总结，关注过去的绩效：过去干得好不好	前瞻性，关注未来绩效：我们如何提高未来的绩效
内容	注重绩效成绩；强调员工考核结果	注重员工培养，不仅强调员工考核结果，还着重强调绩效信息的分析、员工绩效的改进与提升
过程	绩效评估只是整个绩效管理过程中的一个环节	绩效管理是个不断循环往复的复杂过程；包括绩效计划、绩效实施、绩效评估、绩效反馈四个环节

二、绩效管理基本流程

绩效管理是一个系统的管理工程。通常，一个完善的绩效管理体系，需具备以下四个阶段：绩效计划、绩效实施、绩效评估和绩效反馈提升。四个阶段构成了一个封闭的循环，各阶段相互依存和匹配。具体的绩效管理流程如图 7 - 1 所示。

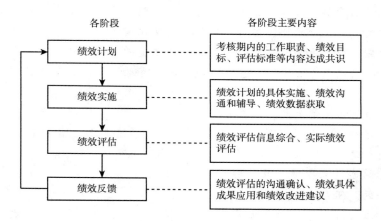

图 7 - 1　绩效管理流程

(一) 绩效计划

绩效计划阶段是绩效管理的起点。做好绩效计划，意味着绩效管理成功了 50%。绩效计划是指管理者和员工共同讨论，以确定员工考核期内应该完成什么工作、什么样的绩效才是满意的绩效、评估绩效有哪些具体指标的一个管理过程。绩效计划阶段主要包括以下三部分内容：

1. 设定员工绩效目标

从企业层面来讲，企业的战略目标需要进行层层分解，依据部门和岗位的职责，由各经营单位和部门各自承担相应的绩效目标；从个人层面来讲，管理者和员工经过讨论协商，设定员工的工作绩效目标和相关能力发展目标。这一环节的关键，是通过员工参与的方式共同设计员工绩效目标。

设定绩效目标时应遵循 SMART 原则：具体（specific）、可衡量（measurable）、可达成（attainable）、相关（relevant）、有时间限定（time-bound）。

2. 制订员工具体的绩效实施计划

制订员工绩效计划时主要考虑组织战略和组织目标的分解、员工所在岗位的主要工作职责，以及在绩效周期内员工所承担的特定任务。绩效计划应明确一系列问题：员工必须完成什么工作？具体效果到什么程度？按照什么样的程序来完成工作？什么时间完成工作？员工有哪些权力和决策权限？完成工作需要什么支持，使用什么资源？完成工作需要花费多少成本？等等。

绩效计划制订出来后，要以绩效协议或绩效计划书等书面形式记录，并经员工及其主管双方签字确认后存档。需要注意的是，绩效实施计划力求切实可行和细化，切忌高谈阔论、华而不实。

3. 编制绩效评估指标体系

组织依据实现绩效目标所需的支撑因素，结合工作分析结果，运用绩效评估指标体系设计方法，进行指标分析，最后确定绩效评估指标体系。

编制绩效评估指标体系需注意三个问题：

（1）评估指标进行量化要有分寸。坚持能够量化的指标一定要量化，不能量化的指标切勿勉强量化。

（2）评估标准难度要适中。评估标准应当在员工通过适当努力可实现的范围内确定，通俗地讲，就是"跳一跳就能摘到桃子"。

（3）评估指标要切合岗位实际。应当对员工所在岗位的工作内容、性质、完成工作所应履行的工作职责和应具备的能力素质、工作条件等进行分析后再设定评估指标。

（二）绩效实施

绩效实施是管理者搜集员工工作绩效原始数据，并对员工绩效计划实施过程进行指导和监督，及时发现问题和纠正偏差的过程。绩效实施辅导阶段是整个绩效管理过程中耗时最长、连接绩效计划和绩效检查评估的重要中间环节。绩效实施阶段主要包括以下三方面的任务：

1. 管理者向员工提供辅导和帮助

管理者和员工共同制订绩效计划后，实施过程中需要根据实际情况，如市场的复杂多变和同行竞争等，对绩效计划进行适当的调整和修改。

目标和计划的变化增加了员工实现绩效目标过程中的变动因素，需要管理者保持与员工的持续沟通，主动了解员工工作进展情况、存在的问题、遇到的障碍和需要上级提供的帮助。

2. 管理者要跟踪检查员工的计划实施情况

跟踪、辅导是管理者在绩效实施阶段的主要任务，以确保员工的行为和目标保持一致，并根据实际情况的变化对目标和计划及时进行调整。管理者可采用正式和非正式的方法来保证任务的完成。正式的方式又可分为正式的书面报告、一对一的正式面谈、定期例会。非正式方法是指未经计划的沟通方式，如非正式的交谈、食堂就餐时的闲聊、郊游或聚会时的谈话等。

3. 管理者要搜集记录员工的绩效数据

对员工绩效评定需要建立在客观事实的基础上，绩效实施辅导阶段承担着搜集、记录反映员工绩效的行为、结果的关键事件的任务。绩效数据搜集范围包括工作业绩、工作能力、工作态度三个方面。

（1）工作业绩方面，搜集反映员工完成任务的结果等数据资料，如工作数量、工作质量、工作效率和目标完成程度等。

（2）工作能力方面，搜集反映员工达到组织所期待职能水平的行为表现等资料，如业务知识、执行能力、理解能力、文字表达能力、规划能力、组织领导能力、沟通协调能力、培养下属能力等。

（3）工作态度方面，搜集反映员工工作完成过程的资料，如全局意识、责任感、纪律性、积极性、自我发展意识等。

（三）绩效评估

绩效评估阶段是指采取科学的评价方法对员工的工作实际绩效进行评价的过程。绩效评估主要抓好两件事情：一是搜集绩效信息；二是由合适的人、在合适的时间、用合适的方法对绩效信息进行分析，得出被评估者的绩效评估结果。

1. 搜集绩效信息

对绩效实施阶段所搜集到的绩效原始数据进行汇总和检验，如果发现数据中有需要进一步证实的地方，应当通过工作样本分析、错误报告分析、上级反馈分析等方法来判断这些信息的准确性和可信性。如果确认搜集的评价数据充分、全面和准确，可以根据这些数据对员工的绩效完成情况进行评价。

本阶段搜集信息与绩效实施阶段的搜集信息是有区别的。绩效实施阶段的信息搜集，主要是单一评估主体从相关渠道获得的被评估者的工作表现。而绩效评估阶段为了使评估工作更全面更客观，将多个评估主体搜集到的信息进行综合，进而计算出被评估者的最终评估结果。例如，某一员工是由主管、下属、同事、客户四者共同评价的，那么主管就要从该员工的下属、同事、客户处获得他们对这位员工的评价，然后结合主管自己的评价进行综合。人力资源部对从主管处获得各员工的综合绩效评价结果进行整理、归档，为后续的绩效分析和反馈阶段做好准备。

2. 绩效评估时间的安排

绩效评估周期，表示员工有多长时间来达成绩效目标。周期过长，则难以及时评价和反馈员工的绩效情况；周期过短，则评估过于频繁，会让管理者和员工感到厌烦。周期过长或过短，都不利于激励工作的进行。

绩效评估周期通常根据员工工作性质和任务特征来确定。一般来说，操作性员工的绩效在短期内就可显现，因而可以一个月进行一次绩效评估；而管理者和专业技术人员的工作在短期内不易见效，因而常常安排一年或半年进行一次绩效评估。对于那些从事项目工作的员工，绩效评估时间可以与项目周期及进度安排协调一致。

3. 绩效评估方法的选择

常见的绩效评估方法有简单排序法、交替排序法、两两比较法、范例比较法、强制分布法、评语法、关键事件法、图评价量表法、行为锚定等级评价法、行为观察量表法。此外，还有近年来比较热门的目标管理法、360 度绩效反馈法、平衡记分卡、关键绩效指标法、OKR 考核法、EVA 考核法等。选择哪种评估方法，应依据待评估职位的工作内容所具有的特性来确定，如有的职位适合用关键事件法进行考评，而有的职位则比较适合用目标管理法进行考评，因此需要有针对性地选择评估方法。

（四）绩效反馈

在绩效评估阶段结束、最终的绩效评价结果生效之前，管理者要与员工进行面对面的绩效反馈面谈，将对员工的绩效评价结果告知本人，并就绩效评估期内员工的工作表现和目标完成情况交换意见，共同探讨需要改进的地方并寻求解决办法。一方面，根据绩效评估的结果，实施相应的薪酬分配、调整部分员工的职位以达到人与职位的匹配。另一方面，帮助员工清楚地了解自己的优劣势，以便确定职业目标和个人未来发展方向。

绩效反馈阶段的主要任务是反馈和提升，包括以下三个小阶段：

1. 绩效评估结果的反馈沟通阶段

绩效评估结果反馈通常以反馈面谈的方式进行，发生在上级主管与被评估者之间，是绩效评估中极为重要的一个步骤。

（1）绩效反馈面谈的目的：帮助被评估者认识到自己的长处和不足，使其了解自己的工作状况；共同探讨员工绩效目标未能实现的原因；共同制订绩效改进计划和协商下一绩效周期的目标。

（2）绩效反馈面谈前的准备：首先，管理者要充分了解员工的情况，包括员工的教育背景、家庭状况、工作经历、个性特点、职务等，重点在于研究员工的工作职责、工作目标，将其实际工作绩效与绩效计划所要达到的目标相对照，找出差距。其次，管理者要让员工有所准备。至少要提前一周通知他们要进行面谈，让他们回顾自己在绩效周期内的工作表现，客观地对自己的绩效进行评价，分析存在的问题及需要改进的方面。另外，员工还可汇集一些工作中遇到的疑惑和困难，向管理者提问并寻求解答。再其次，管理者要事先拟定面谈提纲。即将进行的面谈要达到什么目的？面谈中要和员工讨论什么内容？要问哪些问题？各部分内容大概安排多少时间？准备运用哪些技巧来促进沟通的顺畅？最后，选择合适的场所和时机。管理者可与员工商定一个双方都比较方便的面谈时间，并计划好面谈将持续的时间，以便员工预先安排好其他工作。通常与普通工人和办事员的面谈应不超过 1 小时，而与管理人员的面谈常常要花 2~3 小时。面谈的地点，最好选择在一个不会被电话和来访者打扰的场所进行，比如在会议室或者专门的办公室进行。

2. 绩效结果应用

绩效评估结果的使用是最具体、最直接的反馈，对员工的影响也最大。绩效评估结果常用于以下几方面：

（1）薪酬的分配和调整。这是评估结果一种非常普遍的应用途径。

（2）职位的调整。绩效评估结果帮助员工找到适合的岗位，通过职位调整，让员工从事适合他的工作，取得最大绩效；还被用于晋升或降职、续聘或解聘等重大人事决策。

（3）培训与开发。通过绩效评估，管理者可发现员工身上存在的不足之处，也可发掘绩效突出、素质好、有创新能力的优秀员工，能对员工进行有针对性的培训。

3. 绩效改进

通过对员工绩效评估结果的分析，根据员工有待发展提高的方面而制订在一定时期内完成的系统计划，即绩效改进计划。绩效改进计划通常是管理者和员工进行充分沟通后，由员工自己制订，其内容通常包括绩效改进项目、改进原因、目前水平、期望水平、改进方式和达标期限等。实施绩效改进计划的过程就是绩效改进过程。

【管理实践 7-1】

绩效反馈面谈记录

　　绩效评估后，往往需要将评估结果反馈给相应的员工；绩效反馈也是绩效管理的重要环节。为了能够与员工的反馈产生积极的效果，通常负责绩效反馈面谈的工作人员会就重要的谈话内容与员工反馈情况进行记录。以下是一份员工绩效反馈面谈记录表的示例（见表 7-2）。

表 7-2　　　　　　　　　　　企业员工绩效反馈面谈记录表

单位名称：　　　　　　　　面谈时期：　　　　　　　　　年　　月　　日

姓名：	部门：	职位：
任职起算时间	评价区间：　　年　　月至　　年　　月	
在工作中哪些方面比较成功？		
在工作中有哪些需要改善的地方？		
是否需要接受一定的培训？		
你认为自己的工作在本部门和全公司中处于何种状况？		
你认为本部门工作最好、最差的是谁？		
你认为全公司谁最好、谁最差？		
你对本次绩效评价有什么意见？		
希望从公司得到怎样的帮助？		
下一步工作和绩效改进的方向是什么？		
备注		

受评人：　　　　　　面谈人：　　　　　　　审核人：

注：①此表的目的是了解员工对绩效评价的反馈信息，并最终提高员工的业绩。

②绩效评价反馈面谈应在评价结束一周内由上级主管安排，并报人力资源部备案。

第二节　绩效管理重要工具

一、目标管理法

　　目标管理法（management by objectives，MBO）最早是由美国管理专家彼得·德鲁克（Peter F. Drucker）在《管理实践》一书中提出的。德鲁克认为"每一项工作都必须为达到总目标而展开"，因此，衡量一个员工的价值，关键是看他对于企业目标的贡献如何。目标管理不是指管理者制定一个目标然后要求下属去完成，而是强调管理者和员工之间围绕工作目标进行双向互动。要成功地实施目标管理，关键要求企业明确自身的目标，并且将这些目标分解到各个部门并最终汇总，而各个部门的目标也分解到每一个员工的身上，且经常进行绩效沟通和反馈。

目标管理法的执行，一般要包括以下实施步骤：

（1）确定企业目标。按照企业的使命、战略、环境等确定下一步的目标和工作计划。

（2）确定部门目标。由各部门领导和他们的上级共同制定本部门的目标。

（3）讨论部门目标。部门领导就本部门目标和部门下属员工展开讨论，并要求他们分别制订个人工作计划。

（4）确定个人目标。部门领导和员工共同确定短期绩效目标。

（5）工作绩效评估。部门领导就每一位员工的实际工作绩效与他们事先商定的预期目标进行比较。

（6）提供反馈。部门领导定期召开绩效评估会议，与下属员工展开讨论，一起对员工目标达成度和进度进行讨论。

目标管理作为一种绩效评估工具得到较为广泛的应用，其主要优点有：一是员工知道企业对他们的期望，从而全力以赴实现个人目标；二是在实现具体且有挑战性的个人目标后，员工会有一种成就感；三是促进良性沟通，加强上下级之间的联系。

目标管理法也有其局限性：一是不仅确定目标过程中耗时较多，而且对近期目标的过度关注容易导致员工的短期化行为，忽视甚至损害企业的长期利益；二是员工的目标各不相同，难以横向比较；三是有时候绩效目标未能实现，可能是由员工个人无法控制的因素导致的。如果不考虑这些特殊情况，只是依目标完成情况来评价员工绩效，可能会造成不公平。

二、360 度绩效反馈法

360 度绩效反馈法（360 degree performance feedback），也称全方位反馈评价或多评估者反馈评价，即选择被评估者自己、直接主管、同事、下属、顾客和评估委员会等作为评估者，从不同的评估角度，运用不同的评估方法对被评估者进行绩效评估和反馈。

（一）360 度绩效评估主体

由谁来考核评估，是绩效评估的一个重要问题。一般而言，与员工有工作接触的对象都有可能成为评估主体，360 度绩效评估涉及的评估主体类型如图 7-2 所示。

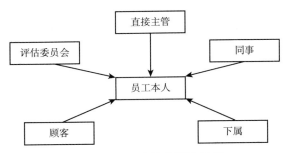

图 7-2　360 度绩效评估示意

（1）直接主管。这是传统的评估主体，也是最主要的评估主体。直接主管评估是实现管理监督和控制职能的重要途径，同时直接主管通过绩效管理帮助被评估者提高工作能力，提高工作绩效。直接主管评估的缺点是主管个人好恶容易影响考评结果，从而无法保证评估结果的客观公正。

（2）同事。同事能够很容易观察到员工的日常工作行为和态度，而某些方面是主管无法观察到的，特别当员工的工作场所与主管分离，或工作内容经常变动时，同事就成为一个重要的考核来源。

（3）员工本人。这是指被评估者自己填写一份评估表来评估其工作期间的绩效表现。这种方法的优点在于能够提高员工在绩效考核中的参与度，增强其对企业评估制度的认同，同时还给了员工一个对自己工作进行总结的机会。但这种自我评估方式有自我表扬的倾向，评估结果往往偏高。

（4）下属。下属经常与主管打交道，对主管的工作比较熟悉，并且站在一个独特的角度观察与工作有关的行为，比如领导能力、表达能力、授权能力、对下属的关注程度等。这种评估方式对上级主管潜能开发特别有价值，有利于管理者提升管理技能。缺点是：管理者的有些工作是下属所看不见的，同时有些下属可能出于自私的心理会故意扭曲评价结果，但也有些下属顾忌主管的反应，不敢真实地反映主管工作中存在的问题。

（5）顾客。顾客就是被评估者的服务对象，包括外部顾客和内部顾客。让顾客评价员工绩效这一方法的优点有：一方面能强化"服务观念"和"顾客是上帝"的意识，可促进员工对顾客投入更大关注，更加关注自己的工作表现，提高工作质量；另一方面能了解到顾客对企业的看法，有利于企业更好的发展。缺点是：顾客往往从个人的立场和角度，而不是从工作的角度来评价员工的工作。

（6）专门评估委员会。一般由直接主管和 3~4 位其他方面的管理人员组成，甚至包括外部专家组成的评估委员会来进行绩效考核。优点是专业水平高、客观公正。

究竟是选择多个评估主体还是单一评估主体，要根据考核的目的要求、运作成本等具体情况决定。

（二）360 度绩效反馈法的主要步骤

360 度绩效反馈法主要由以下四个步骤组成：

1. 第一步：制订计划，确定评估目的

绩效评估必须明确目的。一般来说，进行评估的目的主要有：使被评估者了解自身长处和需要改进的地方，促进员工的不断进步和发展；在管理者、员工、同事间建立一种信任、协调的合作关系；为员工制订和实施职业发展计划，并将员工发展计划与人力资源管理体系中的其他环节联系起来。

2. 第二步：设计评估表

要进行有效的绩效评估，关键是要设计好评估表。

首先，选择一个目标群体。典型的 360 度绩效反馈的评估者包括：被评估者的上级、同级、下属、被评估者本人、顾客等。不同的评估群体有着不同的观点，对被评估者的能力和成绩的强调范围也会不一样。比如，上司趋向于重视技术能力和基层的绩效，而一般员工更强调人与人之间的关系。

其次，确定评估内容。评估内容的设计越具体，评估结果就越准确，比如工作表现、顾客满意度等。除了较特殊的被评估者，评估问题的设计要求具体、简明，不允许在一个评估

项目中出现两个问题。

接着，确定适当的评估等级。评估等级一般用数字表示，并对每个数字的含义进行标定或锚定，例如：1 = 很不满意，2 = 不满意，3 = 不确定，4 = 满意，5 = 非常满意，对每一项评估内容进行检查以确保使用恰当的评估等级。

然后，在正式评估前进行试验。评估内容设计不当会影响评估的效度，因而需进行试验来发现问题。评估试验主要了解评估说明、评估内容和评估程序是否清楚，有没有设计不当或意思含糊不清的内容，以便进行修改和完善。

最后，修改并确定评估表。经过修改的评估表应具有图表化、容易读懂、对评估者具有吸引力和易于操作等特点；此外，在评估表开始部分需要对评估的目的、内容等进行说明。

3. 第三步：收集资料，进行评估

360 度绩效反馈法由评估者根据评估表的要求对被评估者的绩效进行分析判断。为使评估结果真实可靠，需要对评估者进行培训，使他们了解 360 度评估工具的机制和过程，并能公平、公正地对待每一个被评估者。

4. 第四步：分析数据，得出评估结果

掌握了员工的评估信息后，对这些信息进行统计分析，有时需要用到一些统计软件，例如专为社会科学研究而制作的统计包以及一些电子制表软件，进而得到有用的数据和结论，对员工的绩效做出有效评价。

三、平衡计分卡

平衡计分卡（balanced score card，BSC）是美国著名学者罗伯特·S. 卡普兰（Robert S. Kaplan）教授和大卫·P. 诺顿（David P. Norton）博士共同开发，于 1992 年提出的一种新的绩效评估工具。它是综合平衡企业财务指标和非财务指标的绩效测评体系，主要从财务、顾客、内部流程、学习与创新等四个方面来关注企业绩效。平衡计分卡的重点是组织绩效而不是员工个人绩效。

（一）平衡计分卡的基本框架

平衡计分卡为管理者提供了一个全面的框架，将组织的战略目标转化为系统的绩效指标和目标体系（见图 7 - 3）。

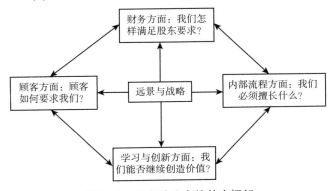

图 7 - 3 平衡计分卡的基本框架

1. 财务方面

目标是解决"我们怎样满足股东要求?"这一类问题。平衡计分卡能使管理者了解他们的努力是否对组织的经济效益产生积极的作用。因此,财务角度是其他三个方面的出发点和归宿。财务指标包括销售额、销售增长率、营业收入、利润额、资产利用率、净资产收益率等。

2. 内部流程方面

目标是解决"我们必须擅长什么?"这一类问题。这要求管理者密切关注能满足顾客需要的关键内部经营活动,比如影响产品质量、单位产品成本、员工技能和生产率的各种因素,并把这些因素转化为常见的内部流程指标,比如新产品开发速度、出勤率等。内部流程是组织改善其经营业绩的重点。

3. 顾客方面

目标是解决"顾客如何要求我们?"这一类问题。这要求组织以顾客为导向进行运作。平衡计分卡使管理者把顾客关心的产品质量、价格、服务和交货时间等转化为具体的测评指标,从而提高顾客满意度。顾客指标包括市场份额、送货及时率、客户满意度、客户留住率、产品退货率等。

4. 学习与创新方面

目标是解决"我们能否继续创造价值?"这一类问题。这个角度是关注组织未来成功的基础,涉及员工的能力、信息系统和市场创新等方面;要求企业不断改进现有产品和流程。只有通过持续不断地开发新产品、为顾客提供更多价值并提高经营效率,才能发展壮大,进而增加股东价值。因此,需要测评自己的学习与创新能力,以保证未来发展的需要。

(二)平衡计分卡的实施步骤

平衡计分卡在企业中应用时,需要综合考虑所处的行业环境、自身的优势和劣势以及企业所处的发展阶段、自身的规模与实力等。企业运用平衡计分卡来建立绩效评估体系,一般经过以下步骤:

1. 建立企业的远景与战略

首先要建立简单明了的远景与战略,使每个部门都可以采用一些绩效指标去衡量企业的远景与战略。同时,成立平衡计分卡小组去解释企业的远景与战略,并建立财务、顾客、内部流程、学习与创新四个方面的具体目标。

2. 绩效指标体系的设计与建立

本阶段主要任务是依据战略目标,结合企业的长短期发展的需要,为四类具体的指标找出其最具有意义的绩效衡量指标,并通过多方沟通与协调使所设计的指标体系能全面地反映和代表企业的战略目标。

3. 加强内部沟通和教育

利用各种不同沟通渠道如定期与不定期的刊物、信件、公告栏、标语、会议等让各层管理人员知道企业的远景、战略、目标与业绩衡量指标。

4. 根据企业预算确定具体的绩效衡量指标

确定每年、每季、每月的绩效衡量指标的具体数字,并与企业的计划和预算相结合。注意各类指标间的因果关系、驱动关系与连接关系。

5. 绩效指标体系的完善与提高

重点考察指标体系的设计是否科学，是否能真正反映本企业的实际情况。同时关注采用平衡计分卡后绩效评估中仍存在的不全面之处，及时补充新的测评指标，从而使平衡计分卡不断完善。

四、关键绩效指标法

（一）关键绩效指标法的含义

关键绩效指标法，也叫关键业绩指标法。它通过对企业输入和输出过程中关键参数进行设置、监控、分析、管理，使企业经营的最终目标得以实现，是把企业的战略目标分解为可运作目标的一种工具，是企业绩效管理系统的基础。关键绩效指标法的核心思想是，绩效指标的设置与企业战略挂钩，企业只评价与其战略目标实现关系最密切的少数关键绩效指标。

（二）建立关键绩效指标体系的步骤

第一步，明确企业的战略目标，并找出企业的业务重点。然后用头脑风暴法找出这些关键业务领域的关键绩效指标（key performance indicator，KPI），即企业级 KPI。

第二步，各部门的主管需要依据企业级 KPI，建立部门 KPI，并对相应部门的 KPI 进行分解，确定相关的要素目标，分析绩效驱动因素（技术、企业、人员），确定实现目标的工作流程，分解出各部门级的 KPI，以便确定评价指标体系。

第三步，各部门的主管和部门人员一起再将 KPI 进一步细分，分解为更细的 KPI 及各职位的绩效衡量指标。这些绩效衡量指标就是员工评估的要素和依据。这种对 KPI 体系的建立和测评过程就是促使全体员工朝着企业战略目标努力的过程，对各部门管理者的绩效管理工作起到很大的促进作用。

第四步，设定评价标准。KPI 指标体系确定后，还需要设定评价标准。评价标准指的是在各个指标上分别应该达到的水平，解决"被评价者怎样做，做多少"的问题。

第五步，对关键绩效指标进行审核。例如，审核这样的一些问题：多个评价者对同一个绩效指标进行评价，结果能否取得一致？这些指标的综合是否可以解释被评估者 80% 以上的工作目标？跟踪和监控这些关键绩效指标是否可以操作？等等。审核主要是为了确保这些关键绩效指标能够全面、客观地反映被评价对象的绩效，而且易于操作。

（三）建立关键绩效指标体系的方式

1. 依据部门承担责任的不同建立 KPI 体系

这种方式主要强调部门本身所承担的责任。从部门责任的角度，对企业的目标进行分解，进而形成关键绩效指标，如图 7 - 4 所示。该种方式的优势在于突出了部门的参与，缺点是可能会出现战略稀释现象，指标更多的是对部门管理责任的体现，而忽略对流程责任的体现。

表 7 - 3 提供了依据部门承担的责任建立 KPI 体系的一个示例。

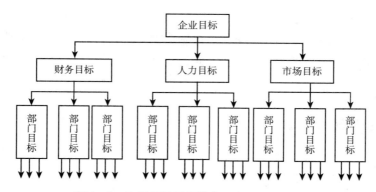

图 7 - 4　依据部门承担的责任建立 KPI 体系

表 7 - 3　　　　　　　　　依据部门承担责任的不同建立 KPI 体系示例

部门	指标侧重	指标名称
市场部	市场份额指标	销售增长率、市场占有率、品牌认识度、销售目标完成率、市场竞争比率
	客户服务指标	投诉处理及时率、客户回访率、客户档案完整率、客户流失率
	经营安全指标	贷款回收率、成品周转率、销售费用投入产出比
生产部	成本指标	生产效率、原料损耗率、设备利用率、设备生产率
	质量指标	成品一次合格率
	经营安全指标	原料周转率、备品周转率、在制品周转率
技术部	成本指标	设计损失率
	质量指标	设计错误再发生率、项目及时完成率、第一次设计完成投产前修改次数
	竞争指标	在竞争对手前推出新产品的数量、在竞争对手前推出新产品的销量
采购部	成本指标	采购价格指数、原材料库存周转率
	质量指标	采购达成率、供应商交货一次合格率
人力资源部	经营安全指标	员工自然流动率、人员需求达成率、培训计划完成率、培训覆盖率

资料来源：叶龙，郭名，王蕊. 人力资源开发与管理［M］. 2 版. 北京：清华大学出版社，北京交通大学出版社，2014：213。

2. 依据职类职种工作性质的不同建立 KPI 体系

这种体系突出了对企业具体策略目标的响应，如图 7 - 5 所示。

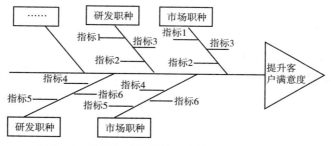

图 7 - 5　依据职业职种的工作性质建立 KPI 体系

各专业职种按照企业制定的每一项目标，提出专业的相应措施。但这种指标设置方式增加了部门的管理难度，有可能出现忽视部门管理责任的现象；而且依据职种工作性质确定的 KPI 更多的是结果性指标，缺乏驱动性指标对过程的描述。表 7 - 4 是一个依据职类职种工作性质建立 KPI 体系的示例。

表 7 - 4　　　　　　　　　　依据职类职种的不同工作性质建立 KPI 体系示例

职类	职种	职种定义	指标名称
管理服务类	财经	负责资产的计划、管理、使用与评估工作，对财经系统的安全运营与绩效承担责任	预算费用控制、支出审核失误率、资金调度达成率
	人力资源开发	依据战略要求，保障人才供给、优化人才结构，提高员工整体素质，对人力资源管理与开发系统的有效运营承担责任	员工自然流动率、人员需求达成率、培训计划达成率、核心人才流失率
市场类	营销支持	及时有效地为营销活动提供支持与服务，对企业的产品与服务品牌的认知度、忠诚度、美誉度承担责任	市场占有率、品牌认知度、投诉处理率、客户档案完整率
	营销	从事产品市场拓展与商务处理工作，及时满足客户需求，对企业产品的市场占有率与覆盖面承担责任	销售目标达成率、销售增长率、销售费用投入产出比、货款回收及时完成率
	采购	保障原辅料的有效供应，对原辅料的质量以及供应的及时有效承担责任	采购任务达成率、采购价格指数、供应商一次交货合格率
技术类	工艺技术	从事原料仓储、生产工艺的技术支持工作，保障生产工艺准确实施，预防保养生产线，对生产环节的高效运行承担责任	设计及时完成率、技术服务满意度、生产设备技术故障停台时数
	研发	从事产品及相关技术等的研发与创新工作，对确立产品及技术在行业中的优势地位承担责任	设计损失率、第一次设计完成到投产修改次数、单项目及时完成率

资料来源：叶龙，郭名，王蕊. 人力资源开发与管理［M］. 2 版. 北京：清华大学出版社. 北京交通大学出版社，2014：214。

3. 依据平衡计分卡建立 KPI 体系

如前所述，平衡计分卡的核心思想是通过财务、顾客、内部流程、学习与创新 4 个方面指标之间相互驱动的因果关系，实现"绩效评估—绩效改进及战略实施—战略修正"的目标。一方面通过财务指标保持对企业短期业绩的关注；另一方面通过员工学习、信息技术的运用以及产品和服务的创新，提高客户的满意度，共同驱动企业未来的财务绩效，展示企业的战略轨迹。

依据平衡计分卡建立的企业 KPI 体系兼顾对结果和过程的关注。但是基于战略分解产生的全面的 KPI 体系还需结合本年度指标进行细致筛选。表 7 - 5 是依据平衡计分卡建立 KPI 体系的示例。

表 7 – 5　　　　　　　　　　依据平衡计分卡建立 KPI 体系示例

指标类别	指标侧重	指标名称
财务指标	财务效益状况	净资产收益率、总资产报酬率、销售营业利润率、成本费用利润率、资本保值增值率
	财务运营状况	总资产周转率、流动资产周转率、存货周转率、应收账款周转率
	偿债能力状况	资产负债表、流动比率、速动比率、长期资产适合率
	发展能力状况	销售营业增长率、资本积累率、总资产增长率、固定资产成新率、三年利润平均增长率、三年资本平均增长率
顾客指标	价格状况	价格波动率
	服务状况	促销效益比率、客户满意率、客户档案完整率
	品牌状况	产品上架率、动销率、投诉处理及时率、货款回笼率、销售收入完成率、信息反馈及流向、相对市场占有率
内部流程指标	质量状况	原辅料采购计划完成率、原料质量一次达标率、正品率、工艺达标率
	成本状况	采购价格综合指数、原辅料耗损率、单位成品原辅料成本
	效率状况	配送及时率、设备有效作业率、产品供货周期、生产能力利用率
学习与创新指标	学习状况	培训覆盖率、核心人才流失率、人才适配度
	发展状况	技术与产品储备度、产品创新程度

资料来源：叶龙，郭名，王蕊. 人力资源开发与管理［M］. 2 版. 北京：清华大学出版社，北京交通大学出版社，2014：214 – 215。

第三节　绩效评估常用方法

绩效评估方法是绩效评估的核心内容。绩效评估方法很多，且各有优缺点，适用于不同的范围和对象。在具体的绩效评估实践中，应根据实际工作需要，选择合适的评估方法。选择时，评估方法主要考虑以下因素：绩效评估的目标、绩效评估的费用、被评估者的职务层次和类型，以及该方法能否客观地评价员工工作、是否实用、是否易于执行等。

一、比较法

比较法是指参照部门或团队内其他员工的工作业绩或工作结果，确定每个员工的相对名次；可据此做出精简机构、人事调整、奖金发放等决策。常见的比较法包括：排序法、配对比较法、范例比较法、强制分布法等。

（一）排序法

排序法是一种依据某一因素特征或综合特征来评估员工绩效的简便而又流行的测评方法。类似于学校里的"学生成绩排名表"。这种方法根据某一评估要素，将全体员工的绩效按从好到差的次序进行排列。排序法有两种方式。

1. 简单排序法

简单排序法（simple ranking method）指评估者把所有被评估者从最优到最差直接排序。如，把企业销售部门所有业务人员的销售额按高到低进行排序。当全体员工人数比较少的时候，这种方法简单易行。

2. 交替排序法

交替排序法（alternative ranking method）是对简单排序法的改进，当员工数量比较多的时候，可采用这种方法。如，对 n 名员工进行绩效评估，首先挑选出绩效最高和最低的两名员工，作为排序中的第 1 名和第 n 名；然后再在余下的 n－2 名员工中挑选 1 名绩效最高的、1 名绩效最低的员工，作为排序中的第 2 名和第 n－1 名。这样一直交替进行下去，直到所有员工被选完或只剩下 1 名员工为止。交替比较过程如图 7－6 所示。

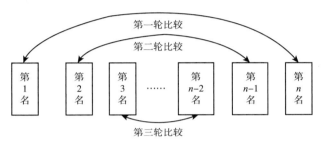

图 7－6 交替排序法

排序法的优点在于简便易行、速度快，可避免分布集中或偏紧、偏松的误差。缺点是标准单一，考核结果偏差较大。例如，第 2 名与第 3 名之间的差距很小，但第 3 名与第 4 名之间的差距却可能很悬殊。此外，不同部门或岗位难以进行比较，因而所得出的评估结果不适合应用在跨部门的人力资源调整和变动上。

（二）配对比较法

配对比较法（paired comparisons），也称两两比较法、相对比较法或对偶比较法。它是指在每项绩效标准上，将所有员工两两相比，记录每位员工优于其他员工的次数，按员工被评为较优的总次数确定他们的排名。

配对比较法的示例如表 7－6 所示。实施方法为：第一步，根据同一个考核内容，如考核"开拓能力"项目，把五个评估对象的姓名分别填写在一张表格上；第二步，对表格上每两个人的"开拓能力"进行比较，评出优劣，优者得 1 分，劣者得 0 分；第三步，同理将每一对比结果填入表格，在表格中填写比较结果时，用行与列相比，当行的项目比列的项目优时记 1 分，反之记 0 分；第四步，累加行被评估者的得优次数，记入考核表的右侧"得分总数"，得优次数最多即得分最高者就是成绩最好者，相反为最差者。

表 7－6　　　　　　　　　　　　　　　**配对比较法**

姓名	1. 张三	2. 李四	3. 王五	4. 丁六	5. 田七	得分总数	比较结果
A. 张三	—	1	0	1	1	3	第二
B. 李四	0	—	0	0	1	1	第四

续表

姓名	1. 张三	2. 李四	3. 王五	4. 丁六	5. 田七	得分总数	比较结果
C. 王五	1	1	—	1	1	4	第一
D. 丁六	0	1	0	—	1	2	第三
E. 田七	0	0	0	0	—	0	第五

在表7-6中，张三、李四、王五、丁六、田七的获优次数分别为3、1、4、2、0。可见，王五的得分最高，成绩最好，共获优4次，而田七的成绩最差，每一次的比较得分都是0。据此由优到差、依次排序，这五个评估对象配对比较的结果顺序为王五、张三、丁六、李四、田七。对于其他需要考核的项目，也依此法多次进行两两比较，分别得出结果。最后综合各个项目的结果，填写在汇总表格中，从而得出最终的成绩。

由于各个项目有着不同的重要性，还可以对不同的项目确定不同的权重，然后进行加权计算，以得出更加合理的结果。

配对比较法的优点是：一定程度上能够克服评估者的主观影响，客观性和正确性较高。缺点是评估过程烦琐，当管理幅度较大时，采用配对比较法工作量比前述排序法大。

（三）范例比较法

范例比较法（benchmarking），也被称为人物比较法，实质是一种标杆评定方法。这种方法是将所有人与某一个特定的人，即所谓的"标杆"或"标准人物"进行比较，在一定程度上能够使评估的依据更为客观。

范例比较法的示例如表7-7所示。实施方法是：先把多个绩效指标中的一个指标分成若干等级，例如可分为非常优秀、比较优秀、相同、比较差、非常差五个等级。然后选出一名员工，以他的各方面表现为范例。实施绩效考评时，将其他员工与该范例相比较，从而得出考核的等级分，其余指标依次按照此办法进行。最后各指标分数加权求和，作为此被考评者的绩效等级分类。

表7-7   范例比较法

考核项目：工作质量					范例：张三
被考核员工姓名	A 非常优秀	B 比较优秀	C 相同	D 比较差	E 非常差
李四					
王五					
丁六					
田七					

范例比较法的优点是：能够有效避免宽大化、中心化和严格化；设计和使用方便，成本很低，比其他方法更能刺激员工的工作积极性。缺点是：范例人物挑选很难；主观性强，容易发生"一好百好"的晕轮误差和武断考核。

（四）强制分布法

强制分布法（forced distribution method），也被称为强制比例法、强迫分配法、强制分配法等。这种方法实质上也是将员工进行相互比较的一种员工排序方法，只不过它是对员工按照组别进行排序，而不是将员工个人进行排序。其理论依据是数理统计中的正态分布原则：认为多数员工的绩效应处于平均水平，少数员工的绩效会特别好或特别差，事先确定好各等级在总体中所占的比例。例如，将员工划分为优秀、中等、不合格三个等级，各等级分别占总体的 30%、40% 和 30%；也可以划分员工为优秀、良好、中等、合格、不合格五个等级，各等级分别占总体的 10%、20%、40%、20% 和 10%。然后，在考核时根据员工整体绩效的相对优劣程度，强制列入其中的一个等级。如果员工被评定在等级最差的绩效分布群里，并遭到了降职或解雇，就是所谓的"末位淘汰制"。强制分布法的示例如表 7 - 8 所示。

表 7 - 8　　　　　　　　　　　强制分布法

员工总数	分布比例				
	优秀（10%）	良好（15%）	中等（50%）	合格（15%）	不合格（10%）
200	20	30	100	30	20

强制分布法的优点：一定程度上可防止滥评优秀人数或出现被评估者得分十分接近的情况，避免绩效评估过程中过严或过松的现象，还可帮助组织对不同等级的员工采取有针对性的管理措施。缺点是：该方法的假设不一定符合实际情况。如果员工的绩效都比较好，一定要把某些员工归入"不合格"就不合理，反之亦然。强制分布法并不表明最低的 10% 那部分人一定干得差，只是表明与其他人相比，这部分人的工作表现和成绩相对最低。主管为了满足分布规则而不按员工实际业绩归类，会导致员工的不满。

二、描述法

描述法指评估者用文字描述和评论被评估者的能力、态度、行为、成绩、优缺点等。这种方法使用简单、成本低，实用性非常广。但是缺乏统一的标准，难以对多个被评估者进行客观公正的比较。因此，描述法通常被作为其他评估方法的辅助方法，以减少评估误差，为绩效反馈提供必要的事实依据。

（一）评语法

这种方法在我国比较常用。评语法（essay method）要求管理者用一段简短的书面鉴定，描述员工在考评期间的绩效表现。有些企业对评语没有规定要求，评语的内容、格式、篇幅、重点等多种多样，完全由评估者自由掌握。有些企业则要求评估者按照人力资源部门事先列好的项目，逐项评论员工的绩效情况。通常涉及被评估者的优缺点、成绩与不足、潜在能力、改进的建议与培养方法等。与其他方法相比，评语法较为灵活，便于操作。如果管理者认真撰写评语，评语法能成为定量评估方法的有效补充，为员工改善绩效提供书面建议。然而，评语法的有效性在很大程度上依赖管理者的主观意愿和书面表达能力。例如，一个有高超文字技巧的主管，可以把一个勉强合格的员工描述成先进工作者，而一个不善文字评价的主管，就不能很好地用文字表达他的看法，结果可能出现把绩效出色和绩效一般的员工写得毫无区分度。

（二）关键事件法

关键事件法（critical incident method）是由美国学者弗兰根和伯恩斯共同创造的一种客观地收集评估资料的方法。要求给每一个被评估的员工建立一本"考核日记"或"绩效记录"，由评估者通过观察，随时记录每个员工在工作中的关键性行为，以此为据对员工进行绩效评估。评估者既要记录员工的良好行为，例如某日提前多久完成了所分配给他的某项重要任务；也要记录不良表现，例如某日因违法操作规程而造成一次重大的质量事故等。所记载的内容必须是较突出的、与工作绩效直接相关的关键事件，而不是一般的、琐碎的、生活细节方面的事。另外，所记载的应是具体的事件与行为，不是对某种品质的评判。最后还应指出，关键事件的记录不是评语，只是素材的积累，有了这些具体的事实作根据，经归纳整理，便可以得出可信的评估结论。关键事件法的示例如表 7-9 所示。

表 7-9 关键事件法

负有的职责	目标	关键事件
安排工厂的生产计划	充分利用工厂中的人员和机器；及时发布各种指令	为工厂建立了新的生产计划系统；上个月的指令延误率降低了 10%；上个月提高机器利用率 20%
监督原材料采购和库存控制	在保证充足的原材料供应前提下，使原材料的库存成本降到最低	上个月使原材料库存成本上升了 15%；"A" 部件和 "B" 部件的订购富余了 20%，而 "C" 部件的订购短缺了 30%
监督机器的维修保养	不出现因机器故障而造成的停产	为工厂建立了一套新的机器维护和保养系统；由于及时发现机器故障而避免了机器的损坏

资料来源：加里·德斯勒. 人力资源管理（第 14 版）[M]. 刘昕，等译. 北京：中国人民大学出版社，2017。

管理者在日常工作中对员工的关键事件进行记录，可采用 STAR 法（"星星法"）。如图 7-7 所示，从四个方面描述一个关键事件。

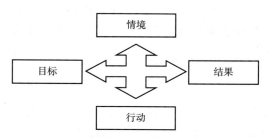

图 7-7 记录关键事件的 STAR 法

情境（situation）：这件事情发生时的情境是怎么样的？他有没有控制事件发生的能力或条件？

目标（target）：他为什么要做这件事情？

行动（action）：他当时采取了什么行动？

结果（result）：他采取这个行动获得了什么结果？对工作有什么有利或不利的影响？

关键事件法的优点：能为绩效评估和反馈提供有用的信息。管理者平时尽量准确地记录员工在考核期内的行为表现，可避免依据模糊印象来评价员工。在绩效反馈时由于有具体事实作支持，容易被员工接受，并且可以清楚地知道员工哪些方面做得好，哪些方面需要改进。缺点也很明显：第一，评估者对什么样的事件可以称为关键事件把握不好。第二，记载"考核日记"费时费力。评估者每天或每周都要花大量时间去记录其下属的工作行为，所以许多管理者并不愿意采用这种方法。第三，员工会非常担心主管如何记录他们的行为，对主管的"绩效记录"充满猜疑和恐惧。

三、量表法

量表法是绩效评估中最为古老而又最流行的方法。它是一种参照客观标准、确定不同形式的评估尺度进行绩效评估的方法。采用量表法进行绩效评估，首先要根据被评估者的工作要求建立绩效评估指标体系，给每项评估指标设定权重，然后由评估者根据被评估者在各项评估指标上的表现以及各项指标的标度含义，给被评估者打分，最后汇总计算评估对象的绩效评估总分。

常用的量表法包括图评价量表法、行为锚定等级评价法、行为观察量表法等。

（一）图评价量表法

图评价量表法（graphic rating scales），也被称为图尺度评价法、评级量表法、量表评估法、等级评估法。这种方法是指在量表中列出需要考核的绩效指标，将每个指标的标准区分为不同的等级，每个等级都对应一个分数。评估时评估主体根据员工的表现，给每个指标选择一个等级，做出评判和记分。然后将得到的所有分数相加，最终得出工作绩效考核结果。图评价量表法的示例如表 7 – 10 所示。

表 7 – 10　图评价量表法

考核项目	考核要素	要素说明	评定				
基本能力	知识	是否充分具备现任职务所要求的基础理论知识和实际业务知识	A 10	B 8	C 6	D 4	E 2
业务能力	理解力	是否能充分理解上级指示、干脆利落完成本职工作任务、不需要上级反复指示和指导	A 10	B 8	C 6	D 4	E 2
	判断力	是否能充分理解上级指示、正确把握现状、随机应变、恰当处理	A 10	B 8	C 6	D 4	E 2
	表达力	是否具有现任职务所要求的表达力（口头或文字），能否进行一般的联络工作	A 10	B 8	C 6	D 4	E 2
工作态度	纪律性	是否严格遵守工作纪律和规定，对待上下级、同级和企业外部人士是否有礼貌，是否严格遵守工作汇报制、按时提交工作报告	A 10	B 8	C 6	D 4	E 2
	协调性	工作中是否充分考虑到别人的处境，是否主动协助上级、同级和企业外部人员做好工作	A 10	B 8	C 6	D 4	E 2
	积极性	对分配的任务是否主动积极、尽量多做工作、主动进行改革创新、向困难挑战	A 10	B 8	C 6	D 4	E 2

续表

考核项目	考核要素	要素说明	评定
评定标准 A—非常优秀 B—优秀，满足条件 C—基本满足条件 D—略有不足 E—不能满足要求		等级分数 A—61 分以上 B—50~60 分 C—35~49 分 D—25~34 分 E—24 分以下	合计分： 评语： 评定人签字：

资料来源：夏兆敢. 人力资源管理［M］. 2 版. 上海：上海财经大学出版社，2012。

图评价量表法是按照事先规定的"评估标准"进行评估，侧重于评估档次的确定。其优点在于简便、快捷、易于量化；缺点是由于划分等级较宽，难以把握尺度，可能会出现偏紧、偏松的现象。此外，多数量表不是针对某一特别岗位，而是运用于组织中所有的职位，因而不具有针对性，考核时容易出现居中误差，即大多数人集中在某一等级的现象。

（二）行为锚定等级评价法

行为锚定等级评价法（behaviorally anchored rating scales，BARS）发端于 20 世纪 60 年代，又被称为行为锚定法、行为锚定评估法、行为锚定评分法或行为期望量法等。它综合运用了图评价量表法、关键事件法等方法，博采众长，是一种比较有效的评估方法。

其基本思路是：找出工作中的典型行为样本，确定应该得到的等级分数，在此基础上建立锚定评分表，作为员工绩效考评的依据。在实施评估时，在评估表中找到员工实际行为的具体位置（形象地称之为锚定）即可。

图 7-8 即为一个行为锚定等级评价法的实例。这个图用来考核商场售货员对待顾客投诉时的态度和行为。可以看出，这些锚定点都是对某一特定情景下某种具体工作行为的描述。这比一般量表中的"优""中""劣"之类的说明词在评分时要好掌握得多。

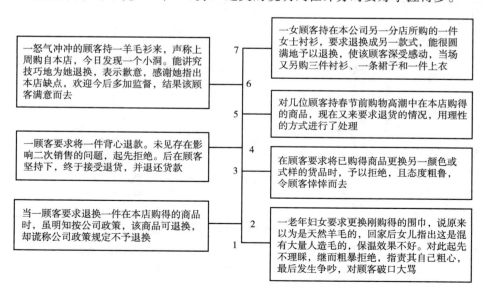

图 7-8　行为锚定等级评价表

资料来源：夏兆敢. 人力资源管理［M］. 2 版. 上海：上海财经大学出版社，2012。

使用行为锚定等级评价法的关键在于建立合理的锚定评分表，通常有以下几个步骤：

（1）记录关键事件。一般由主管或其他对工作熟悉的评估人员以考核日记的方式，随时记载那些突出的、与员工工作效果直接相关的重要事件，其中既包括最优绩效行为，也包括最差绩效行为。

（2）进行整理和规范化表述。将所收集的关键事件加以归纳整理，用规范的语言描述出来。

（3）对关键事件进行等级评定。对已经加以规范表述的典型事件确定评价等级，一般分为 7 或 9 个等级，作为考评绩效水平的依据。

（4）完成评价表的设计，建立最终的锚定评分表。

行为锚定等级评价法的优点：对工作绩效的衡量比较精确，可相对量化；评价标准明确，便于评估者理解和掌握绩效差别；具有良好的反馈功能，可使评估者具体指出员工需要改进的方面，因而能更有效地反馈绩效；各绩效要素之间相对独立，可以减少晕轮误差；可信度较高，不同的评估者使用该方法对同一个员工进行绩效评估时，结果会相近。

行为锚定等级评价法也有缺点。开发行为锚定等级评价表是一项技术性很强的工作，一般需要在专家的指导下，才能开发出良好的评估表，而且一般只适用于那些不太复杂的工作。另外，不同工作岗位的职务描述不同，所包含的关键事件也不同，因此必须针对不同的岗位设计相应的行为锚定评估体系。由于开发成本较高，这在很大程度上影响了行为锚定等级评价法的实用性。

（三）行为观察量表法

行为观察量表法（behavior observation scales，BOS）是考核中普遍采用的方法，是指在考核各个具体的项目时，给出一系列相关的有效行为，评估者通过指出员工各种行为表现的频率来评价他的工作业绩。表 7 – 11 是采用行为观察量表法评估项目"工作可靠性"的一个示例。

表 7 – 11   **行为观察量表法**

说明：本量表用 1～5 分分别表示划分为"几乎没有"到"几乎总是"五个等级，来反映员工表现下列各种行为的频率，请您对其进行评分。 结果等级划分：0～8 分为很差；9～11 分为差；12～14 分为一般；15～17 分为好；18～20 分为很好
能有效地管理工作时间（ ）   几乎没有 1 2 3 4 5 几乎总是
能够在规定期限内完成项目（ ）   几乎没有 1 2 3 4 5 几乎总是
必要时情愿推迟下班并周末加班工作（ ）   几乎没有 1 2 3 4 5 几乎总是
必要时帮助其他员工工作以保证项目按时完成（ ）   几乎没有 1 2 3 4 5 几乎总是

行为观察量表能将发展战略和所期望的行为结合起来，向员工提供有效的信息反馈，指导员工如何得到高的绩效评分。管理者也可以利用量表中的信息有效地监控员工的行为，并使用具体的行为描述提供绩效反馈。另外，这种方法使用起来十分简便，员工参与性强，容易被接受。

但这种方法存在下列缺陷：首先，只适用于行为比较稳定、不太复杂的工作，只有这类工作才能够准确详细地找出有关的有效行为，从而设计出相应的量表；其次，绩效评估的结果稳定性下降，不同的评估者对"几乎没有"到"几乎总是"的理解有差异；最后，开发成本相对较高，开发行为观察量表要以工作分析为基础，且每一个职务的考核都需要单独进行开发。

第四节 绩效管理前沿走势

绩效管理是企业管理的一个永恒话题，也会不断发展、变化。把握绩效管理的前沿发展趋势，选择一套适合的绩效管理系统来提升企业绩效管理效果、实现绩效管理目标，是每一个期望获得更好组织绩效的企业应当采取的重要举措。

一、目标与关键结果考核法

进入互联网、大数据时代，需要更加灵活、顺应变化的组织模式，更创新、更符合人性的管理方式和工具，目标与关键结果考核法更适合互联网企业扁平化、项目化的组织管理模式，将企业资源更多聚集到目标与关键结果上。目标与关键结果考核法成为现代企业绩效管理的一种重要前沿走势。

（一）含义和发展

目标与关键结果（objectives and key results，OKR）考核法是一套管理工具或方法，它根据组织的使命、愿景，通过内部的协商与决策，明确组织在一定时期内的目标以及该目标产生的可衡量的关键结果，由此帮助组织中的成员明确目标及努力的方向，并将这些关键结果的完成情况作为考核组织绩效的标准。简而言之，该方法是一套帮助组织实现目标管理、推动执行与协作的管理工具和方法。

OKR 考核法把组织、团队和岗位的绩效成果分成目标（objectives）和关键结果（key results）两个部分。"O"就是目标，是对组织长期使命与愿景的承接，回答的是"我和我的团队想要完成什么"。"KR"即关键结果，是实现目标的关键路径，回答的是"我如何知道自己是否达成了目标"。通过岗位 OKR 的达成保证团队 OKR 的达成，通过团队 OKR 的达成保证组织 OKR 的达成，从而达成组织的目标，实现组织的战略。OKR 考核法的整体应用逻辑如图 7-9 所示。

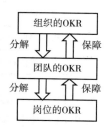

图 7-9 OKR 考核法的整体应用逻辑

资料来源：任康磊. 绩效管理工具［M］. 北京：人民邮电出版社，2021。

OKR 考核法源自管理实践,是在传统目标管理法的基础上的改革和创新。学者们普遍认为,OKR 考核法起源于英特尔公司,英特尔公司前首席执行官安迪·格鲁夫(Andy Grove)堪称 OKR 之父。多年实践检验和不断改进后,OKR 考核法被曾经在英特尔公司担任高级副总裁的约翰·杜尔(John Doerr)介绍到谷歌公司。1999 年,谷歌公司成功实施了 OKR 考核法。看到谷歌公司成功实施该法,领英公司(LinkedIn)、脸书公司(Facebook)、Zynga 公司(主营业务为社交游戏)等也相继开始实施。后来,谷歌在其投资的所有企业中都实施了 OKR 考核法,并专门对员工进行了 OKR 绩效管理系统的培训。

OKR 考核法多应用在与互联网相关的行业。我国也有很多互联网公司应用该考核法,如字节跳动公司、百度公司和知乎公司。不论国内还是国外,目前来看,OKR 考核法在传统行业应用成功的案例较少。

(二) 实施流程

OKR 考核法一般是以部门或团队为单位落实。实施 OKR 考核法的步骤可分为四步,如图 7-10 所示。

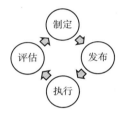

图 7-10 实施 OKR 考核法的步骤

资料来源:任康磊. 绩效管理工具[M]. 北京:人民邮电出版社,2021:17。

1. 第一步:制定 OKR

根据组织层面的愿景或目标,部门/团队负责人应制定部门/团队级的目标(O),并设计与目标对应的多个关键结果(KRs),形成团队/部门负责人的多个目标与关键结果(OKRs),如表 7-12 所示。

表 7-12　　　　　　　　　　　　某互联网电商公司销售团队的 OKR

O 序号	O 内容	O 权重(%)	KRs 序号	KRs 内容	KRs 权重(%)
O1	本月销售目标达到 100 万元	60	KR1	0~10 天,销售目标达成 32 万元	32
				11~20 天,销售目标达成 32 万元	32
				21~31 天,销售目标达成 36 万元	36
O2	投放流量广告,获得超过 50 万次的阅读量	20	KR2	0~10 天,阅读量目标达成 16 万	32
				11~20 天,阅读量目标达成 16 万	32
				21~31 天,阅读量目标达成 18 万	36

续表

O 序号	O 内容	O 权重（%）	KRs 序号	KRs 内容	KRs 权重（%）
O3	实施 4 次营销活动	20	KR3	0 ~ 7 天，实施 A 营销活动	25
				8 ~ 14 天，实施 B 营销活动	25
				15 ~ 21 天，实施 C 营销活动	25
				22 ~ 31 天，实施 D 营销活动	25

资料来源：任康磊. 绩效管理工具［M］. 北京：人民邮电出版社，2021：3。

部门/团队成员根据负责人的 OKRs 制定自身的 OKRs。在这个过程中，负责人和成员之间应当就各自的 OKRs 进行讨论，彼此表达观点与想法，最终达成一致意见。这里应注意目标和关键结果的数量。目标一般最多 5 个，每个目标对应的关键结果一般为 3 ~ 4 个。

负责人和成员根据各自的 OKRs 制订行动计划。行动计划中一般应当有结合 OKR 实施周期（周度、月度或季度）的 3 ~ 5 个关键任务或关键行动。

制定 OKRs 的过程既要强调自上而下的目标分解，又要强调自下而上的战略承接。OKRs 并不是上级强压给下级的任务，而是下级根据战略主动提出，或者与上级沟通后的结果。

2. 第二步：发布 OKR

OKR 的特点之一是公开透明，发布 OKR 就是把组织的 OKR、部门/团队的 OKR、岗位的 OKR 向整个组织发布，让组织上下所有的 OKR 全部公开透明。

所有的员工都能看到组织层面的 OKR、上级的 OKR 和其他岗位的 OKR。OKR 是可变的，当员工发现自身岗位的 OKR 有问题时，可以及时对其进行调整。

发布 OKR 的方式有很多，有内网系统的组织，可以把整个组织的 OKR 写入内网系统。没有内网系统的组织，可以在制定组织层面的 OKR 后，通过电子邮件或员工常用的互联网软件发送给全体员工。

3. 第三步：执行 OKR

执行 OKR 的环节可以与组织的各类会议相结合。部门/团队的晨会、周会、月会的主题都应当有对 OKR 运行情况的探讨。

对 OKR 执行比较到位的情况，要总结经验，继续进取，追求更好的成果；对 OKR 执行不到位的情况，要查找原因，反思问题，寻求成果的改善。在实施 OKR 行动计划的过程中如果遇到困难，上下级应当就困难进行沟通，采取相应的措施。

上级和下级要注意周围环境的变化，根据环境变化及时调整 OKRs。如果当初制定的 OKRs 的环境发生变化，上级和下级应当根据新的环境重新制定 OKRs，而且要根据新的 OKRs，重新确定行动计划。

4. 第四步：评估 OKR

评估 OKR 的过程可以分为员工的自我评估和来自上级的评估两个环节。

员工自我评估的过程有助于员工反思自身的 OKR 的完成情况，有助于员工总结经验，为下一周期 OKR 的制定、执行和评估提供支持。在自我评估的环节，如果发现 OKR 需要做出调整，员工可及时对 OKR 进行调整。

在上级评估的环节，上级在发现部门/团队 OKR 的完成情况较好时，应当鼓励下级。上级可以在每次 OKR 目标达成时，举办庆祝 OKR 达成的活动，给下级鼓励，鼓励下级再接再厉，完成下一周期的 OKR。反之，上级在发现部门/团队 OKR 的完成情况较差，或者部门/团队内部某些下级的 OKR 完成情况较差时，应当帮助下级查找原因。上级和下级要根据目标和关键结果的完成情况查找问题，找到影响 OKRs 完成的原因，并确定改进行动计划。

对 OKR 的评估不是简单的述职大会，不是死板的汇报大会，也不是严肃的批斗大会，而是针对 OKRs 完成情况的交流。对 OKR 的评估可采取多人会议的形式，也可采取一对一的交流形式。不论是采取多人会议的形式，还是采取一对一的交流形式，都可以采取非正式沟通方式，甚至可以学习一些创业公司，在每周五下午采取"啤酒会议"的轻松交流方式。

二、经济增加值考核法

经济增加值考核法是现代企业绩效管理的另一种重要的前沿走势。在所谓"经济增加值革命"浪潮推动下，越来越多的企业高度关注并普遍推行价值管理，即以股东价值为基准的绩效管理。

（一）含义与缘起

经济增加值（economic value added，EVA）考核法，指以经济增加值为核心，建立绩效指标体系，引导企业注重价值创造，并据此进行绩效管理的方法。EVA 考核法较少单独使用，一般与关键绩效指标法、平衡计分卡等其他方法结合使用。其核心思想是：资本投入是有成本的，企业的盈利只有高于其资本成本，即经济增加值为正时，才真正为股东创造价值。假如股东希望得到 10% 的投资回报率，那么只有当他们所分享的税后营运利润超出 10% 的资本金时，他们才是在"赚钱"。而在此之前做的任何工作，都只是为了达到企业投资可接受的最低回报而努力。

EVA 考核法的产生，受到 20 世纪 80 年代西方主要发达国家在公司治理领域逐渐形成的一种主流观点的影响，即"管理的首要职责是为股东创造价值"。企业管理思想的改变影响到传统企业业绩评价方法的改变，EVA 考核法就是这一背景下出现的，运用这一方法能有效遏制企业盲目扩张规模以追求利润总量和增长率的倾向。它的理论源于诺贝尔经济学家默顿·米勒（Merton Miller）和弗兰科·莫迪利亚尼（Franco Modigliani）在 1958～1961 年期间关于公司价值的经济模型的一系列论文。美国思腾思特咨询公司（Stern Stewart & Co.）于 20 世纪 90 年代正式开发了经济增加值（EVA）考核法，之后，EVA 考核法成为西方经济学家和企业经营管理者们工具箱中的一件有用的技术性工具。

EVA 考核法是目前较流行且被广泛应用的管理工具之一。EVA 不仅是一种价值分析工具和业绩评价指标，可全面衡量企业的经营业绩，让企业全方位、全要素参与业绩评价，追求最有效的投资回报和经营管理模式，也是一项涉及组织内部战略定位、结构调整与流程再造、价值控制、持续改进与业绩评价、薪酬体系与管理激励的内部管理体系，是整合公司内部管理的重要手段。

《中央企业负责人经营业绩考核暂行办法》于 2013 年 1 月施行以来，国资委开始在中央企业全面推行 EVA 考核，EVA 成为中央企业业绩考核的核心指标之一。国资委推进 EVA 绩效考核，也标志着 EVA 管理体系正受到我国越来越多企业的追捧，它使得经理人像企业所有者一样思考和行动，有助于分析并找出企业多元化经营中最佳的资本投向，更合理地优化资源配置，不断提升价值创造能力。

（二）EVA 考核法的指标核算方法

经济增加值的基本含义是指企业税后净经营利润扣除全部投入资本成本（包括债务和股权成本）的差额，它是全面评价经营者有效使用资本和为企业创造价值的重要指标（见图 7-11）。EVA 考核法认为，不包含资金成本的利润不是真正的利润，要正确评价企业的业绩，就必须把资金成本考虑进去。对一个企业来说，只有收回资金成本后的 EVA，才是真正的盈利。

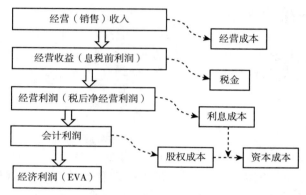

图 7-11　EVA 指标的含义

资料来源：李宝元，仇勇．绩效管理 [M]．北京：高等教育出版社，2016：265。

EVA 的基本计算公式是：EVA = 税后净经营利润 − 资本成本。企业占用的资产越多，就应该创造更多的利润，否则它的效率就不是最高的。若 EVA 刚好等于补偿投资风险的必要回报，则企业的剩余收入是零，即投资人所投资本的经济增加值为零；若 EVA 是正数，说明企业创造了价值；若 EVA 是负数，说明企业发生价值损失，投资者的财富受到侵害。因此，EVA 比任何传统的指标更能体现投资者的利益和企业的运作状况。从根本意义上说，EVA 就是一套正确度量企业业绩的全新评价体系。

当一家企业真正实施了 EVA 管理后，就将改变企业的经营行为。企业管理者和员工就会想尽办法缩短生产经营周期，努力提高资产周转率，果断淘汰需要巨额资本投入而盈利甚微的"好大喜功"业务，致力于改进现有流程效率而不是轻易"铺摊子"搞新建项目，在资本决策中更加倾向于那些需要减少资本投入的并购和交易项目，着眼于降低资本成本以优化企业资本结构。

本章小结

1. 绩效是指个体或组织在一定的时间和条件下，为完成工作任务所采取的有效工作行为以及实现的有效工作成果。绩效具有多因性、多维性、动态性等特点。

2. 绩效评估，也叫绩效评价、绩效考核或绩效考评，是衡量和评价员工的工作绩效的过程。通俗地讲，就是要了解和判断员工的工作做得怎么样。

3. 绩效管理指管理者通过持续有效的管理员工，确保员工在企业目标与如何实现企业目标上达成共识，并努力实现预定的企业目标，进而促进个人和企业共同发展的管理过程。包括三层含义：（1）绩效管理是管理者和员工就目标与如何实现目标建立共识的过程。（2）绩效管理是一个持续的管理过程。（3）绩效管理不仅重视结果，而且重视获得结果的过程。

4. 绩效管理是一个系统的管理工程，应具备完善的流程和体系。通常包括四个阶段：绩效计划、绩效实施、绩效评估和绩效反馈提升阶段。这四个阶段构成了一个封闭的循环，各阶段相互依存和匹配。

5. 绩效管理的四种重要工具：目标管理法（MBO）、360 度绩效反馈法、平衡计分卡（BSC）、关键绩效指标法（KPI）等。

6. 绩效评估十种常用方法是：简单排序法、交替排序法、配对比较法、范例比较法、强制分布法、评语法、关键事件法、图评价量表法、行为锚定等级评价法、行为观察量表法等。

7. 现代企业绩效管理的两种前沿走势：OKR 考核法和 EVA 考核法。

复习思考题

1. 什么是绩效？如何理解绩效管理？
2. 绩效评估和绩效管理有何区别？
3. 绩效管理包括哪几个阶段？每一个阶段分别要解决哪些问题？
4. 绩效反馈面谈的目的是什么？绩效反馈面谈前要做好哪些准备？
5. 绩效评估的常见方法有哪些？各有什么优缺点？
6. 360 度绩效反馈法、平衡计分卡、关键绩效指标法各有什么优缺点？适用范围如何？

【实战案例】

Y 公司绩效管理体系的构建

Y 公司是一家国内知名的黄金生产企业，成立于 1974 年，注册资本 1 亿元人民币，现有职工 1.3 万人。公司于 2001 年转制成为股份制企业。由于历史的原因，公司在经营管理上存在着计划经济体制的痕迹：公司自身的管理理念滞后，管理体制不正规，现代企业制度也没有真正建立起来。特别是体现在人力资源管理问题上，公司并没有一套行之有效的人力资源管理体系，缺少现代的激励、考核措施。

公司的高层领导也意识到了这些问题，陆续邀请了几家咨询服务机构来为企业"把脉"，制定公司的中长期发展战略，用现代企业制度对公司进行组织机构重塑。在人力资源管理方面，公司下大力气转变以往的"人才上不去，庸才下不来"的状况，在公司内部以岗位责任制为基础，采取记分制绩效考核手段，基于以绩效考核为核心的集团内部人员流动机制，建立了一套人力资源考核与管理体系。然而在具体实践过程中，公司负责人力资源的副总经理却遇到许多困扰，大致可以归纳为以下几个方面：

（1）年初的绩效考核工作计划做得很好，可是在实施过程中却"雷声大，雨点小"，各部门的考核者乐于充当"好好先生"，应付了事，大大有悖于绩效考核的初衷。

（2）在考核过程中，公司员工缺少参与的积极性，抵触情绪很强，不少员工甚至质疑：绩效考核是否就是通过反复地填表、交表来挑员工的毛病？

（3）人力资源部负责人反映，考核的过程烦琐，耽误正常工作，推行过程中往往又因为得不到高层的足够支持而阻力重重。

（4）考核过程和结果的公正性难以保证，大多数员工对于考核的结果都心怀不满，怨声四起，同事的关系也往往因考核而变得紧张，不利于公司的日常工作开展。

资料来源：走入误区的绩效管理，https：//wenku.baidu.com/view/5444d015cfbff121dd36a32d7375a417876fc142.html.局部改编。

思考分析： Y公司的绩效管理出现了哪些不足？应该如何改正？

第七章 习题

第八章

第八章 课件

薪酬管理

【学习目标】

- 理解薪酬的概念与功能；
- 了解薪酬体系设计的流程；
- 熟悉薪酬结构模型及其要点；
- 掌握基础薪酬、激励薪酬、要素薪酬、福利薪酬的内容。

【案例导入】

股权激励：打造工程师向往的圣地

小米用十年时间，成长为市值6000亿的最年轻的世界五百强企业之一。股权激励可谓是伴随和见证了小米公司的发展步伐。2021年7月2日，小米集团董事会根据股份奖励计划，授予3904名员工合计7023.17万（70231664股）奖励股份。按奖励日收市价26.20港元计算，合计总值约18.4亿港元，相当于人均47万港元。优秀青年工程师、优秀应届生、团队核心岗位的优秀员工以及年度技术大奖的优秀工程师获得了相应的股权激励。其中约700名是优秀青年工程师，来自手机部和互联网等部门的一线研发工程师、测试工程师、产品经理、设计师等，入选小米最新的人才激励项目"青年工程师激励计划"，他们获得总计1604.2万股的股票，其中最年轻的员工仅24岁。小米向员工发放股权激励，希望全力打造成工程师向往的圣地；让员工获得巨大成就感的同时，得到不菲的资金奖励，对留住人才、吸纳人才、激发人才的主动性与创造性产生积极作用。

资料来源：https://cj.sina.com.cn/articles/view/2853016445/aa0d937d02000s8oo，雷军微博等资料，整理改编。

薪酬在吸引、保持和激励员工方面具有重要作用，薪酬管理与岗位职能评估、员工绩效考核和企业权益分配密切相关。本章将重点介绍薪酬的概念与功能，阐释薪酬体系设计流程和薪酬结构模型，从基础薪酬、激励薪酬、要素薪酬、福利薪酬等方面勾勒出薪酬管理框架，实现薪酬成本与激励效果的平衡、体现薪酬分配的效率与公平。

第一节　薪酬管理概述

一、薪酬的概念与功能

（一）薪酬的概念

薪酬（compensation）是指组织内所有员工的货币性和非货币性劳动收入的总和（见

图 8 - 1）。从广义上讲，薪酬包括经济性薪酬和非经济性薪酬，其中非经济性的薪酬也称内在薪酬，指的是个人对企业及工作本身的心理感受。从狭义上讲，薪酬特指经济性薪酬，也称外在薪酬，指员工因付出劳动而从企业获得的各种形式的经济性支付。具体而言，包括两部分：一是以薪金、工资、奖金、津贴和红利等形式支付的直接货币报酬；二是以各种间接形式支付的福利，如保险、休假等。非经济性报酬包括：工作的挑战性、责任感、成就感；社会地位、个人成长、发展机会、个人价值的实现；以及舒适的工作环境、便利的条件等。

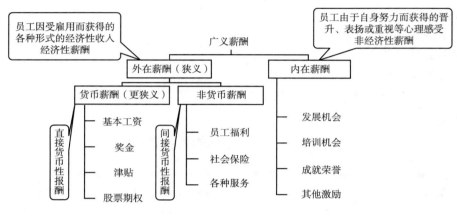

图 8 - 1　薪酬的内涵

由薪酬的内涵可知，外在薪酬是薪酬管理的核心领域，构成企业薪酬管理人员的主要工作内容。根据是否与员工的劳动直接相关，外在薪酬又可分为直接薪酬和间接薪酬。直接薪酬与员工的工作劳动直接关联，包括基础薪酬、激励薪酬以及各种延期支付计划；间接薪酬则与员工的工作劳动无直接关联，包括要素薪酬、福利薪酬。

因此，从薪酬的决定依据和支付方式的角度，外在薪酬体系主要由四个部分构成，即基础薪酬、激励薪酬、要素薪酬和福利薪酬。其中，基础薪酬是根本，激励薪酬是主体，要素薪酬是补充，福利薪酬是保障。

1. 基础薪酬

基础薪酬也称标准薪酬、基本薪酬，是根据员工所承担或完成的工作本身，或者员工所具备的完成工作的技能或能力而向员工支付的稳定性报酬。可见，基础薪酬的确定具有双重的标准：一是企业以不同工作岗位任务的复杂程度、劳动强度、重要性等为基准支付现金报酬。这一标准只反映了工作岗位本身属性和价值的差异，而不反映员工因为经验、工作态度以及能力素质的差异而引起的对企业贡献的差异。这一标准下形成的基础薪酬称为岗位薪酬体系。二是企业针对部分岗位的特殊员工或者整个企业中的员工，根据其所拥有的完成工作的技能或能力为基准支付现金报酬。这一标准强化了对员工能力的考量，由此形成的基础薪酬称为能力薪酬体系。

2. 激励薪酬

激励薪酬也称为可变薪酬、浮动薪酬，是薪酬体系中与当期绩效直接挂钩的部分。激励薪酬的目标是在薪酬和绩效之间建立一种直接关联。作为薪酬标准的绩效既可以是员工个人的绩效，也可以是工作团队、业务部门甚至整个企业的绩效。由于在绩效和薪酬之间建立起了直接关联，对员工超额完成工作任务或取得突出绩效给予合理的货币性奖励，兼具奖惩效应，所以激励薪酬对员工和团队具有很强的激励作用，进而对企业绩效目标的实现产生积极的推动作用。

通常，激励薪酬包括计件工资、奖金、利润分享等常见形式。根据薪酬支付周期可以把激励薪酬分为短期激励薪酬和长期激励薪酬；根据薪酬激励对象可以把激励薪酬分为个人激励薪酬和团队激励薪酬。

3. 要素薪酬

要素薪酬是按要素分配原则在企业薪酬管理实践中的具体体现。从广义上讲，按要素分配包括按劳动力要素、管理要素、资本要素分配等方式。其中，基础薪酬和激励薪酬从静态和动态两个层面集中反映了按劳动力要素分配的理念。本书所指的要素薪酬不包括按劳动力要素分配的薪酬形式，只包括按要素分配的狭义外延，即按管理要素和资本要素的分配方式。

具体地说，按管理要素分配的薪酬形式主要表现为经营者年薪。按资本要素分配的薪酬形式主要体现为员工持股制度；基于员工持股制度，将资本要素薪酬拓展至股票期权和期股等更为灵活的薪酬管理领域。无论何种形式的要素薪酬，其本质都是将企业高层管理人员、核心技术人员以及其他不同类型的稀缺人才的收益与企业的长期绩效目标建立关联。

4. 福利薪酬

福利薪酬是企业为员工提供的各种补助津贴和保障服务的总称，包括法定福利和企业补充福利。与基础薪酬和激励薪酬不同的是，福利薪酬属于间接薪酬，与二作任务和工作绩效本身并不直接相关。在员工看来，福利薪酬是薪酬总额不可或缺的组成部分。

作为一种特殊形式的薪酬支付手段，福利薪酬具有独特的人力资源管理价值：避税效应和保障价值。一方面，福利薪酬通过减少以现金方式支付给员工薪酬可帮助员工规避个人所得税；同时由于国家对部分福利项目有免税的规定，很多实物福利可计入企业管理费用，所以福利薪酬可以帮助企业合理避税。另一方面，福利薪酬特别是各种保险、公积金项目可以为员工将来的退休生活以及某些不可预测事件提供必要的保障。该保障价值不仅对员工个人至关重要，对企业经营乃至社会稳定也关系重大。

（二）薪酬的功能

薪酬代表了企业和员工之间的一种利益交换关系，无论对于企业还是员工来说，这种经济交换关系都是至关重要的。员工通过付出自身劳动获得期望的薪酬，企业通过支付薪酬获得期望的劳动成果。因此，薪酬的功能应从企业和员工两个不同的角度辩证统一地看待和理解。

1. 薪酬对企业的功能

对企业而言，薪酬具有以下五个功能：

（1）增值功能。薪酬是企业总成本的重要组成部分。从本质上讲，薪酬代表企业对劳动力要素的投入情况，而劳动力要素是企业和投资者获得预期收益的根本来源。因此，只要支付薪酬能够创造出大于成本的收益，即可实现企业的生产增值。而这种增值效应正是企业雇用劳动者并对其进行投资和支付薪酬的动力。

（2）激励功能。薪酬是员工和企业之间的一种心理契约，这一契约通过员工对于薪酬状况的感知来影响员工的工作行为、工作态度以及工作绩效，由此构成薪酬的激励功能。激励功能是薪酬的核心功能，企业管理者可以通过薪酬反映员工的工作绩效，促进员工工作数量和质量的提高。在新时代管理实践中，薪酬管理的激励导向越来越强烈。薪酬与工作性质的关联正在逐步减弱，与工作绩效的关联正在逐步加强。工作绩效决定薪酬水平的方式兼具效率和公平的诉求。

（3）竞争功能。基于薪酬的激励功能，高水平的薪酬不仅能够激励本企业在岗员工提升工作绩效，还能够发挥留住优秀员工长期供职的作用。同时，企业的薪酬水平也是企业实力的体现，是企业在外部劳动力市场上竞争稀缺技术人才和管理精英的有力工具，是企业基于人力资本优势长期保持竞争优势的基础。

（4）协调功能。企业作为一个生产组织，可以通过薪酬水平的设定和调整，将企业目标和管理者意图传递给员工，促使员工个人行为与企业战略方向相融合，调节员工与企业之间的关系。同时，通过设定合理的薪酬结构，有助于协调同岗位员工以及上下级员工之间的人际关系。

（5）配置功能。劳动力要素配置主要表现为数量的配置和素质结构的配置。现实中，不同工作地点、部门、职务、岗位之间的工作环境、劳动强度、任务复杂性以及薪酬水平往往存在明显差别，理性的员工会选择相对薪酬更高、工作压力更小、工作环境更好的岗位和部门，因而企业通过薪酬水平引导内部劳动力资源的有效配置。同时，随着产品结构、技术结构和产业结构的不断升级，企业对劳动力的素质的要求越来越高；只有给予那些需求量大、对企业发展和经济增长有重要作用的专业（或工种）更高的薪酬，才能引导更多的劳动力学习相关的知识和技能，从而使得劳动力素质结构合理化，促进社会劳动力资源的高效配置。

2. 薪酬对员工的功能

对员工来说，薪酬的功能主要体现在以下四个方面：

（1）补偿功能。补偿功能是薪酬对员工的最基本的分配功能。员工在劳动过程中消耗的脑力与体力再生产、劳动力的代际延续需要借助薪酬的补偿来实现。通常，薪酬是大多数员工的主要收入来源，对员工及其家庭的保障至关重要：不仅限于对员工衣、食、住、行等基本生存需求的满足，还在于对员工娱乐、教育、社交、自我实现等发展需求的满足。

（2）导向功能。薪酬可视为企业经营导向的重要信号。例如，企业实行"高学历－高薪酬"的分配政策，会促使员工继续学习或吸引高学历人才加盟；企业奖励创新行为的分配政策，会促使员工自主创新、营造学习型组织文化。任何一种战略导向性的薪酬分配政策都会给企业中理性的员工提供相应的信号，促使他们向有利于自己并符合企业发展目标的方向努力。

（3）分级定等功能。薪酬水平具有一定的社会等级信号功能。在组织内部，员工的薪酬水平高低往往代表其在组织中的地位和层次，从而构成识别员工个人价值和事业成功的标志性信号之一。究其本质，员工对薪酬信号的关注反映了员工对自身在社会以及组织内部赢得自尊和地位的关注。从某种程度上讲，薪酬的分级定等功能对高收入群体而言更为重要。

（4）价值实现功能。自我价值的实现是个人追求的终极目标。无论基于补偿功能还是分级定等功能，薪酬水平都能在一定程度上反映个人价值的实现程度。高薪酬是员工优异素质、卓越业绩和显赫职务的显示器，不仅代表了组织对员工能力水平的认可、对员工个人工作价值的回报，还代表了员工的晋升机会和事业成功。

（三）薪酬的影响因素

薪酬的影响因素多样，主要包括企业因素、岗位因素、员工个人因素和社会环境因素等。

1. 企业因素

企业的经营性质与内容不同，会导致薪酬成本在总成本中所占比例不同。如，高科技企业员工创造价值较高，而劳动密集型的服务性企业员工所创造的附加值较低，两者的薪酬策略必然不同，薪酬成本在总成本中的比重也会不同。

企业经济效益直接决定企业支付能力，效益较好的企业会倾向于支付高于劳动力市场水平的薪酬。效益不好的企业，相对来说薪酬水平就会低些。

组织文化对薪酬设定有重要影响。企业的薪酬策略往往受企业的薪酬哲学的影响，投资者（或高层管理者）愿意支付什么样的薪酬水平，采取什么方式支付，决定企业会如何设计薪酬结构。

企业的薪酬战略服务于企业的发展战略。企业在不同时期，所采取的战略不同，对应的薪酬策略也不同。企业一般要经历初创期、成长期、成熟期和衰退期四个阶段，不同阶段对应的薪酬策略也不同。

2. 岗位因素

职位高低和类别、员工在企业的岗位不同，意味着承担的责任和对企业的价值不同，相应的薪酬就会不同。不同职位类别的员工，因为工作内容不同，薪酬待遇也会不同。

工作条件是影响员工薪酬水平的重要因素，一般来说，工作条件差的职位，会获得比较高的薪酬和津贴，以对其额外付出进行补偿。

3. 员工个人因素

员工的基本素质包括知识、能力、态度。个人素质不同，在企业中的角色地位不同，承担责任不同，薪酬收入也不同。一般来说，素质较高的员工，往往会担任较高的职位，从而获得较高的薪酬。在其他方面相当的情况下，劳动量大的员工薪酬也会高些。

工龄与员工的忠诚度和贡献度相关，企业为了补偿这类员工，在薪酬设计时，往往会适当考虑工龄因素，不过一般所占比例不高。

此外，员工的性别、身体健康状况等个人因素也会对薪酬有一定的影响。

4. 社会环境因素

区域经济发展情况、行业因素、劳动力市场、政府的法律法规、工会及其他因素对员工的薪酬有一定的影响。

经济比较发达的地区，当地生活水平较高，员工对个人生活期望就会高，企业就要承担较高的薪酬压力。比如，东部沿海地区，员工的整体平均薪酬明显高于中西部欠发达地区。

不同行业、企业的管理模式不同，企业员工的薪酬也不同。我国行业收入差距较大，企业在制定薪酬体系时，必须考虑行业之间的差距。

薪酬本质上体现的是一种交易关系，必然会受到市场因素的影响。劳动力市场上人才的供求失衡以及竞争对手之间的人才竞争，会直接影响企业薪酬的制定。

企业在制定薪酬体系时必须遵守相应的法律法规。许多国家和地区对薪酬的下限和性别歧视问题都有相应的规定。在一些发达国家和地区，工会对薪酬有较强的影响力。此外，其他诸如地区人文特点、伦理道德等也会影响企业的薪酬政策。

二、薪酬管理理念

互联网和云计算技术的应用使多元要素交互融合、知识迭代迅速，企业亟须创新商业模式和提升数字化生存能力，同时对人力资源管理者提出了新的挑战，必须以数字化新思维和战略的眼光进行薪酬设计和管理，使薪酬理念与人力资源战略理念乃至企业战略理念融会贯通，最大限度发挥薪酬管理的功能。

薪酬设计是企业薪酬管理中最重要的组成部分，关系到企业的经营管理以及长远发展。合理的薪酬设计能充分调动员工的工作热情，激发其才能的发挥，使其获得满足感、荣誉感，进而促进企业的发展壮大。薪酬设计要确定企业的薪酬与市场水平相比较所处的层次。薪酬管理人员主要通过外部公平、内部公平和个人公平来吸引、留住和激励员工，因此薪酬管理理念外在表现为薪酬的外部竞争性、内部公平性和个人激励性。

（1）外部竞争性。所谓外部竞争性强调的是本企业薪酬水平相对于其他企业薪酬水平的竞争力，决定着企业在劳动力市场的人才吸引力和在企业内部的员工保留力。薪酬的外部竞争性不仅取决于薪酬水平的高低，还取决于薪酬构成要素的组合方式。

从劳动力市场的供求看，企业薪酬管理是否有效集中反映为薪酬水平是否具有外部竞争性。只有提供具有竞争力薪酬的企业，才能吸引稀缺人才加盟并确保有价值的员工不被外部竞争对手所吸引。薪酬管理人员可以根据战略分析的结果和薪酬调查结果制定具有外部竞争性的薪酬制度。

（2）内部公平性。所谓内部公平性是指薪酬体系的内部一致性，强调的是在企业内部不同岗位之间、不同技能水平之间的薪酬水平的相互协调，明确体现企业内部各工作岗位的相对价值。薪酬管理人员通过工作分析和工作评价确认一系列工作的相对价值，并决定相应的薪酬结构与水平。

内部公平性意味着企业内部薪酬水平的相对高低应该以岗位工作内容和员工技能水平为基础，确保不同岗位和员工的薪酬水平与其对应的岗位价值和员工能力相匹配。内部公平性主要表现在基础薪酬方面，将在本章第二节进行详细阐述。

（3）个人激励性。所谓个人激励性是指企业中每个员工得到的薪酬应与其对企业整体绩效和战略目标的贡献相互匹配，也称个人公平。内部公平性强调的是岗位价值和员工能力对薪酬的决定作用，而个人激励性强调的则是员工个人努力和工作绩效对薪酬的影响。个人激励性主要是通过激励薪酬体系的设计来实现，将在本章第三节进行详细阐述。

薪酬管理的有效性必须兼顾外部竞争性、内部公平性和个人激励性。但是，外部竞争性、内部公平性和个人激励性并不会自然相容。外部竞争性和内部公平性经常彼此冲突：完全按照劳动力市场供求态势和均衡价格确定薪酬水平，可能会破坏薪酬体系的内部公平性；完全按照内部公平性确定薪酬结构，又可能导致部分岗位无法吸引到所需人才。个人激励性要求薪酬体系有较强的灵活性和个性化，这势必增加薪酬管理成本；而面向内部公平性的岗位薪酬体系和能力薪酬体系，可能导致薪酬管理过于呆板。因此，在数字化人力资源管理时代，薪酬管理理念需在这三者之间寻求平衡。

事实上，薪酬作为员工提供劳动力及其他生产要素的回报，其本质上属于一种交换价值。既是交换，就要强调等价交换和资源让渡，所以员工评价薪酬的核心标准在于"公平"。只有在员工认为薪酬体系公平的前提下，才能产生归属感和满意度，薪酬的激励作用才能实现。公平作为一种感知状态，取决于员工就薪酬与某一参照系相比的结果。这一参照系可以是企业外部同类岗位和同等贡献的员工的薪酬水平，可以是企业内部其他员工的薪酬水平，也可以是员工为企业所作出的绩效贡献水平。根据不同参照系，可以概括为外部公平、内部公平和个人公平，恰恰呼应上述薪酬管理理念的三个方面。

【知识拓展 8 – 1】

关于职工全年月平均工作时间和工资折算问题

一、制度工作时间的计算

年度工作日：365 天 – 104 天（公休假日）– 11 天（法定节假日）= 250 天

季度工作日：250 天 ÷ 4 季 = 62.5 天/季

月度工作日：250 天 ÷ 12 月 = 20.83 天/月

工作小时数的计算：以月、季、年的工作日乘以每日的 8 小时。

二、日工资、小时工资的折算

按照现行的《中华人民共和国劳动法》《关于职工全年月平均工作时间和工资折算问题的通知》，法定节假日用人单位应当依法支付工资，即折算日工资、小时工资时不剔除国家规定的 11 天法定节假日。据此，日工资、小时工资折算为：

日工资：月工资收入 ÷ 月计薪天数

小时工资：月工资收入 ÷（月计薪天数 × 8 小时）

月计薪天数 =（365 天 – 104 天）÷ 12 月 = 21.75 天

第二节　基础薪酬

基础薪酬最能直观地反映企业的薪酬水平，也能最大限度地体现企业内部薪酬的一致性。现实中，基础薪酬的确立有若干种可供选择的标准，如职位、职务、劳动条件、学历、技能、综合素质等。相应地，基于这些标准形成的基础薪酬体系就是岗位薪酬体系和能力薪酬体系。

一、岗位薪酬体系

（一）岗位薪酬体系规划

岗位薪酬体系是根据企业产销运作流程中不同岗位的工作难度、技术等级、责任大小、劳动繁重性、条件艰苦性等条件，对岗位价值作出客观评价，然后根据岗位评价结果赋予与岗位价值相当的薪酬等级。究其本质，岗位薪酬体系的基本原理就是依据岗位价值匹配薪酬等级。

可见，岗位薪酬体系是一种重视岗位本身差异性而忽视岗位承担者差异性的薪酬制度。即使员工个人能力远远超过其所担负岗位要求的知识或技能水平，也只能得到与其他担负同样岗位的员工同等的薪酬收入。也就是说，岗位薪酬体系鼓励员工胜任岗位要求、不鼓励员工具有"超标"能力、不鼓励员工拥有"跨岗位"能力。

岗位薪酬体系规划过程包括三大环节：岗位梳理、岗位评价、薪酬匹配。首先，在规划薪酬体系之前对企业的所有工作内容进行梳理，并分解出特定的岗位信息，即岗位梳理。接着，对梳理出来的岗位进行评价，确定各岗位的相对价值和岗位等级。最后，根据岗位价值匹配相应的薪酬等级。其中，岗位评价是岗位薪酬体系规划的中心任务，可细分为岗位工作分析、岗位要求说明、岗位价值评估和岗位结构设定四个子环节。概言之，岗位薪酬体系规划流程可概括为以下六个小步骤：

（1）岗位梳理：全面搜集企业内各部门人员的工作内容和工作性质信息。

（2）岗位工作分析：根据岗位梳理搜集到的工作内容和工作性质方面的信息，对现有工作内容进行分类和整合，完成岗位划分和命名。

（3）岗位要求说明：按照岗位分类所依据的标准以及该岗位的工作目标、工作流程、工作方法对岗位要求进行确认、界定和描述，形成岗位说明书。

（4）岗位价值评估：基于岗位说明书对岗位的界定和描述，结合企业的业务流程，对岗位进行价值评估。

（5）岗位结构设定：依据岗位相对价值评估结果，对岗位进行定性或定量的排序，形成结构化的岗位体系。

（6）薪酬匹配：在企业总体薪酬水平确定的基础上，针对既定岗位结构，给不同岗位匹配合适的薪酬标准。

在岗位评价环节的四个子环节中，承接岗位梳理的工作分析和工作说明书具有重要的基础作用，详见第三章。支撑薪酬匹配的岗位价值评估和岗位结构设定是岗位薪酬体系规划的关键流程，下文中提及的"岗位评价"特指这两个子环节。

（二）岗位评价方法

岗位评价是岗位薪酬体系的核心环节，之所以将岗位评价结果用作薪酬体系规划的依据主要有以下三点原因：一是根据岗位对企业战略目标的贡献来支付薪酬，符合企业战略导向；二是基于员工所承担岗位的相对价值来确定员工的薪酬，符合按劳分配的公平原则；三是相对稳定地维持一种基于岗位战略价值的薪酬制度，有助于协同全员向企业战略目标持续努力。

岗位评价的科学性和客观性是岗位薪酬体系公正性乃至有效性的前提，而岗位评价的科学性和客观性又需要可靠的评价方法来支持和保障。常用的岗位评价方法有排序法、分类法、要素计点法、因素比较法，前两种是定性方法，后两种是定量方法。

1. 排序法

排序法用于岗位评价的基本原理是：以岗位对企业战略的价值为依据，对各个岗位进行相互比较，据此将岗位划分为若干等级。排序法包括三种类型：直接排序法、交替排序法、配对排序法。鉴于第 7 章对排序法的基本操作已进行详细阐述，尽管是针对绩效评估进行讲解，但原理相通，故本节不再赘述。

排序法的最大优点是简单。宏观地对每个岗位进行比较，不需要对岗位继续细分，能为企业建立岗位薪酬体系迅速提供一个具有共识的岗位结构。排序法的缺点是准确度较低。完全依靠资格、能力和经验各异的评定人员对岗位进行主观评价，缺乏严格和详细的评判标准，容易造成评价结果失真、偏离实际情况。

一般来说，排序法不适用大中型企业的岗位评价，仅适用于生产流程相对简单、工作岗位数量较少的小型企业。

2. 分类法

分类法又称为等级描述法，是基于排序法的改良型岗位评价方法，主要根据事先确定的类别等级，参考岗位工作内容和要求对岗位进行分级定等。分类法的主要特点为：对岗位进行评价排序之前就预先建立岗位结构，评价岗位时只需参照对岗位等级的定义把待评价的岗位套进合适的等级即可。

运用分类法进行岗位评价，通常分三步走（见图 8-2）：首先，确定岗位等级。岗位等级的数量取决于企业的规模、岗位的性质、岗位职能的差异以及薪酬管理的战略导向。一般而言，岗位类型越多，岗位间差异越大，岗位等级数量就越多；反之则越少。

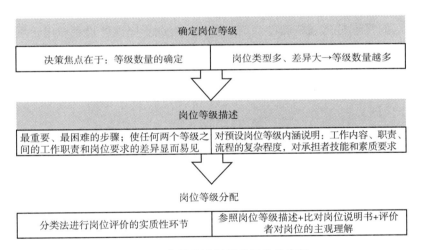

图 8-2 分类法进行岗位评价的步骤

接着，进行岗位等级描述，对预设岗位等级的内涵进行必要的说明。岗位等级描述应在确定描述要素的基础上进行。一般而言，岗位等级描述的基本要素包括该岗位等级所涉及的工作内容、应履行的工作职责、工作流程的复杂程度，以及该岗位等级对任职者的技能或素质要求、必须接受的指导和监督、需要开展的培训和咨询等。岗位等级描述是分类法最重要也最困难的工作步骤，必须使任何两个等级之间的工作职责和岗位要求差异显著。

最后，分配岗位等级。岗位等级分配是运用分类法进行岗位评价的实质性环节。岗位等级分配要求参照岗位等级描述，将现实中每种岗位定位到预设的岗位级别中。即由岗位评价者通过对比岗位说明书中各种岗位的定义和对各种岗位等级的描述，并结合岗位评价者对该岗位工作的难度、所承担的职责以及必备的知识和技能的理解，将每个岗位分配到与该岗位总体情况最贴近的岗位等级中。

分类法的优点是简单、费用少、理解难度低，对实施时间和技术支持的要求不高。分类法的缺点在于是很难清晰地划定等级边界，因而岗位的分级定等容易出现较强的主观性误差，准确度较低。

3. 要素计点法

要素计点法，也称为点数法、点体系，在国内实践中也称为薪点法。该方法的基本原理为：首先，确定岗位的主要评价因素，并采用一定点数（分值）表示每一因素；接着，按预先规定的衡量标准，对现有每个岗位的各因素逐一评价，求得点数，经过加权求和，得到各岗位的总点数；最后，根据每个岗位的总点数大小对所有岗位进行排序，由此完成岗位评价。

具体来说，运用要素计点法进行岗位评价的主要步骤如下：

（1）选取通用薪酬因素并加以定义。

（2）对每一种薪酬因素进行等级界定和权重划分。

（3）运用这些薪酬因素来分析和评价每一个岗位。

（4）根据点数高低对所有被评价岗位进行排序。

需要注意的是，在确定薪酬因素时，一般选择 5~8 个，过多和过少都不适宜；对本企业内的所有岗位必须应用同一套评价因素。

要素计点法的优点是比较精确、系统、量化，有助于岗位评价者做出正确的判断，而且也比较容易被员工理解。缺点是岗位评价的整个过程比较复杂，且工作量大。

要素计点法适用于岗位数量和类别都较多的企业。

【知识拓展 8－2】

要素计点法示例

某公司设有销售经理、销售专员、人力资源经理、人力资源专员、产品设计经理、产品设计专员、车间主任、操作工人等岗位。人力资源部采用要素计点法对岗位价值进行评价，具体的实施步骤如下：

（1）选取并评价岗位要素。

①知识：完成工作所需要的学历。

②责任：公司对员工按照预期要求完成工作的依赖程度，员工所承担岗位职责的重要性。

③技能：完成某种岗位的工作所必备的技术、培训经历、能力、经验以及职称等。

④努力：为完成某种岗位上的工作所需要的体力或脑力。

⑤工作条件：员工所从事岗位工作的伤害性以及工作物理环境的优劣。

（2）成立岗位评价小组，将公司各岗位的薪酬要素定义为 5 个等级并按照权重划分，如表 8－1 所示。

确定每一种薪酬因素的不同等级所对应的点数，设置总点数最高为 1000，运用算术法分配点数，如表 8－2 所示。

表 8 - 1　　　　　　　　　　　岗位的薪酬要素等级与权重

薪酬因素（权重）	等级				
	5	4	3	2	1
知识（25%）	博士	硕士	本科	专科	高中
责任（30%）	战略决策权；决策风险大；控制全公司	战术决策权；决策风险较大；控制子公司	行动和计划决策权；决策风险一般	建议性决策权；决策风险较弱	无决策权
技能（30%）	精通专业技术知识；工作年限 18 年及以上	熟练运用专业知识技术；工作年限 13~17 年	掌握专业知识技术；工作年限 8~12 年	熟悉专业知识技术；工作年限 3~7 年	了解专业知识技术；工作年限 2 年及以下
努力（10%）	任务很复杂；创新性高；需独立解决问题	任务较复杂；创新性较高；需共同解决问题	任务有点复杂；创新性一般；需协助解决问题	任务不太复杂；创新性较低；不需要解决问题	任务很容易；创新性弱；不需要解决问题
工作条件（5%）	工作环境恶劣，危险性极大	工作环境差，危险性较大	工作环境一般，具有潜在危险	工作环境较好，一般无风险	工作环境舒适安全

表 8 - 2　　　　　　　　　　　薪酬因素点数分配

薪酬因素	等级				
	5	4	3	2	1
知识 25%	250	200	150	100	50
责任 30%	300	240	180	120	60
技能 30%	300	240	180	120	60
努力 10%	100	80	60	40	20
工作条件 5%	50	40	30	20	10

（3）运用这些评价要素来分析、评价每个岗位。被评价岗位的评价结果如表 8 - 3 所示。

表 8 - 3　　　　　　　　　　各岗位点数计算（要素计点法）

职位名称		知识	责任	技能	努力	工作条件	点数总计
销售经理	等级	4	5	5	5	1	910
	点值	200	300	300	100	10	
销售专员	等级	3	3	3	4	2	610
	点值	150	180	180	80	20	
人力资源经理	等级	4	3	2	3	2	580
	点值	200	180	120	60	20	
人力资源专员	等级	3	2	2	2	2	450
	点值	150	120	120	40	20	
产品设计经理	等级	3	3	2	3	3	540
	点值	150	180	120	60	30	

续表

职位名称		知识	责任	技能	努力	工作条件	点数总计
产品设计专员	等级	2	3	2	2	2	460
	点值	100	180	120	40	20	
车间主任	等级	2	2	3	3	2	480
	点值	100	120	180	60	20	
操作工人	等级	1	1	1	1	1	200
	点值	50	60	60	20	10	

可见，根据要素计点法的结果，该公司岗位价值由高到低的排序分别为销售经理、销售专员、人力资源经理、产品设计经理、车间主任、产品设计专员、人力资源专员、操作工人。

4. 要素比较法

要素比较法是一种相对量化的岗位评价方法，实际上是对岗位排序法的一种改进和升级。要素比较法不关心具体的岗位职责和任职资格，而是将所有岗位的内容抽象为若干要素，如智力、技能、责任等要素，并将各要素区分成多个不同的等级，然后根据岗位的内容将不同要素和不同的等级对应起来，最后把每个岗位在各个要素上的得分通过加权计算出总分，得到岗位价值分。表8-4是要素比较法的一个示例。

表8-4　　　　　　　　　　要素比较法岗位评价示例

每小时工资（元）	技能	努力	责任	工作条件
1				岗位3
2		岗位1		岗位4
3		岗位2	岗位1	
4	岗位1	岗位4		
5	岗位2			岗位2
6		岗位3	（岗位*）	
7				（岗位*）
8		（岗位*）	岗位3	
9			岗位2	岗位1
10				
11				
12				
13	岗位4		岗位4	
14				
15				每小时工资
16	岗位3（岗位*）			岗位1　4+2+3+10=19（元）
17				岗位2　5+3+10+5=23（元）
18				岗位3　16+6+8+1=31（元）
19				岗位4　13+4+13+2=32（元）
20				岗位*　16+8+6+7=37（元）

注：*表示是用以参照进行比较的岗位。

要素比较法与岗位排序法的主要区别在于：岗位排序法是从整体的角度对岗位进行比较和排序，而要素比较法则是选择多种薪酬的要素，按照各种要素分别进行排序。这种方法的突出优点是可以根据各薪酬要素得到的评价结果计算出一个具体的薪酬金额，由此可以更加精确地反映出岗位之间的相对价值关系。在应用要素比较法时，需注意以下两个问题：一是慎重确定薪酬要素，一定要选择最能代表岗位间差异的因素；二是由于市场上的薪酬水平经常发生变化，因此要及时调整基准岗位的薪酬。

二、能力薪酬体系

（一）能力的含义

薪酬管理范畴内的能力是指员工基于脑力、体力和知识完成具体工作任务的实际能力。能力是以知识为基础、在工作任务完成过程中的表现出来的胜任力。关于能力的阐述，最具有代表性是冰山模型。能力的冰山模型认为一个人的能力是由知识、技能、自我认知、人格特征和动机五大要素构成的。

（1）技能是指通过重复学习或实践获得的针对某一活动的熟练程度，比如文字排版的技能、会计记账与财务管理的技能等。技能是劳动生产率提高的重要手段。

（2）知识是指一个人在某一既定领域中所了解的各种信息，包括理论、经验、技术和程序等。知识与技能有所交叉，两者最显著的区别在于技能强调熟练，而知识强调理解。

（3）自我认知是指一个人所形成的关于自己的身份、人格以及个人价值的判断，是一种内在的自我能力判断。例如，自己到底是领导者、建议者抑或是执行者。只有当自我认知的能力水平与实际任务的能力诉求相匹配时，才能够充分发挥能力、高效完成工作任务。薪酬水平作为能力诉求的外在表现，如果不能与员工的自我认知相匹配，会影响员工的主动性和工作绩效。

（4）人格特征是指行为中的某些相对稳定的特点以及以某种既定方式行事的性格倾向。如谦虚好学、严肃认真，或者暴躁易怒、粗枝大叶等。

（5）动机是指推动、指导个人行为选择的那些与利益、成就、归属、权力等相关联的因素。

其中，知识和技能是能力体系中可见的部分，能够直观反映被评价者的基础素质，所以称为基准性能力，但它不足以把绩效优异者与表现平平者区别开来；自我认知、人格特征和动机是能力体系中不可见的部分，最终决定着知识和技能能否转化为胜任力和绩效，所以称为鉴别性能力，构成区别绩效优异者与表现平庸者的关键因素。

（二）能力薪酬体系规划

能力薪酬体系是指企业根据员工所掌握的、与工作任务有关的能力以及能力的提升和新能力的获得情况而支付基础薪酬的薪酬制度。能力薪酬体系规划流程主要有三个步骤。

1. 能力的界定与提取

能力薪酬体系支付薪酬的对象是那些对达成企业战略目标至关重要的能力。因此，在企业战略导向下完成能力界定是实施能力薪酬体系的中心环节。

能力提取与分解模型（见图 8-3）为企业有效界定能力提供了基本思路。企业所处的产业和市场环境决定了企业战略；企业战略决定了企业成功所需要的关键因素和核心能力。在此过程中，企业价值观、产业发展的关键因素、产业核心能力等也会产生影响。确定企业核心能力后，针对不同的团队或岗位将核心能力分解为能力模块，进而将能力模块分解为员工个人的具体能力要求，包括为企业创造竞争优势的能力和获得这些能力所必需的基础能力。

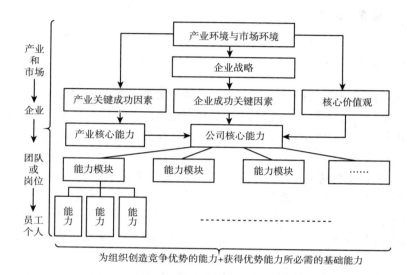

图 8-3　能力提取与分解模型

2. 能力评价及其保障

在这个环节，一方面开发用于能力评价的指标，另一方面建立能力评价的保障体系。

（1）能力评级指标体系开发。对员工能力评价的基本思路是：将企业所需要的能力细化到岗位能力模块层次，针对每个岗位能力模块开发与岗位对应的任职资格指标，然后再根据任职资格指标体系的要求来衡量员工能力。关键在于开发一个遵循企业发展战略和岗位业绩目标的任职资格指标体系，基本流程如图 8-4 所示。

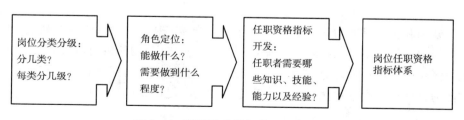

图 8-4　任职资格指标体系开发流程

（2）能力评价的保障体系。为了保证能力评价的客观性和公平性，企业还需采取必要的保障措施以获得员工的认同和支持。通常，在企业薪酬指导委员会和薪酬设计工作组的领导下，通过民主程序实施能力评价，增加员工参与，强化员工意见表达机制；完善员工的申诉机制和意见反馈机制，加强管理沟通；对能力评价进行动态化管理，企业根据战略和经营需要，定期审视和调整能力模块及其分级指标，同时企业建立一套能力等级升降机制，对员工能力成长实现动态化管理。

3. 能力与薪酬的挂钩

完成能力评价后，还需要在能力等级和薪酬结构之间建立关联。一般来说，能力与薪酬有三种关联形式：

方式一是在岗位评估中体现能力，将薪酬同岗位价值挂钩，岗位价值同岗位能力要求进行挂钩。这种挂钩形式的本质仍是岗位薪酬体系。

方式二是将薪酬直接地、完全与个人能力挂钩。这是纯粹意义上的能力薪酬，不关注员工承担什么任务、达成什么绩效，仅依据个人能力来确定薪酬，突出能力的重要性。

方式三是将薪酬同任职资格挂钩，或者说将薪酬与岗位角色定位挂钩。该方式介于前两种方式之间，有助于企业构建能力薪酬体系。难点在于如何将能力分等分级，获得员工认同。

三、基础薪酬水平和薪酬结构模型

（一）基础薪酬水平的外部竞争力

薪酬水平是指企业支付给不同岗位的平均薪酬；薪酬水平的高低会影响企业在劳动力市场上招募员工的能力。因此，所谓薪酬水平的外部竞争力是指与竞争性企业相比本企业薪酬水平的高低，以及由此形成的企业在劳动力市场上的员工竞争能力的大小。

1. 薪酬竞争力

企业之所以要追求薪酬水平竞争优势，主要基于以下四个方面考虑：

（1）薪酬竞争力是吸引员工进入企业的核心动因。如果企业薪酬水平偏低，将很难招募到合适的员工，勉强招募到的员工在数量和质量方面也会不尽如人意。

（2）薪酬竞争力影响员工的忠诚度和稳定性。薪酬水平相对较低，会降低员工离职的机会成本，导致员工流动率上升，这对企业经营的稳定性会产生显著影响。

（3）薪酬竞争力可激发员工的工作积极性。有竞争力的薪酬有利于防止员工的机会主义行为，激励员工努力工作，形成"高薪养勤"的正面效应。

（4）优化劳动力投入产出效率。真正意义上具有竞争力的薪酬，是能够用较小的薪酬成本增幅（相对于业内平均薪酬成本）换取较大的员工工作效率增幅（相对于业内平均工作效率）；反过来，能够用小幅度的员工工作效率损失换取大幅度的薪酬成本节约，也是薪酬竞争力的体现。前者更适用于劳动力卖方市场条件或稀缺人才的竞争条件，而后者更适用于劳动力买方市场条件。

2. 薪酬调查

为了确定具有竞争力的薪酬水平，必须先明确薪酬水平的参照系，即针对特定岗位在劳动力市场上竞争对手的薪酬水平或市场平均薪酬水平。为此需要进行薪酬调查，即通过适当的调查方式，获取参照企业各岗位薪酬水平信息，并通过信息加工和分析，为企业薪酬水平决策提供参考。一般而言，薪酬调查的实施流程包括六个步骤：

（1）明确薪酬调查目的和对象。明确薪酬调查目的是确定薪酬调查对象的前提。薪酬调查的直接目的是明确薪酬水平参照系，确定调查主体的薪酬水平在既定劳动力市场上的定位；间接目的包括制定薪酬标准、调整薪酬水平、优化薪酬结构、控制薪酬预算等。这些薪酬管理的分项目标需要基于对市场平均薪酬水平的了解来实现；然而由于目的不同，需要了解的岗位数量和需要调查的企业数量也会不同。

薪酬调查的对象是薪酬，还可具体化为薪酬主体和薪酬信息两部分。

确定薪酬主体时需要考虑三个因素：基准市场、基准企业、基准岗位。选择基准市场时，需要考虑岗位类型、任职资格要求与劳动力市场范围的关系（见表8-5）。岗位对人才的要求越高、人才越稀缺，则市场范围需相应扩大。选择基准企业时，参考标准包括：与本企业竞争从事相同岗位或具有相同技能员工；与本企业在同一市场范围内竞争员工；与本企业生产同类产品或提供相近服务；与本企业采用相近的薪酬体系结构。基准岗位是指那些在不同企业之间具有可比性的岗位。在选择基准岗位时，要求：每个岗位内涵清晰、外延稳定，能够准确匹配其他企业的可比岗位；基准岗位尽可能覆盖所有薪酬等级；每个基准岗位要包含足够多的员工数量。

表8-5 岗位类型对基准市场范围选择的影响

基准市场范围	生产工人	基层管理人员	普通技术人员	专家或核心技术人员	中层管理人员	高层管理人员
本地市场：相对小的市场范围，如城市、城区市场	优先	优先	优先	—	—	—
区域市场：相对大的市场范围，如省内或跨省市场	仅特定条件下可能	仅特定条件下可能	可能	优先	优先	优先
全国市场：整个国家市场	—	—	—	可能	可能	可能
国际市场：跨国市场	—	—	—	仅特定条件下可能	—	仅特定条件下可能

注："特定条件"是指劳动力供给相对短缺或特殊专业能力存在瓶颈的情况。

明确薪酬调查信息时，要与调查目的、调查方法相适应，选择最基础、最直接、最有效的薪酬信息进行调查。对企业而言，有价值的薪酬信息包括薪酬水平信息、薪酬等级结构、薪酬要素构成、薪酬管理方式等。

（2）确定薪酬调查方法。薪酬调查需要依托适用的调查方法。一般而言，用于薪酬调查的方法主要有：岗位比较法、岗位评定法、岗位分类法。

岗位比较法是最常用、最基础的薪酬调查方法，根据对某岗位的描述在被调查企业中找出与之匹配的岗位，列出其薪酬水平，并写明该岗位任职员工的数目。

岗位评定法要求薪酬调查不仅要针对调查岗位列明薪酬水平，还要系统描述该岗位的特征和任务，以及明确该岗位在企业中的战略地位。

岗位分类法针对所有岗位，先确定一系列的基础职类，如会计类、生产类、人事类、采购类等，然后要求被调查企业在每个职类下将其下辖的岗位进行排列，列出薪酬水平和员工人数。

（3）设计实施薪酬调查。薪酬调查可以由企业直接实施或者委托有关调查咨询机构代理实施。薪酬调查一般依托薪酬调查表来实施。调查表以企业确定的薪酬主体、薪酬信息和调查方法为基础，大致可分为三个系列：市场调查或典型企业/岗位调查、综合信息调查或局部信息调查、岗位调查或职类调查。在调查实施过程中，调查者需协调好与被调查者的关系，以确保回收调查表的数量和有效性。

（4）整理薪酬调查信息。薪酬调查是时效性很强的调查项目，需要及时整理和分析调查信息。在整理调查信息的过程中，须信息口径保持一致、信息统计准确全面以及信息数字化处理。

（5）展示薪酬调查结果。薪酬调查结果有多种展示方式，数据代表性越强、挖掘度越深、机密性越高的展示方式越好。常用的展示方式包括数据列表、均值计算、频率统计以及薪酬分位。

（6）完成薪酬调查报告。薪酬调查报告是对薪酬调查结果的总结，供企业的薪酬水平设定或薪酬结构调整参考，包括报告总表和薪酬报告两部分。

报告总表的内容包括调查时间、行业、地区、基准企业、基准岗位及调查样本量、价格指数、薪酬水平分布情况、薪酬水平变化动态等。薪酬报告的内容包括：基准岗位的薪酬要素组合方式、薪酬水平、薪酬等级结构；劳动力市场的竞争情况；业内企业的薪酬政策、人才战略及其实施情况等。

（二）基础薪酬结构的内部公平性

薪酬外部竞争性体现的是企业薪酬水平与外部劳动力市场上其他企业薪酬水平之间的可比程度，而薪酬的内部公平性则体现的是岗位战略价值和员工个人贡献与薪酬水平的匹配程度。不同岗位和员工的薪酬水平理应具有合理有序的结构特征，表现为与企业的岗位等级序列相对应的薪酬等级结构，也称为薪酬的纵向结构。薪酬结构线和薪酬结构模型可以直观地展现薪酬结构及其内部公平性。

薪酬结构可以分为两个维度：一是与企业的岗位等级序列相对应的薪酬等级结构；二是要素结构（或称横向结构），即不同的薪酬要素之间的组合方式。本节将通过详细阐述薪酬结构模型来讨论薪酬的等级结构。

1. 薪酬结构线

薪酬结构线是企业薪酬结构最直观的表现形式，清晰地显示企业各岗位的相对价值与其薪酬水平之间的关系。将岗位相对价值与岗位薪酬水平分别作为直角坐标系中的横纵坐标，将各岗位的岗位价值得分和实付薪酬对应点标入坐标系，就形成了薪酬结构线。理论上，薪酬结构线可以是任何一种曲线形态。

如果薪酬结构设计贯彻内部公平性原则，则岗位价值与薪酬水平具有某种线性关系，薪酬结构线将呈现直线或折线形态。如图 8-5（1）中的 a、b 两条薪酬结构线是直线，表明其所代表的企业是按照某一统一的岗位薪酬原则设计的薪酬结构，薪酬水平与岗位价值严格挂钩。a 线较陡直，说明 a 所代表的企业倾向于拉大岗位间的收入差距，激励员工创造绩效。b 线较平缓，说明 b 所代表的企业倾向于缩小岗位间的收入差距，收入保障度高。

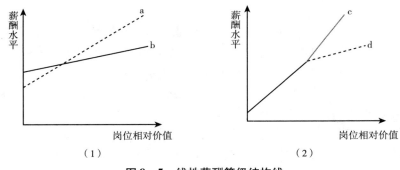

（1）　　　　　　　　　　　　（2）

图 8 - 5　线性薪酬等级结构线

图 8 - 5（2）中 c、d 两条薪酬结构线是折线，表明其所代表的企业虽然认同岗位薪酬的设计原则，但针对不同岗位进行了薪酬倾斜。c 线后段斜率增大，说明 c 所代表的企业中某一岗位以上的员工对企业战略目标实现的影响较大，是企业的核心人力资源，给予高薪以示激励。d 线后段斜率减小，表明 d 所代表的企业中可能出现了低岗低薪员工对收入差距悬殊的抱怨和抵制，或者企业属于劳动密集型产业，需要缓解高价值管理岗位的人力成本压力。如果薪酬结构设计考虑外部竞争性原则，则薪酬结构线将呈现非线性形态。

2. 薪酬结构模型

从理论上讲，薪酬结构线可以为每一个战略价值不同的岗位确定对应的薪酬水平。在实际操作中，企业可以把不同的岗位及其薪酬归并组合成若干等级，形成一个岗位/薪酬等级系列，薪酬结构线随之转化为阶梯状。

当薪酬结构线引入岗位/薪酬等级、薪幅以及薪幅变动趋势等指标参数，便演化出更为复杂和实用的薪酬结构模型（见图 8 - 6）。一个相对完整的薪酬结构模型包括以下要点：每个等级的岗位都对应着特定等级的薪酬水平；每个等级的薪酬都具有起薪和顶薪框定的薪幅；不同等级岗位的薪幅存在重叠和交叉；薪幅随着岗位等级的跃升逐级放大。

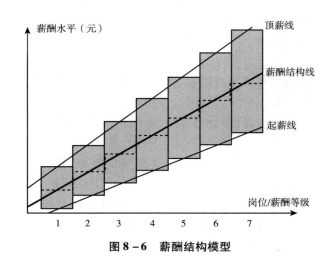

图 8 - 6　薪酬结构模型

薪酬结构模型还可以通过更加直观、便于查询的薪酬等级表来展示。薪酬等级表是用来反映薪酬等级数目以及各薪酬等级之间差别的一览表；由薪酬等级、薪酬等级系数、薪酬级差以及岗位薪酬等级线组成，能够充分反映不同熟练程度和不同类别岗位的薪酬标准的关系。表 8 - 6 是薪酬等级表的例子。

表 8 - 6 薪酬等级表（示例）

薪酬等级	1	2	3	4	5	6	7
薪酬等级系数	1.000	1.130	1.290	1.484	1.721	2.022	2.390
薪酬级差（%）	—	13	14.2	15	16	17.5	18.2
岗位薪酬等级线		模具工					
		车工					
	搬运工						

"薪酬等级"反映企业薪酬等级的数量。薪酬等级是员工岗位价值和熟练程度的标志。岗位越重要，技能越稀缺，操作熟练程度越高，则薪酬等级越高。"薪酬级差"表示各薪酬等级之间的差距，是指相邻两个等级的薪酬标准相差的幅度。薪酬级差既可以用绝对金额表示，也可以用百分比增幅表示。现实中，以百分比表示的薪酬级差有四种递增方式：等比级差、累进级差、累退级差、不规则级差。"薪酬等级系数"是某一等级薪酬水平同第一等级薪酬水平的比值；是薪酬级差百分比表示方式的变形。"岗位薪酬等级线"直观地反映各类型岗位的起薪等级和顶薪等级。技术复杂程度越高、岗位责任越大、岗位所需的知识越多的岗位类别，等级线的起点越高、长度越长。

为了进一步理解薪酬结构模型，还需了解以下术语：

（1）薪酬标准与薪幅。某一薪酬等级（或岗位等级）的目标薪酬由两个核心参数构成：薪酬标准和薪幅。该薪酬等级的起薪点（下限）和顶薪点（上限）的中点称为该薪酬等级的薪酬标准，起薪点和顶薪点的差额称为该薪酬等级的薪幅。

$$薪酬标准 = \frac{顶薪 + 起薪}{2}$$

$$薪幅 = 顶薪 - 起薪$$

（2）薪酬差距。薪酬差距是指整个薪酬等级结构中最高薪酬等级与最低薪酬等级的薪酬标准的差额。薪酬差距可以用绝对金额或相对倍数来表示。

（3）薪幅重叠。薪幅重叠指两个相邻薪酬等级薪幅之间的交叉或重叠程度。从理论上讲，相邻薪酬等级的薪幅之间可以交叉重叠，也可以不发生交叉重叠。如果相邻薪酬等级薪幅不重叠，则等级晋升会使得薪酬差距迅速拉大，由此导致过于激烈的内部竞争和难以协调的团队关系；如果相邻薪酬等级薪幅存在适当的重叠，则可以避免因晋升机会不足而导致业绩和能力优异的员工受到低等级薪酬的局限，同时为晋升者提供更大的薪酬增长空间以激励其继续努力。

【管理实践 8 - 1】

华能国际的职工薪酬及其会计处理 （A 股代码：600011）

华能国际电力股份有限公司（简称华能国际）不断完善薪酬分配体系，结合整体战略制定了一系列薪酬管理制度。员工薪酬本着"按岗定薪、按绩取酬、效率优先、注重公平"的原则确定，与公司经营业绩和个人绩效挂钩，形成激励约束机制。华能国际的职工薪酬涉及短期薪酬、离职后福利和辞退福利，相关情况及其会计处理方法如下：

1. 短期薪酬

华能国际及其子公司在职工提供服务的会计期间，将实际发生的职工工资、奖金、按规定的基准和比例为职工缴纳的医疗保险费、工伤保险费和生育保险费等境内社会保险费和住房公积金以及新加坡中央公积金，确认为负债，并计入当期损益或相关资产成本。

2. 离职后福利

华能国际及其子公司所参与的设定提存计划是按照中国有关法规要求，职工参加的由政府机构设立管理的社会保障体系中的基本养老保险。基本养老保险的缴费金额按国家规定的基准和比例计算。除此之外，公司依据国家企业年金制度的相关政策及相关部门的批复建立企业年金计划，按照相关职工工资总额一定的比例计提企业年金。在职工提供服务的会计期间，将应缴存的金额确认为负债，并计入当期损益或相关资产成本。

3. 辞退福利

华能国际及其子公司在职工劳动合同到期之前解除与职工的劳动关系，或者为鼓励职工自愿接受裁减而提出给予补偿的建议，在下列两者孰早日，确认辞退福利产生的负债，同时计入当期损益：

（1）华能国际及其子公司不能单方面撤回因解除劳动关系计划或裁减建议所提供的辞退福利时；

（2）华能国际及其子公司有详细、正式的涉及支付辞退福利的重组计划；并且该重组计划已开始实施，或已向受其影响的各方通告了该计划的主要内容，从而使各方形成了对公司将实施重组的合理预期时。

表 8 - 7 和表 8 - 8 是华能国际的应付职工薪酬、短期薪酬和设定提存计划列示。

表 8 - 7 应付职工薪酬列示 单位：元 币种：人民币

项目	期初余额	本期增加	本期减少	外币报表折算差额	期末余额
一、短期薪酬	920232098	14986779625	14903747390	-2177780	1001086553
二、离职后福利 - 设定提存计划	17275365	2297852354	2313076194	—	2051525
三、辞退福利	17610375	6738504	7423452	—	16925427
合计	955117838	17291370483	17224247036	-2177780	1020063505

表 8－8		短期薪酬列示			单位：元 币种：人民币	
项目	期初余额	本期增加	本期减少	外币报表折算差额	期末余额
一、工资、奖金、津贴和补贴	149466522	10786281924	10801419343	－1924083	132405020
二、职工福利费	291364232	1213006222	1216807209		287563245
三、社会保险费	8286483	1326243054	1305862112	－253697	28413728
其中：医疗保险费	1754985	1214709221	1193911617		22552589
工伤保险费	209	56654447	56534173		120483
生育保险费	—	12112648	12112648		—
新加坡中央公积金	5725656	24164773	24600053	－239623	5050753
其他	805633	18601965	18703621	－14074	689903
四、住房公积金	—	1210482572	1209818609		663963
五、工会经费和职工教育经费	471114861	414260427	333334691		552040597
六、短期带薪缺勤	—	36505426	36505426		—
合计	920232098	14986779625	14903747390	－2177780	1001086553

	设定提存计划列示		单位：元 币种：人民币	
项目	期初余额	本期增加	本期减少	期末余额
1. 基本养老保险	18654	1419428517	1417857835	1589335
2. 失业保险费	1459	50039153	49620766	419846
3. 企业年金缴费	17255252	828384684	845597592	42344
合计	17275365	2297852354	2313076194	2051525

资料来源：华能国际2021年年度报告全文 ［EB/OL］．［2022－03－23］．http：//www.sse.com.cn/。

第 三 节　激 励 薪 酬

激励薪酬是指依靠考核确认的员工个人、团队或企业的绩效，按照预定标准支付给员工或团队的具有激励作用的各种薪酬形式。激励薪酬在薪酬管理和绩效考核之间建立起了直接联系。由于激励薪酬计划是根据实际绩效来支付薪酬，因此，必须事先确定一套客观的绩效标准作为考核员工或团队的依据。基于绩效考核周期的长短，可分为短期绩效标准和长期绩效标准，相应地产生了短期激励薪酬计划和长期激励薪酬计划。

一、短期激励薪酬

短期激励薪酬计划是根据个人或者团队实时或短期（一般不超过1年）内的工作绩效，浮动性支付激励薪酬的计划。短期激励薪酬计划由于绩效考核周期短，所以多适用于绩效标准相对明确的生产类岗位。短期激励薪酬计划主要包括计件工资和奖金两种方式。

（一）计件工资计划

生产岗员工为企业创造的经济价值与其产量直接相关，而产量作为绩效标准容易度量。因此，针对此类岗位的激励薪酬计划只需针对绩效标准确定工资率，这种激励薪酬计划又称为计件工资计划。

计件工资计划有两个维度：第一个维度是工资率，可以是常数，不随产量变化而变化；也可以是函数，随产量的变化而变化。第二个维度是计件工资的计算依据，可以单位时间的产量为依据，则工资率表示为单位产量的报酬；也可以单位产量的时耗为依据，则工资率表示为单位时间的报酬。根据这两个维度，计件工资计划可分为四类，见表 8 - 9 所示。

表 8 - 9 　　　　　　　　　　　计件工资计划执行方式

工资率	以单位时间的产量为依据	以单位产量的时耗为依据
工资率为常数	直接计件工资制	标准工时制
工资率为函数	差别计件工资制 多重计件工资制	哈尔西五五分成计划 罗恩计划 甘特计划

1. 直接计件工资制

直接计件工资制是生产岗使用最广泛的薪酬方式。通过确定每件产品的工资率，将员工的薪酬和产量直接挂钩。每生产一个单位的产品就会得到相应数量的薪酬，薪酬水平随产量同比例变动。

直接计件工资制的优点是：简单易行，便于理解接受，符合按劳分配的原则，激励效果明显。直接计件工资制的缺点：难以确定合理的工资率；难以适应管理类岗位与团队作业；难以反映员工在产品质量上的差异；难以衡量原材料耗费与节约；难以反映员工安全生产意识，可能会形成不良的激励导向。

2. 标准工时制

标准工时制是按照"标准工时"支付薪酬的激励薪酬计划执行方式。标准工时是指员工完成企业额定工作量的预期时间。无论员工完成额定工作量用时少于或多于标准工时，其薪酬按标准工时乘以单位时间工资率来计算。

【例 8 - 1】 已知某企业的工资率为 10 元/小时；装配一台电脑的标准工时为 30 分钟（0.5 小时）。装配师甲 15 分钟（0.25 小时）可装配一台，其每天工作 8 小时。问：甲每天的薪酬水平是多少？

解：（1）每个标准工时的工资率 = $10 \times 0.5 = 5$（元/标准工时）

（2）甲每天完成的标准工时 = $8 \div 0.25 = 32$（标准工时/天）

（3）甲每天的薪酬 = $5 \times 32 = 160$（元/天）

标准工时制形式上类似于计时工资制。计时工资制按照工作时间计算薪酬，而不考虑产出数量和产出质量，属于基础薪酬的范畴。而标准工时制虽然也按照"工作时间"计算薪酬，但对计酬的"工作时间"内应完成的工作量有规定，相当于将工作时间转化为工作量，属于激励薪酬的范围。

标准工时制适合重复动作少、工作周期长的流水线岗位。这种类型岗位的产出效率由流水线上设备的运转速度决定。

3. 差额计件工资制和多重计件工资制

差额计件工资制和多重计件工资制都需要设定基准产量，再以基准产量为依据，设定不同的工资率。差额计件工资制只设定一个基准产量和两种工资率。如果员工在单位时间内的产量高于基准产量，就按照较高的工资率计算薪酬；反之，如果低于基准产量，就按照较低的工资率计算薪酬。多重计件工资制设定多个基准产量和多种工资率，随着基准产量提高，工资率也会相应提升。

4. 其他工时激励计划

哈尔西五五分成计划，是指通过对员工工作的长期观察和研究，确定完成一项工作任务的标准工时。如果员工以低于标准工时的时间完成任务，时间节约降低的成本由员工和雇主按照五五分成的方式分享。

罗恩计划主张由员工分享来自工作时间节约带来的额外收益，并且随着节约时间的增加，工人所分享的额外收益的比重逐步增加。

甘特计划将完成工作任务的标准工时有意设置在需要员工非常努力才能达到的水平，并规定：不能在标准工时内完成工作任务的员工只能得到预先确定的保障工资；在标准工时内完成工作任务的员工可以获得额外的奖金；如果团队中所有员工都达到标准，整个团队还会获得额外的奖金。

（二）奖金计划

奖金计划指在员工达到企业设定的绩效标准后即期发放现金奖励。奖金计划是兼具激励性、适用性、兼容性、灵活性和可控性的短期激励薪酬计划。具体而言，奖金计划的特点如下：

（1）激励性。奖金计划一方面保证薪酬水平与绩效挂钩，激励效果优于固定薪酬；另一方面绩效标准多以月、季度为考察周期，激励频率快于绩效薪酬，而且奖金金额与员工贡献相联系，能起到奖励先进的作用。

（2）适用性。奖金计划可以与任何绩效指标挂钩，甚至与主观工作成效描述或打分对接，具有很强的适用性，不仅可以用于生产岗的激励，而且可以用于管理岗、技术岗等。

（3）兼容性。奖金计划不仅可以针对员工个人，而且可以兼容团队激励，还可以在计酬和发放过程中融合员工激励和团队激励。

（4）灵活性。奖金计划的标准、金额、范围和周期具有很强的灵活性。企业可针对某项特别工作任务制定奖金计划，也可随时调整奖金发放的绩效标准。

（5）可控性。奖金计划可以随着企业的经济效益而波动，当企业经营效益好的时候，可以提高奖金水平，提高员工的满意度；当企业经营效益差的时候，可以降低奖金水平，以节约薪酬成本，同时还可为贡献突出的员工设立特别奖金，以留住骨干员工，保持企业的竞争力。

针对员工个人的奖金计划执行相对简单，只需要针对员工所在的岗位设定发放奖金的绩效标准和奖金金额即可。针对团队的奖金计划则相对复杂，需要在团队达到预先设定的绩效标准的情况下，向团队成员分配相应金额的奖金。常见的团队奖金分配方式有：平均分配奖金、根据团队成员绩效贡献分配奖金、根据团队成员基础薪酬比重分配奖金。

团队奖金计划有助于强化团队内部和团队间的合作，鼓励团队成员学习新技能、提高熟练度，承担更广泛的工作责任，优化团队整体素质、强化团队内互帮互学氛围。

二、长期激励薪酬

长期激励薪酬计划是指基于一年及以上的绩效考核周期来评定员工或团队绩效，并据此对其支付激励薪酬的计划。长期激励薪酬计划把员工的收益与企业的长期工作任务和综合绩效联系在一起，鼓励员工为企业长期发展考虑。

长期激励薪酬计划的作用：有利于强化企业的科学决策；有利于提升企业的管理效率；有利于激发企业的创新意识；有利于减少员工的短期行为。

长期激励薪酬计划最常见的表现形式是奖金计划，只是奖金的发放依据是长期的绩效标准。本节将主要介绍围绕长期绩效标准设计的两种特殊的长期激励薪酬方式：收益分享计划和利润分享计划。

（一）收益分享计划

收益分享计划是指将一个部门或团队在本绩效考核期内生产成本的节约或人工成本的节约与上一考核期相同指标进行比较，然后按照某一个事先确定的比例把节约额在这一部门或团队的全体员工中进行分配的长期激励薪酬计划。

一般而言，收益分享计划适用于制造业企业，员工规模在 100~1000 人之间，最好不超过 500 人；员工工龄普遍较长，学习曲线相对平坦；且企业兼容员工参与式管理。

收益分享计划常见的执行方式有斯坎伦计划、鲁克计划和效率增进分享计划。

1. 斯坎伦计划

斯坎伦计划是收益分享计划最古老的执行方式，规定：如果工厂的劳动力成本占产品销售额的比率低于某一特定的标准，雇员将获得货币奖励。比如，标准劳动力成本为 24 万美元，如果实际劳动力成本降至 21 万美元，则节约下来的 3 万美元中的 50% 将发放给员工。

斯坎伦计划的核心在于持续不断地降低成本，特别是劳动力成本。由此，斯坎伦计划定义了斯坎伦比率，将其作为绩效的核心考核指标。

$$斯坎伦比率 = \frac{劳动力成本}{本期销售额 + 本期库存增加额}$$

2. 鲁克计划

鲁克计划又称为产量份额计划，是建立在员工总收入与员工所创造总价值关系基础上的个人激励薪酬计划，强调员工参与。鲁克计划以鲁克比率作为是否发放激励薪酬的标准。鲁克比率定义如下：

$$鲁克比率 = \frac{销售额 - （原材料成本 + 服务成本）}{参与计划所有员工的劳动力总成本（包括基础薪酬和所得税）}$$

鲁克比率与斯坎伦比率负相关。鲁克比率越高，说明劳动力成本创造的增值越多，单位增值的劳动力成本越低。

3. 效率增进分享计划

效率增进分享计划从产品角度直接衡量生产效率，目标在于用更少的劳动时间生产更多的产品。效率增进分享计划偏重于激励员工提高产品制造效率。

效率增进分享计划以劳动时间比率作为决定是否发放激励薪酬的核心考核指标。劳动时间比率定义如下：

$$劳动时间比率 = \frac{标准劳动时间}{实际劳动时间}$$

其中，标准劳动时间是指基于历史统计数据确定的完成一件产品所需的标准劳动时间。

【例 8-2】已知某企业 100 名员工在过去 50 周内生产了 5 万件产品，员工的总工作时间为 20 万小时，则：每个产品耗费的平均时间 = 20÷5 = 4（小时/单位产品）；可作为衡量生产效率的标准劳动时间。在最新的考核周期内，现有的 102 名员工共工作了 4080 小时，生产了 1300 件产品。

则（按标准劳动时间计算）：

总劳动标准时间 = 1300×4 = 5200（小时）

节约的劳动力成本 = 5200 - 4080 = 1120（小时）

劳动时间比率 = 5200÷4080 = 1.27

（二）利润分享计划

利润分享计划是指以企业盈利状况作为绩效考核标准，超过目标利润的部分在利润创造团队的成员或整个企业的员工中进行分配的激励薪酬计划。利润分享计划适用于所有类型的岗位和员工。利润分享计划的缺点在于：企业利润受外部影响较大，企业内团队和员工对企业利润的可控性低。

利润分享计划主要包括现金利润分享和延期利润分享两种方式。

1. 现金利润分享

现金利润分享是利润分享计划最简单的执行方式，是指用当年利润的一部分直接作为红利以现金形式在企业的全体员工中进行分配。

首先，从公司总利润中提出利润分享基金。从总利润中提取利润分享基金的常用方法有三种：一是按固定的比例提取，如按 5% 的比例提取；二是分成不同的利润提取段，比如在利润目标以内的部分提取 8%，超过利润目标的部分提取 10%；三是在达到一定利润目标后才提取利润，否则不进行利润分享。

然后，将利润分享基金在员工中进行分配。常用的分配方法也有三种：平均分配；按照基础薪酬的比例分配，或者按照基础薪酬等级分配；按照员工在分配期内的实际贡献进行分配。

2. 延期利润分享

延期利润分享是一种面向远期的利润分享计划执行形式。企业把员工应得的激励薪酬存在特定账户中，延期至员工退休后再进行支付。这种长期激励薪酬计划类似于养老保险，将分享奖金延迟支付，可以累积到很高的金额，提高员工年老退休后的保障。

与现金利润分享不同，在延期利润分享条件下员工并不需要在分享利润存入账户时纳税，只有在退休后从账户中取钱时才缴税，所以对于企业和员工而言都具有避税效应。

第四节　要素薪酬

要素薪酬是按要素分配原则在企业薪酬管理实践中的具体体现。本节主要关注按管理要素和资本要素分配的薪酬分配方式。具体而言，按管理要素分配集中表现为经营者年薪制，按资本要素分配表现为股权激励方案。

一、经营者年薪制

经营者年薪制是以年度为单位确定经营者的基本收入，并视其经营成果分档浮动支付效益年薪的工资制度。实施经营者年薪制的前提是企业所有者和经营者分离。经营者年薪制表示企业所有者对管理要素参与企业权益分配的认可。

（一）经营者年薪的经济特征

具体而言，经营者年薪制的经济特征表现为：

（1）有效区别经营者薪酬与员工薪酬，通过保障经营者利益，激励经营者完成企业交办的本职工作，并充分发挥洞察力、创造力、决策力等管理要素的优秀属性。

（2）绑定经营者利益和所有者利益，使经营者追求自身利益最大化的过程即为实现所有者利润最大化的过程。

（3）从薪酬制度上凸显经营者的重要地位，增强经营者的责任感和保障度。

（4）从绩效考核上适应经营者的工作特点和绩效形式，强化对经营者工作激励的针对性。以年度为单位考核经营者绩效进而发放相应薪酬，合理地将经营者收入与其经营绩效联系起来，均衡实现年薪的公平性和激励性。

（5）从薪酬管理上推动经营者收入的公开化、规范化，强化对经营者行为的监督和约束。

（二）经营者年薪的适用对象

经营者年薪制是面向企业经营者的薪酬制度，所以需要确定企业哪些管理人员适用该薪酬制度。在实践中，通常有三种答案：一是仅限于企业的法人代表；二是按《中华人民共和国公司法》（以下简称《公司法》）组建的企业中的董事长和总经理（设有党委书记的企业，也将党委书记涵盖在内）；三是企业的顶层管理团队。

（1）仅限于企业法人代表。主要着眼于企业所有者资产的保值增值需要有专人负责，而在市场经济条件下，这个人正是企业最高管理者——法人代表。对于所有者与经营者高度分离的企业，往往要求经营者签署"经营目标责任书"，这一责任书仅限法人代表签署。

（2）企业董事长和总经理。按《公司法》进行公司制改造后，企业的经营权被一分为二：决策权由董事长主要承担，执行权由总经理主要承担。由于决策和执行在保证企业经营绩效方面均具有重要作用，缺一不可，董事长和总经理对所有者资产的保值增值和经济效益共同负责。所以，企业董事长和总经理都纳入经营者年薪制。此外，在我国的国有企业通常设有党委书记，负责企业内的党建工作和政治方向，有必要纳入年薪制的范畴。

（3）企业的顶层管理团队。这种观点认为年薪制应当把企业董事会、监事会、经理层、党组织和工会组织所有正副职构成的顶层管理团队全部纳入年薪制的范畴。

（三）经营者年薪的构成要素

通常，经营者年薪包括基本年薪和效益年薪两部分。基于效益年薪的不同形式，经营者年薪有三种常见的构成方式。

（1）基本年薪 + 货币化的效益年薪。这是经营者年薪制最常见的基本形式。

（2）基本年薪 + 效益年薪，其中效益年薪的部分必须用于购买本企业股份。

（3）基本年薪 + 效益年薪，其中效益年薪表现为本企业的认股权。认股权是股票期权的衍生形式，其本质是一种看涨股票期权。详见本节"股票期权计划"部分的内容。

基本年薪是经营者从事年度工作获得的固定薪酬；反映经营者经营能力和管理要素的价值，且不与经营者的经营绩效挂钩。以所聘经营者的市场价位为基础，综合考虑企业的总资产、销售收入、企业内部管理状况等因素来确定基本年薪水平。经营者基本年薪一般不超过企业管理岗平均薪酬 3 ~ 4 倍。

效益年薪取决于经营者当年为企业创造的经营绩效，并受企业经营责任轻重和管理难度高低的影响。若效益年薪采取购买本企业股份或认股权的形式，实际上是把管理要素薪酬转化为资本要素薪酬，形成薪酬的延期支付，进而增强经营者年薪制的长期激励作用。效益年薪的核算方式主要有以下几种：

模式一：效益年薪 = 风险年薪

模式二：效益年薪 = 增值年薪 + 奖励年薪

模式三：效益年薪 = 目标责任年薪 + 奖励年薪

模式四：效益年薪 = 风险年薪 + 年功年薪 + 奖励年薪

模式五：效益年薪 = 风险年薪 + 其他责任年薪

其中，风险年薪是指与企业当年利润指标完成情况直接挂钩的效益年薪；年功年薪是与员工担任本企业经营者的时间和工作绩效挂钩的效益年薪；奖励年薪指与企业当年实现的绩效考核指标增长情况挂钩的效益年薪。

二、股权激励制度

经营者年薪制是面向管理要素的薪酬分配制度，股权激励制度则是面向资本要素的薪酬分配制度。将股权引入薪酬激励是为了最大限度地将具有特定能力和要素的员工利益与企业所有者的长期利益捆绑在一起，起到激励和约束的双重效果。股权激励的常见方式有员工持股计划、股票期权计划和期股计划。

（一）员工持股计划

员工持股计划（employee stock ownership plan，ESOP）是指由员工持有本企业股份的制度安排，是按资本要素分配和员工长期激励两项管理诉求的共同实现形式。根据持股人在企业中的地位和作用，员工持股计划可分为高管人员持股计划和普通员工持股计划。

1. 高管人员持股计划

高管人员持股计划是指高层经营管理者按照与企业所有者约定的价格出资购买一定数额的本企业股票，并享有股票连带的一切权利、股票收益当年可足额兑现的一种长期激励方式。高管人员持有一定份额的企业股票，可以通过分享企业利润获得资本要素薪酬。高管人员持股计划是管理要素薪酬与资本要素薪酬的结合方式，经常与经营者年薪制结合使用。

【知识拓展 8 – 3】

高管人员持股计划的决策内容

股票来源	▶高管购入股份：以特定价格买入股票 ▶管理要素入股：管理干股，无需购买；享有分红权和配股权、无表决权 ——任期内不能出售或转让；自动离职或辞退等非正常原因离开时由企业无偿收回
股权支配	▶任期内，不允许随意支配所持股份；特殊情况：可能规定在特定时限（持股5~10年）或特定条件（离职或退休）下允许转让或出售股份。 ▶任期结束后，可能支配方式： 　●继续持有，或按评估的每股净资产出售所持股份； 　●继续持有，或者按当时的股价或特定时段的平均股价出售所持股份（上市公司）； 　●拥有完全的普通股东权利，股权的支配权仅受国家有关证券法规的限制。
股权管理	▶企业须进行股份制改造；高管竞争性上岗；对持股人进行过程管理

2. 普通员工持股计划

普通员工持股计划遵循两个原则：一是广泛参与原则，企业中至少70%的员工参与持股计划，以免引起未持股员工对内部公平性的质疑；二是有限股份原则，每个员工持有的股份数量不宜过多，员工持股总量占企业总股份比重也不宜过大。

普通员工持股计划的实施要点有以下四个：

（1）员工持股的执行方式：普通员工持股计划兼具激励管理和薪酬管理的功能。出于完全的员工激励诉求，企业可能会采用福利分配的方式实现员工持股；反之，处于完全的要素薪酬诉求，企业可能采用风险交易的方式实现员工持股。

（2）员工持股的覆盖范围：员工持股计划侧重于长期激励，适用于那些与企业签订了长期劳动用工合同的员工。而离退休人员、短期合同制员工、试用工、临时工不宜列入范围。

（3）员工持股的规模比例：合理确定员工持股总规模占企业总股份的比例、员工个人持股规模占员工持股总规模的比例。通常，员工持股总规模占企业总股份的比例控制在25%左右。企业规模和行业类别不同，员工持股规模也会不同。通常，企业总股本越小，员工持股的比例可以越大。资本密集程度越高，员工持股比例就越小；劳动力密集程度越高，员工持股比例越大。员工个人持股规模占员工持股总规模的比例不宜平均、也不宜差别太大。总体原则是：职位越高、贡献越大、工龄越长，获得的收益和承担的风险就越大，持股比例就相应越高。一般来说，高管人员持股数额以本企业员工平均持股数的 5~15 倍为宜。

（4）员工持股的优惠政策：为了突出员工持股计划的福利属性，企业在释放股份的过程中会给予员工一定程度的价格折让或税收优惠。比如，员工购买股份时一次性付清款项给予 10% 的优惠；员工股分红给予所得税优惠政策甚至免税；对本企业科技人员的科技成果设定更高的折股比例等。

【知识拓展 8-4】

普通员工持股计划的优劣势

普通员工持股计划的经济特征	普通员工持股计划的管理隐患
① 有助于丰富员工薪酬结构，提高员工薪酬水平；	① 持股员工误以为自己是企业"老板"，只关心红利，导致企业内部管控效率降低；
② 作为一种长期激励和约束机制，有助于吸引和保留核心人才，促进员工推动企业长期发展	② 员工持股打破按劳分配的原则，导致"搭便车"现象蔓延；
③ 作为一种福利手段，有助于员工在离岗或退休后的长期收入保障；	③ 持股员工联合干预企业的正常生产经营活动，扰乱企业日常管理秩序；
④ 作为一种股权转让形式，有助于企业暂时缓解发展资金紧张的困难；	④ 为获得税收和信贷优惠，或减少福利支出，部分企业实施员工持股计划缺乏规范性，导致持股员工无法享有股东的正当权益，进而挫伤员工的工作积极性。
⑤ 推进公有制企业产权制度改革、企业投资主体多元化。	

（二）股票期权计划

股票期权是指买卖双方按事先约定的价格，在特定期限买进或卖出一定数量的某企业股票的权利。股票期权是现代企业对企业管理人员和科技骨干实施长期激励的重要方式，也是薪酬管理中按资本要素分配的表现形式。

1. 股票期权计划的特征

股票期权一般是由企业授予被授予人的以特定价格买进本企业股票的权利。股票期权计划具有以下主要特征：

（1）股票期权是一种权利而非义务。被授予人可以行使该权利，也可以放弃这种权利。可见，股票期权是企业授予被授予人的一种不确定收益；股票期权计划重在激励，对被授予人没有约束作用。

（2）股票期权的权利是企业无偿"赠送"的。期权具有获得收益的可能，这种权利本身就具有特定市场价值，即"期权价"。在期权市场中，要获得期权需要支付期权价；在企业的股票期权计划中，可以免费获得期权。作为一种薪酬形式，股票期权计划发放给员工的最小价值就是期权价。

（3）股票期权收益的获得必须支付"行权价"。在行权前被授予人没有任何收益，行权后市场价格与行权价格之间的差价就是被授予人获得的期权收益。也就是说，要获得股票的价差收益，就必须行权。而行权不是免费的，必须支付"行权价"。

（4）股票期权计划将企业股价的升降演化为员工的收益形式。"绩效—股价—行权差价"的收益机制实现企业与员工利益的高度统一，强化企业的激励效果；同时通过二级市场实现的收益不需要企业额外支出现金，有利于降低企业薪酬成本。

（5）股票期权计划有助于留住优秀人才。实践中，很多企业的股票期权计划都有附加限制条件。比如，期权持续期设定为十年；期权授予后一年之内，员工不得行权，第二年到第四年可以部分行使，此后可以自由行权。如果员工在四年以内离开企业，就会丧失部分股票期权，这是股票期权对优秀人才的唯一约束力。由此股票期权也被称为"金手铐"。

2. 股票期权计划的实施要点

股票期权计划的实施主要包括授予范围、行权价格、行权期限、授予时机与授予数量、股票来源、行权方式、期权管理等。

（1）授予范围：通常以企业高层管理者和核心技术人员为主。股票期权被授予人的具体范围由股东大会或董事会确定。股东大会或董事会有权在有效期内任一时间以任何方式向其选择的员工授予股票期权。向员工授予期权多以信函形式通知被授予人，期权是否被接纳，以被授予人在通知回执上签字为准。

（2）行权价格：股票期权的行权价是期权计划设计的关键。一般有三种方式：

一是低于现值，也称现值有利法。低于现值，相当于向股票期权持有者提供优惠。

二是高于现值，也称现值不利法。高于现值的期权，适用于处于成长期或成熟期的企业。

三是等于现值，也称现值等利法。即行权价等于当前股价，采用最为普遍。

（3）行权期限：通常期权的执行期限不超过十年，强制持有期规定为三至五年不等。多数情况下股票期权授予后不立即执行，至少等待一年；之后每年按一定比例行权，其目的是：在较长的时间内对被授予股票期权的员工保持约束力和激励效果；避免员工产生短期行为；以及留住在职优秀员工。

（4）授予时机与授予数量：关于授予时机，高层管理人员一般在受聘、升职和年度绩效考核后获赠股票期权，且往往在受聘与升职时获赠股票期权数量较多。关于授予数量，没有下限，但通常设有上限，股票期权总量不超过企业股份的10%。

（5）股票来源：一是企业发行新股，二是通过留存股票账户回购股票。留存股票是指企业将自己发行的股票从市场购回的部分。企业将回购的股票放入留存股票账户，根据股票期权计划的需要，随时准备在未来某一时间出售。

（6）行权方式：主要有现金行权和无现金行权两种方式。

现金行权是指，员工向企业指定的券商支付行权费用以及相应的税费，券商以行权价为员工购买股票，并将股票置入蓝图账户（员工在指定的券商处开设的股票账户，用以支付行权费用、存放股票和行权受益）。

无现金行权是指，员工无须支付现金，以券商出售期权涉及的部分股票所获得的收益来支付行权费用，并将余下股票存入员工个人的蓝图账户。

（7）期权管理：企业对股票期权实行两级管理。首先，股东大会或董事会设计股票期权计划，决定每年的期权授予额度、行使时间表等。其次，建立规范的股票期权监督管理制度，明确规定被授予人的条件、期权授予数量、行权人的权利、期权变更和丧失等条款。

【管理实践 8 – 2】

股票期权计划

某公司对员工按照 T1 – T9 进行评级，达到相应级别可购买一定数额内的公司股票，具体安排见表 8 – 10。员工在行权时需要支付行权费用及相应的税费。行权价格为实时股价的 90%。股票期权在授予后不能立即执行，需要等待一年，且按照 20% 的比例分 5 年匀速执行期权。行权后股票强制持有期为 5 年。

表 8 – 10　　　　　　　　　岗位级别对应的股票期权安排

岗位级别	股票期权额度	岗位级别	股票期权额度
T1 – T4	0	T7	30000
T5	10000	T8	40000
T6	20000	T9	50000

注：自 2015 年 1 月起开始执行。

研发人员李某 2019 年底岗位评级为 T5，之后其岗位级别分别于 2020 年底和 2021 年底提升为 T6 和 T7。如其不放弃行权机会，那么至 2022 年初李某已获得的公司股份数量为多少？

分析：

2019 年底获得股票期权为 10000 股；2020 年底获得股票期权为 20000 股；2021 年底获得股票期权为 30000 股。

2020 年底开始行权，获得股票数量：$10000 \times 20\% = 2000$（股）

2021 年底继续行权，获得股票数量：$10000 \times 20\% + 20000 \times 20\% = 2000 + 4000 = 6000$（股）

则截至 2022 年初已获得的公司股份数量为：$2000 + 6000 = 8000$（股）

（三）期股计划

企业约定被授予人以各种方式（个人出资、贷款、奖金转化等），按约定价格购买本企业股票，被授予人在规定的期限内只享有分红权，超过该期限后可将所持股票逐步兑现的一种中长期激励方式。通常期股计划用作对企业管理人员和科技骨干实施长期激励的重要方式。

1. 期股的经济特征

现代资产定价理论认为股票价格是企业未来收益的体现，因此如果企业经营成功，则期股的被授予人可分享成功的收益，获得了额外的要素薪酬，但若公司经营不佳，则被授予人不仅无法得到要素薪酬，还将承担相应的经济损失。因此，期股实质上对被授予人既有激励作用，又有约束作用。

作为要素薪酬的主要实现形式，期股和股票期权都属于中长期激励方式，在选择激励对象、明确股票来源、确定实施价格（期权行权价和期股预约价）等方面也有很强的相似性。同时，期股和股票期权有较多的差异（见表8－11）。

表8－11　　　　　　　　　　　　　　期股与股票期权的区别

区别	股票期权	期股
权利和义务不同	没有义务的权利	按约定购买的义务
授予内容不同	获得的是一种（买或不买）权利	获得的是股票本身
收益时间不同	行权之后，才能获得股票的溢价收益	付清股份对应的资金之前有分红权
承担风险不同	股票贬值时，可放弃行权以规避风险	股票贬值时，承担相应的损失
激励效果不同	强大的杠杆激励作用	激励效果会受限

2. 期股计划的实施要点

期股计划的实施要点主要包括确定期股激励的适用对象、实施主体、期股来源、获取方式、预约价格、红利兑现等。

（1）设计原则：期股计划必须坚持的原则有按比例有偿认购原则、激励机制与约束机制相结合的原则、短期利益与长期利益统一、按劳分配与按要素分配统一原则、创新经营与稳健管理的统一。

（2）适用对象：由企业股东大会或董事会确定。主要适用于企业的董事长、总经理等高层管理人员以及企业的经营管理团队，也可以扩展至企业中的关键岗位员工，但一般不适用于全体员工。

（3）实施主体：对董事长实施期股计划的主体是企业股东大会，对其他经营管理者和关键岗位员工实施期股计划的主体是企业董事会。

（4）期股来源：股份制改造过程中形成期股；企业增资扩股过程中形成期股；企业股权转让形成期股；企业经营者效益年薪延期兑现转换为期股；等等。

（5）获取方式：常见的有四种方式。一是在一定期限内，按约定价格购买；二是稀缺性要素（如管理要素、技术要素）折算为股份（干股）；三是经营者效益年薪的部分额度换取股份；四是以一定数额的个人资产作为抵押获得股份，且抵押资产数额应与股份对应的净资产规模对等。在没有付清股份对应的应缴款项之前，期股都没有成为实股，只有分红权，无所有权和表决权；在此期间一旦离岗，股份由企业收回。

（6）预约价格：主要包括现值有利法（低于现值，预约价低于当前股价）、现值等利法（等于现值，预约价等于当前股价）和现值不利法（高于现值，预约价高于当前股价）三种。

（7）红利兑现：持股人实际可兑现为现金的收益，可按下列公式计算：

现金收益＝期股所获红利－（分期付款购买期股＋归还贴息和低息贷款）－企业增资扩股转增资本金

（8）期股变现或终止服务：主要涉及两个问题，即变现条件和变现价格。

任期届满或合同到期，绩效考核合格，若不再延聘或续约，且已付清期股对应的应缴款项，则可按照当时股票市场的价格将拥有的期股变现（若非上市公司，应进行净资产评估或企业真实价值评估），也可保留适当比例的企业股份，按年度正常分红。

任期未满或合同未到期而主动离职，其拥有的期股一般按约定扣减。特别是出现合同期内违约离职，其拥有的期股中已完成购买的部分只能按原购买价和当前市场价就低变现；未完成购买的部分，按照双方约定酌情扣减，甚至全部收回。

【管理实践 8 – 3】

期股计划

公司对高管进行级别划分，并规定：高管按照级别高低可以获得不同数量的公司期股。高管所获期股按照五年期分批发放，从第一年至第五年分别以现金形式购买其所获期股总数的 10%、10%、15%、25%、40%。高管获得相应数额的股份后便可参与分红、配股，但不能对董事会决议行使表决权。高管只有在离任后才可以对公司股份进行转手、出售处理。如高管在任期内被辞退或出现违法违纪行为，所授予股份将被全部收回。2018 年底，公司高管王某按照其岗位级别获得 50 万公司期股，但在 2022 年初因个人身体原因提出辞职。那么按照公司期股计划，王某最终获得的公司股票数量是多少？

分析：

2019 年底购得股票数量：$50 \times 10\% = 5$（万股）

2020 年底购得股票数量：$50 \times 10\% = 5$（万股）

2021 年底购得股票数量：$50 \times 15\% = 7.5$（万股）

截至 2022 年初已获得的公司股份数量合计：$5 + 5 + 7.5 = 17.5$（万股）

第五节　福利薪酬

一、福利薪酬的含义与构成

福利薪酬是企业满足员工的生活需要，在基础薪酬、激励薪酬、要素薪酬之外，向员工本人及其家属提供的货币、实物、服务、权利等形式的薪酬。具有均等性、保障性、全面性、集体性等特点。

福利薪酬可分为法定福利和企业补充福利。前者是国家明确规定的福利形式，企业必须按规定的标准执行，包括社会保险、住房公积金、法定休假等；后者是法定福利之外企业自主提供给员工的福利形式，主要包括补充养老保险、医疗保险、各类员工服务计划等（见图 8 – 7）。

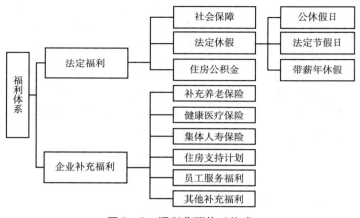

图 8 – 7   福利薪酬体系构成

二、法定福利

法定福利是指企业根据国家有关法规必须为员工提供的福利，是企业为员工提供的工作和生活方面的基本保障性福利。当员工遭遇失业、疾病、伤残等特殊风险时，法定福利能给予及时救助，提供基本生活需求的保障。法定福利包括社会保险、住房公积金、法定休假。

（一）社会保险

1. 社会保险的内容

社会保险是国家通过立法强制征集专门资金，用于保障劳动者在暂时或永久丧失劳动时或在工作中断期间的基本生活需求的一种保险制度；通过国家立法的形式强制企业执行。一般来说，包括养老保险、失业保险、医疗保险、工伤保险、生育保险等。

（1）养老保险。养老保险制度是指国家通过立法，在劳动者达到国家规定的解除劳动义务的年龄界限，或因年老丧失劳动能力退出劳动岗位后，可以获得物质帮助以保障晚年基本生活需要的保险制度。

（2）失业保险。失业保险是指国家和企业对因非主观意愿、暂时丧失有报酬工作的劳动者，在法定期间内给予一定经济补偿，以保障其失业期间基本生活，维持劳动力再生产的社会保险制度。失业保险制度的类型包括国家强制性失业保险、非强制性失业保险、失业补助制度、综合性失业保险制度等。

（3）医疗保险。医疗保险又称疾病保险，是指国家立法规定并强制实施的、对员工在因病或非因公负伤而暂时丧失劳动能力时，给予一定的物质帮助，即提供医疗服务或经济补偿的一种社会保险制度。医疗保险具有与劳动者的关系最为密切、和其他人身保险相互交织、存在独特的第三方付费制、享受待遇与缴费水平非正相关等特点。

（4）工伤保险。工伤保险又称职业伤害保险，是指依法为在生产工作中遭受事故伤害或者患职业性疾病、导致暂时或永久丧失劳动能力的劳动者及其亲属提供医疗救治、生活保障、经济补偿和职业康复等物质帮助的社会保险制度。根据我国现行的《工伤保险条例》，工伤保险制度主要遵循三个原则：无过失补偿原则；风险分担、互助互济原则；个人不缴费原则。

（5）生育保险。生育保险是指妇女劳动者因怀孕、分娩而暂时中断劳动时，获得生活保障和物质帮助以保证母子的基本生活需要及孕产期的医疗保健需要的一种社会保险制度。实行生育保险制度，对于保证生育女职工和婴儿的身体健康、促进优生优育具有重要意义。

2. 社会保险的特点

（1）强制性。社会保险通过国家立法强制性实施。在法律规定的范围内，企业或用人单位都必须依法参加社会保险，按规定缴纳保险费。国家对无故迟缴或拒缴社会保险费的企业，征收滞纳金或者追究其法律责任。

（2）保障性。社会保险的主要目的是为失去生活来源的劳动者提供基本的生活保证，符合国家法律规定的劳动者均可享受各种社会保险待遇。

（3）互济性。社会保险运用社会力量进行风险分摊和相互补偿，保险分散风险的功能直接体现为互济性。随着覆盖面的扩大，社会化程度的提高，社会保险的互济性也越强。

（4）差别性。社会保险具有福利性，但在享受保险待遇上存在一定的差别性。由于个人的工龄、工资和缴纳的保险费用不同，其享受的保险待遇也会有差别。

（5）防范性。政府征集的、企业和个人所缴纳的各种社会保险基金的目的在于，当在劳动者遇到劳动风险时，有足够的物质基础来提供资助，因此社会保险具有风险防范特性。

（二）住房公积金

住房公积金是指国家机关、国有企业、城镇集体企业、外商投资企业、城镇私营企业及其他城镇企业、事业单位、民办非企业单位、社会团体及其在职员工缴存的长期住房储备金。住房公积金是国家推行的一项住房保障制度，实质上是劳动报酬的一部分，是归员工个人所有的、专项用于解决住房问题的保障性资金。

住房公积金的基本原则是个人存储、单位资助、统一管理、专项使用。住房公积金是一种义务性的长期储蓄，具有普遍性、强制性、义务性、补贴性、专用性等特点。

企业的住房公积金由两部分组成，一是员工个人每月按规定从基础薪酬中扣缴的部分；二是企业每月按规定为员工个人缴存的部分。员工个人每月缴存额等于员工每月基础薪酬总额乘以个人缴存率，企业每月缴存额等于该员工每月基础薪酬总额乘以单位缴存率。员工和企业住房公积金缴存额均不低于员工上一年度基础薪酬总额的5%，国家规定的住房公积金缴存比例是8%，企业为增加员工福利可提高缴纳比例。两笔公积金全部存入个人账户，归员工个人所有；员工可随时支取部分公积金或申请低息公积金贷款用于购房。

【知识拓展 8-5】
2021 年浙江省杭州市社保缴纳比例

2021 年 9 月 27 日，浙江省人力资源和社会保障厅、浙江省财政厅、浙江省统计局、浙江省医疗保障局浙江省税务局联合印发的《关于公布社会保险有关基数的通知》明确，2020 年浙江省非私营和私营单位就业人员加权平均工资 79133 元。浙江省社会保险缴费基数参照上述口径执行，于 10 月 27 日正式启用 2021 年度缴费基数。

全省职工基本养老保险（包括企业职工基本养老保险、机关事业单位养老保险）参保人员月缴费基数上限暂按 19783 元（月平均工资的 300%）执行，月缴费基数下限暂按 3957 元（月平均工资的 60%）执行。失业、工伤保险个人缴费基数上下限参照上述标准执行。

同期，浙江省杭州市企业单位的社保缴费比例见表 8－12。

表 8－12　　　　　　　2021 年浙江省杭州市企业单位社保缴费比例

缴纳项目	单位缴纳比例	个人缴纳比例
养老保险	14%	8%
医疗保险（含生育保险）	9.9%	2%（生育保险个人不缴费）
失业保险	0.5%	0.5%
工伤保险	0.2%～1.5%（基准）	不缴纳

注：社保缴费标准每年会有变化；不同城市的缴纳比例可能不同。

灵活就业人员基本养老保险缴费比例：参加杭州市区职工基本养老保险的灵活就业人员、个体工商户（不含以单位形式参保的个体工商户），月缴费额＝月缴费基数×缴费比例，月缴费基数由参保人员按 6594 元/月（2020 年浙江省非私营和私营单位就业人员加权月平均工资）的 60%～300% 之间自行选择，缴费比例为 18%。

资料来源：浙江省 2021 年度社会保险缴费基数启用 [EB/OL]. https://www.hhtz.gov.cn/art/2021/10/19/art_1229506796_3953432.html。

（三）法定休假

法定休假包括公休假日、法定节假日和带薪年休假。

1. 公休假日

公休假日是劳动者工作满一个工作周之后的休息时间。我国实行的是周 40 小时工作制，劳动者的公休假日为每周两天。

2. 带薪年休假

带薪年休假（paid annual leave）是指劳动者因连续工作一年而享受的带薪休假。员工在非工作时间休年假时企业按工作时间发放薪酬。带薪年休假时间的长短与员工工龄正相关。累计工作已满 1 年不满 10 年的，年休假 5 天；已满 10 年不满 20 年的，年休假 10 天；已满 20 年的，年休假 15 天。

【管理实践 8－4】

职工不享受当年年休假的情形及年休假天数计算

根据《职工带薪年休假条例》规定，职工不享受当年年休假的情形主要有：

（1）职工依法享受寒暑假，其休假天数多于年休假天数的；

（2）职工请事假累计 20 天以上且单位按照规定不扣工资的；

（3）累计工作满 1 年不满 10 年的职工，请病假累计 2 个月以上的；

（4）累计工作满 10 年不满 20 年的职工，请病假累计 3 个月以上的；

（5）累计工作满 20 年以上的职工，请病假累计 4 个月以上的。

在实际操作中，确定年休假时比较难界定的是年休假天数。比如，某人于 2010 年 5 月 1 日到单位参加工作，在 2020 年 4 月 30 日前属于已满 1 年不满 10 年的情形，年休假天数标准为每年 5 天；从 2020 年 5 月 1 日至 2020 年 12 月 31 日属于已满 10 年不满 20 年的情形，年休假天数标准为每年 10 天，于是 2020 年度的年休假天数需分两个时间段分开计算，然后相加，即是 2020 年度应享的年休假天数。

2020 年 4 月 30 日前，计算方法为：（当年在本单位已过日历天数 ÷ 365）× 职工本人全年度应享受的年休假天数 =（120 ÷ 365）× 5 = 1.64（天）。其中 0.64 天不足 1 整天，应舍去，所以 2020 年 4 月 30 日前应享受年休假 1 天。

2020 年 5 月 1 日至 2020 年 12 月 31 日，计算方法为：（当年度在本单位剩余日历天数 ÷ 365）× 职工本人全年度应享受的年休假天数 =（245 ÷ 365）× 10 = 6.712（天）。其中 0.712 天不足 1 整天，应舍去，所以 2020 年 5 月 1 日至 2020 年 12 月 31 日应享年休假 6 天。

这样 2020 年度该职工可享年休假共 7 天。

3. 法定节假日

根据风俗习惯或纪念要求，由国家法律统一规定的用以进行庆祝及度假的休假时间。我国法定节假日包括元旦、春节、清明节、劳动节、端午节、中秋节、国庆节，共计 11 天假日。其中，春节和国庆节各 3 天，其他节假日各 1 天。法定节假日安排员工工作，需支付不低于 300% 的薪酬。

【管理实践 8 - 5】

邢某诉某服务公司追索劳动报酬纠纷案

（2021 年 4 月入选"江苏法院 2020 年度劳动人事争议十大典型案例"）

2017 年 9 月 1 日，邢某入职某服务公司从事会计工作。2019 年 8 月 25 日 19 时许，邢某申请 14 天调休假。次日 6 时许公司驳回其请假申请，但邢某一直未上班。2019 年 9 月 16 日，公司发出解除劳动合同告知书，以邢某连续旷工三天以上、未完成工作任务、擅自删除客户数据等事由，解除劳动合同。后邢某申请劳动仲裁，请求裁令公司支付 2018 年、2019 年未休年休假工资。仲裁委终结审理后，邢某诉至法院。诉讼中，公司主张邢某在 2019 年 3 月已休息 16 天，年休假已休完。经查，2019 年 3 月 8 日，苏州市某医院出具病假证明书，因邢某早期人工流产建议休息一个月。法院认为，根据邢某的工作年限，其 2018 年法定年休假有 5 天，2019 年的年休假根据邢某当年在职时间折算为 3 天。邢某在 2019 年 3 月系因流产休假，并非法定年休假，某服务公司未提供证据证明邢某已休法定年休假，一审法院判决某服务公司支付邢某 2018 年及 2019 年未休年休假工资差额。判决后，双方当事人在法定期限内均未提起上诉，一审判决发生法律效力。

资料来源：苏州中院发布 2020 年度十大劳动争议典型案例［EB/OL］. http://www.qiyelaw.com/labor/2021/0801/634.html，2021 - 8 - 1。

分析： 休息休假是劳动者的一项基本权利。因用人单位的原因未能安排劳动者休年假，应当按照日工资收入的 300% 支付未休年休假工资报酬。用人单位已经支付劳动者正常工作期间的工资收入的，则应另行支付按照日工资收入 200% 计算的未休年休假工资差额。劳动者依法享受的探亲假、婚丧假、产假等国家规定的假期不计入年休假假期。

本案针对女职工主张在职期间未休年假工资的诉求，正确性定了其因流产而休假并非法定年休假，一方面保护了女职工的合法权益，平衡了劳动者的休息休假权和用人单位的长远发展；另一方面鼓励用人单位尊重劳动者的意愿让带薪年休假落到实处，既节省企业的经济支出，也调动劳动者的工作积极性。

三、企业补充福利

企业补充福利是指在国家法定的基本福利之外，企业自主建立的、为满足员工的生活和工作需要，向员工本人及其家属提供的一系列福利项目，包括货币津贴、实物和服务等形式。法定福利旨在保障员工的基本生活需求，补充福利计划则重在提高员工生活水平和生活质量。企业补充福利项目的多少和标准的高低，在很大程度上要受企业经济效益和支付能力的影响。企业补充福利计划包括收入保障计划、健康保健计划、员工服务计划等。

（一）收入保障计划

1. 企业补充养老保险

企业补充养老保险又称"企业年金"，是企业为员工提供的基本养老保险之外的养老保险计划；是由企业设立的一种商业保险形式。根据自身经济能力，用企业的自有资金、奖励基金、福利基金等为员工缴纳补充养老保险。企业补充养老保险可以由企业单方面缴纳，也可以由企业和员工双方共同缴纳。企业补充养老保险有两种基本形式：

（1）缴费型，即企业建立养老保险账户，由企业和员工定期按照一定比例缴纳保险费，并采取基金制的管理，等员工退休后再按照资金积累规模和投资收益确定给付金额。

（2）给付型，即企业按照员工的经验、资历和其他条件，为员工支付养老金；一般取决于员工特定的收入水平和工龄。最常见的给付型补偿养老保险计划是通过员工退休前 5 年平均工资额的 1.5% 乘以员工工龄来确定养老保险金的给付金额。

2. 集体人寿保险计划

集体人寿保险计划是以企业的所有或者大部分员工为被保险人的一种人寿保险，企业将人寿保险作为补充福利。集体人寿保险计划兼顾企业、员工和保险公司利益：员工可以较低的费率获得相同保障度的人寿保险；企业通过集体投保节约保费成本；保险公司承保企业所有员工可有效避免投保人逆向选择带来的风险。通常，企业支付全部的基本保险费，承保金额相当于员工两年的基础薪酬，而附加的人寿保险费用由员工自己承担。

3. 住房或购房支持计划

为有效解决员工住房、激励和留住员工，企业采取多种住房福利项目支持员工购房，常见的方式有住房贷款利息给付、住房津贴、货币化福利住房、周转房等。

住房贷款利息给付计划是指企业根据薪酬或职务级别确定每个员工的贷款额度和贷款年限，在员工任职期内和一定标准范围内的贷款利息由企业全部或部分承担。

住房津贴是指企业按照员工的能力、资历、工龄等给予员工一定的津贴，以缓解其在购房、租房时的经济压力，创造良好的居住环境。

此外，企业还可为员工提供免费或低价租住的周转房、报销员工租房费用，以及为员工购买住房提供贷款担保等。

（二）健康保健计划

企业健康医疗保险是为了减少员工生病或事故变故给本人及其家庭带来的损失而设立的一种补充保险计划。常见的方式的集体投保和加入健康维护组织。

集体投保指企业向保险公司支付一笔费用作为保险费，当员工或其家庭发生保险覆盖的疾病或事故时，保险公司部分或全部赔偿其损失。

健康维护组织是保险公司和健康服务提供者的一种结合。一方面有固定的缴费率，另一方面提供完善的健康服务，包括对住院病人和未住院病人提供照顾等。

（三）员工服务计划

员工服务计划是指企业在社会保险为员工提供保障性福利之外，为员工提供各种更为切身的服务，以强化福利的激励效果和员工的归属感。主要包括：员工援助计划、再教育辅助服务、健康服务等。

1. 员工援助计划

员工援助计划是指企业为员工或员工家庭提供旨在帮助员工克服生活困难和支持员工事业发展的直接服务的福利，如提供法律援助、职业发展咨询、家庭问题咨询、心理咨询等。由此来提高员工的满意度，进而促进企业资源的合理配置。

2. 再教育辅助服务

随着外部市场知识技术更新速度的加快，企业需要把自己改造成为全员持续学习的学习型组织。这对企业和员工来说都是一个挑战。

企业为员工持续提供培训和再教育的机会，以适应市场上知识技术快速更新的挑战，通过不断学习和接受培训来保持职业发展。再教育辅助服务成为员工和企业的双赢福利方式，具体方式有建立企业大学对员工进行再教育、依托外部培训力量为员工安排培训计划（EDP）、为自主学习的员工支付课程培训和学位申请费用等。

3. 健康服务

企业为员工提供健康服务，一方面加强对员工的健康教育和保健知识的普及；另一方面为员工提供健身设施和专业运动培训师。

企业还可以采取指导与跟踪模式，整合健康教育计划和健身设施计划。如，为员工量体订制个性化的健身计划、安排健康咨询顾问监测报告员工健康状况，以及对认真健身和健康状况明显改善的员工进行奖励。

此外，企业还可以为员工提供其他特色福利项目，如交通补助、旅游补助、节日津贴、工作餐、健康检查、户口调动、子女入学等。

本章小结

1. 薪酬是指组织内所有员工的货币性和非货币性劳动收入的总和。从广义上讲，薪酬包括经济性薪酬和非经济性薪酬，也称为外在薪酬和内在薪酬。

2. 从薪酬的决定依据和支付方式的角度看，外在薪酬体系主要由基础薪酬、激励薪酬、要素薪酬和福利薪酬四个部分构成。

3. 岗位薪酬体系是一种重视岗位本身差异性而忽视岗位承担者差异性的薪酬制度。其规划过程包括岗位梳理、岗位评价、薪酬匹配三个环节。

4. 常用的岗位评价方法有排序法、分类法、要素计点法、因素比较法。

5. 能力薪酬体系是指企业根据员工所掌握的、与工作任务有关的能力以及能力的提升和新能力的获得情况而支付基础薪酬的薪酬制度。能力薪酬体系规划流程包括三个步骤：能力的界定与提取、能力评价及其保障、能力与薪酬的挂钩。

6. 薪酬结构线可直接显示企业各岗位的相对价值与薪酬水平之间的关系。

7. 薪酬结构模型包括：每个等级的岗位都对应着特定等级的薪酬水平；每个等级的薪酬都具有起薪和顶薪框定的薪幅；不同等级岗位的薪幅存在重叠和交叉；薪幅随着岗位等级的跃升逐级放大。

8. 薪酬结构模型的重要术语有薪酬标准与薪幅、薪酬差距、薪酬等级、薪酬级差、薪幅重叠等。

9. 短期激励薪酬计划是根据个人或者团队实时或短期（一般不超过 1 年）内的工作绩效、浮动性支付激励薪酬的计划；主要包括计件工资和奖金两种方式。

10. 要素薪酬是按要素分配原则在薪酬管理践中的体现。按管理要素分配集中表现为经营者年薪制，按资本要素分配表现为股权激励方案（常见的有员工持股计划、股票期权计划、期股计划）。

11. 法定福利包括社会保险、住房公积金、法定休假。其中，社会保险包括养老保险、失业保险、医疗保险、工伤保险、生育保险等；法定休假包括公休假日、法定节假日和带薪年休假。

复习思考题

1. 薪酬的功能有哪些？从企业和员工的视角看，有什么区别？
2. 如何保障薪酬水平的外部公平性？
3. 薪酬结构模型如何反映薪酬水平的内部公平性？
4. 如何设计合理的奖金分配方案？
5. 斯坎伦比率与鲁克比率有什么共性之处？
6. 股票期权与期股的有什么异同点？
7. 我国的法定福利有哪些？谈谈你对社会保险作用的看法。

【实战案例】

某上市公司的分公司薪酬发放情况比较分析

薪酬是公司为员工付出的直接成本。公司如何发放薪酬，决定了薪酬的使用效率。薪酬发放情况分析是最基本的薪酬分析，包括三类重要信息：实发工资金额、实发工资人数和人均工资。通过对这些信息进行同比或环比分析，公司能够看出每月工资发放的变化情况。

某上市公司下辖 3 家分公司，2022 年 5 月的薪酬发放情况分析见表 8 – 13。

表 8 - 13   **3 家分公司月薪酬发放情况**

分公司	实发工资				
	2022 年 5 月 （元）	2022 年 4 月 （元）	环比 （%）	2021 年 5 月 （元）	同期比较 （%）
A	1203761	1180276	1.99	953505	26.25
B	2205375	2206236	- 0.04	2145323	2.80
C	641565	675082	- 4.96	586619	9.37

分公司	实发工资人数				
	2022 年 5 月 （人）	2022 年 4 月 （人）	环比 （%）	2021 年 5 月 （人）	同期比较 （%）
A	343	321	6.85	306	12.09
B	624	580	7.59	603	3
C	159	161	- 1.24	161	- 1.24

分公司	人均工资				
	2022 年 5 月（元）	2022 年 4 月（元）	环比（%）	2021 年 5 月（元）	同期比较（%）
A	3510	3677	- 4.54	3116	12.64
B	3534	3804	- 7.10	3558	- 0.67
C	4035	4193	- 3.77	3644	10.73

根据表中数据可知 3 家分公司的月度实发工资和实发工资人数环比或同比的增加或减少情况。例如，由于 5 月的薪酬已经不包含低温补贴、B 公司新增员工当月出勤比较少，导致 B 公司人员增长、实发工资反而环比下降了 0.04%。

对于一个经营平稳的公司来说，由于节假日天数的不同和一些津贴发放的规定时限不同，每月的薪酬发放情况环比会随月份的变化而出现一定的变化，但这种变化的幅度一般不会太大。若有环比超过 10% 的薪酬变化情况，尤其当出现 10% 以上薪酬增长时，公司应引起注意。

薪酬发放情况与同比数据之间的变化情况除了与人员数量的增加有关之外，还与员工薪酬的增长有关。在不同的分公司，实发工资、实发工资人数和人均工资的同比情况之间的比较能够反映出各分公司的经营管理情况。

A 公司实发工资的人数与去年同期相比增长了 12.09%，人均工资与去年同期相比增长了 12.64%，这两项数据直接导致 A 公司实发工资与去年同期相比增长了 26.25%。这说明 A 公司提高了员工的薪酬水平、增加了员工人数，造成了薪酬支出的较高增长。

B 公司实发工资人数与去年同期相比增长了 3%，人均工资与去年同期相比却下降了 0.67%，导致实发工资与去年同期相比增长了 2.8%。这说明 B 公司没有提高员工的薪酬水平，但在人数上有小幅度增长，造成薪酬支出小幅度增长。

C 公司实发工资人数与去年同期相比下降了 1.24%，人均工资与去年同期相比增加了

10.73%，导致实发工资与去年同期相比增长了9.37%。这说明 C 公司虽没有增加员工的人数，但提高了员工的薪酬水平，造成薪酬支出有所增长。当公司有序经营、利润平稳增长时，每年适度增加员工的薪酬，有助于鼓舞员工的士气、提高劳动效率。

资料来源：任康磊．用数据提升人力资源管理效能〔M〕．北京：人民邮电出版社，2021：154－155。局部改编。

思考分析：

（1）A 公司薪酬支出增长较多，下一步应该关注薪酬与什么的关系？

（2）B 公司的薪酬情况，可能会造成什么不利影响？

（3）假如 A、B、C 三家分公司当前的经营业绩与去年同期相比，稳定保持在增长率10%的水平；在不考虑其他因素、仅从薪酬发放情况看，哪家公司的状况相对"最健康"？请阐述理由。

第八章　习题

第九章

劳动关系管理

第九章　课件

【学习目标】

- 理解劳动关系的概念和主体；
- 掌握劳动合同管理的内容；
- 了解劳动争议的处理程序；
- 了解常见的员工安全与健康问题。

【案例导入】

劳动者违反制度，用人单位可否解除劳动合同？

顾某于 2010 年 12 月 17 日入职某软件公司，在劳动关系存续期间，顾某将其依据《员工购买优惠计划》享有的 2014 年及 2015 年购买指标分三次倒卖给成都分公司的员工吴某，吴某又将其转卖。顾某前两次每次倒卖 3 个 CPU、第三次倒卖 5 个硬盘，共计倒卖 11 个产品、获利数千元，且在该软件公司与顾某面谈时，不配合调查、隐瞒事实。

根据该软件公司的《员工购买优惠计划》规定，通过购买优惠计划购买的产品不得转卖或谋取私利，严禁员工参与转卖，不得请求、拉拢或诱使其他员工代购，所有违背这些条款与条件的可疑行为都将遭到调查，违反这些条款与条件将面临严重的处罚，甚至可能终止雇佣合同。该软件公司认为，顾某的行为严重违反了公司的规章制度，与其解除了劳动合同。

顾某认可曾出于朋友间帮忙的目的向吴某提供账户及密码，让吴某使用其指标购买了 CPU 和硬盘，称事后吴某过意不去向其支付了好处费 2000 元和 2500 元，与吴某之间不存在对外转卖的共同故意。因此，顾某不认可公司与其解除劳动的决定，认为软件公司系违法解除劳动合同，据此提出劳动仲裁申请。

法院经审理后认为，顾某的行为构成利用职务之便谋取私利、损害该软件公司利益，违反了双方签订的劳动合同及《员工购买优惠计划》，亦不符合公司的《行为准则》《员工手册》等制度的规定。对于顾某的此种行为，《员工购买优惠计划》中明确规定公司有权解除劳动合同，因此未予支持顾某要求该软件公司支付违法解除劳动合同赔偿金的诉讼请求。

资料来源：顾×× 与 ×× 公司劳动争议二审民事判决书 [EB/OL]. https://www.bjcourt.gov.cn/cpws/paperView.htm? id = 00000000000000000000100609268885&n = 1，2017 - 08 - 22。

劳动者作为用人单位的员工，应遵守与用人单位签订的劳动合同、月人单位依法制定的《员工手册》《行为准则》等。在享受用人单位内部福利的同时，应当恪守诚信、遵守法律法规和用人单位的规章制度。本章将主要介绍劳动关系管理的内涵和内容，重点阐述劳动合同的管理和劳动争议的处理，最后介绍员工职业安全与健康管理。

第一节　劳动关系概述

一、劳动关系的概念

劳动关系是企业人力资源管理的主线，失去劳动关系管理这条主线，人力资源管理就失去了基础。劳动关系既是人力资源管理的概念，也是一个法律概念，具有明确的法律内涵。从人力资源管理的角度来看，劳动关系是指用人单位与劳动者之间在运用劳动能力实现劳动的过程中形成的一种社会关系。从法律角度定义来看，劳动关系是指劳动者与用人单位依法签订劳动合同而在劳动者与用人单位之间产生的法律关系。劳动者接受用人单位的管理，从事用人单位安排的工作，成为用人单位的成员，从用人单位领取劳动报酬，并受劳动保护。

与劳动关系相关的常用概念，包括员工关系、劳资关系。员工关系源于西方现代人力资源管理，其概念有广义和狭义之分。广义的员工关系是指企业管理者与员工及团队之间产生的，由双方利益引起的，表现为合作、冲突、义务和权利关系的总和，并受到经济、技术、政策、法律制度和社会文化背景的影响（程延园，2008）。狭义的员工关系是企业与员工之间的一种组织内部关系，既不涉及工会，也不涉及政府，是企业和员工在一定的法律框架内形成的经济契约和心理契约的总和（刘昕，张兰兰，2013）。当人力资源作为企业的核心资源被越来越多的企业所认同时，员工关系管理也受到越来越多企业的关注，围绕着员工关系管理的制度和举措被不断地探索和实施。在员工关系得到广泛采用之前，人们普遍采用劳资关系或产业关系。劳资关系是资方与劳方双方关系的统称。狭义的劳资关系是指代表全体工会会员的工会与雇主或雇主联盟之间的集体关系，主要涉及工会组建、集体谈判以及集体争议处理等方面内容。广义的劳资关系则不仅包括狭义劳资关系中的所有内容，而且包括单个企业与作为非工会会员的本企业员工之间的关系，同时也包括企业制定和实施的可能会影响企业与员工之间关系的所有人力资源管理或人事管理政策和实践。实践中劳资关系通常指狭义的劳资关系，强调企业和员工之间的对立或对抗关系。产业关系的概念源于美国，又称工业关系，指管理者与受雇者之间的所有关系，包括雇佣关系以及相关的机构和社会经济环境。

《关于确立劳动关系有关事项的通知》中规定：当用人单位招用劳动者未签订书面劳动合同时，如果同时具备以下三种情况，则劳动关系成立：一是用人单位和劳动者符合法律法规规定的主体资格；二是用人单位依法制定的各项劳动规章制度适用于劳动者，劳动者受用人单位的劳动管理，从事用人单位安排的有报酬的劳动；三是劳动者提供的劳动是用人单位业务的组成部分。

二、劳动关系的主体

劳动关系的主体有广义和狭义之分。其中狭义的劳动关系是指用人单位和劳动者之间的关系，而广义的劳动关系还包括了政府、工会组织等。

（一）用人单位

用人单位是指在劳动关系中依法使用和管理劳动者并付给其劳动报酬的组织。根据《中华人民共和国劳动合同法》（以下简称《劳动合同法》）及其《实施条例》的规定，用人单位的范围主要包括：中华人民共和国境内的企业、个体经济组织、民办非企业单位等组织、依法成立的会计师事务所、律师事务所等合伙组织和基金会，同时也包括采用合同制或聘用制用工的国家机关、事业单位、社会团体等。

（二）劳动者

劳动者是在劳动关系中为用人单位提供劳动服务并获取劳动报酬的自然人。一个合法的劳动者，需具有两个条件：一是达到法定年龄，即年满 16 周岁，二是具有劳动行为能力，即具备能以自己的行为行使劳动权利和履行劳动义务的资格。劳动者既是企业生产发展的主体，又是劳动关系中的弱势一方。

（三）政府

现代社会中，劳动关系的和谐依赖于政府、劳动者和用人单位三方相互关系的和谐统一。政府在劳动关系中主要扮演着以下角色：劳动者基本权利的保护者；集体谈判与劳动者参与的促进者；劳动争议的调停者；就业保障与人力资源的规划者。

一般来说，政府在劳动关系中的作用取决于三个主要因素，即意识形态导向、政治导向和社会经济导向。此外，不同国家的历史背景和传统文化对政府在劳动关系中所扮演角色也有很大影响。

（四）工会

根据《工会法》的规定，工会是职工自愿结合的工人阶级的群众组织。工会作为劳动者的群众组织，越来越受到国家的重视。尤其是《劳动合同法》的施行，在原有法律规定的基础上，赋予了工会更多的职能和权利，进一步加强了工会在劳动关系中的地位和作用。

工会的职能主要包括：

（1）参与相关重大事项的协商，包括参加企业拟定相关制度的讨论会议，列席董事会的相关会议等。

（2）参与企业的经营管理，企业在研究决定生产经营的重大问题、制定重要规章制度时，应当听取工会的意见，并取得工会的合作。

（3）协商订立集体合同，工会有权代表职工就劳动报酬、劳动条件等相关事项与企业进行协商和订立集体合同，并监督集体合同的依法履行。

（4）监督劳动合同的签订和履行。

（5）就相关问题展开调查，包括对检查企业劳动法律法规执行情况和劳动合同履行情况、职业因工伤亡事故和其他严重危害职工健康问题的调查处理。

（6）对企业解除劳动合同的知情权和监督权，包括企业单方解除劳动合同、企业经济性裁员等。

（7）代表职工诉讼，在有关集体合同的劳动争议中，工会可以直接代表劳动者提出仲裁或诉讼。

三、劳动关系的主要特征

（1）劳动关系是在社会劳动过程中形成的关系。劳动者在用人单位付出劳动并获得经济回报而形成的劳动关系，有别于其他社会关系，其关键是付出劳动和获得经济回报。

（2）劳动关系主体双方在维护各自的经济利益过程中地位是平等的。根据《劳动法》、《劳动合同法》等法律法规的要求，劳动者和用人单位具有平等的法律地位，任何一方都不得通过欺诈、胁迫或乘人之危等手段建立劳动关系或订立劳动合同。

（3）劳动关系主体双方是管理和被管理的关系。劳动关系建立后，劳动者要依法服从用人单位的管理，遵守用人单位的规章制度，用人单位依法要对劳动者实施劳动和职业安全保护。

第二节 劳动合同管理

一、劳动合同的概念

根据《劳动合同法》的规定，用人单位自用工之日起与劳动者建立劳动关系。《劳动合同法》同时规定，用人单位与劳动者订立劳动合同，最迟必须在用工之日起一个月内与劳动者订立书面劳动合同。签订书面的劳动合同是劳动关系的基本表现形式。也就是说，一切劳动关系建立的同时，都必须签订书面的劳动合同。

劳动合同是指劳动者与用人单位之间确立劳动关系，明确双方责任、权利和义务的协议。根据协议，劳动者加入某一用人单位，承担某一工作和任务，应遵守单位内部的劳动规则和其他规章制度；用人单位有义务按照劳动者的劳动数量和质量支付劳动报酬，并根据劳动法律、法规和双方的协议，提供各种劳动条件，保证劳动者享有本单位成员的各种权利和福利待遇。

二、劳动合同的特征

劳动合同作为合同的一种，除了具备合同的一般特征外，还具有自身的法律特征：

（1）以劳动合同的形式确立劳动关系。劳动合同是建立劳动关系的一种法律形式，并明确劳动者与用人单位的权利和义务。

（2）劳动合同双方当事人主体合格。根据《劳动合同法》及其《实施条例》的规定，劳动者一方必须是达到法定年龄、具有劳动权利和劳动行为能力的自然人，用人单位一方必须是符合规定的组织。

（3）劳动合同当事人存在职业上的从属关系。劳动者在与用人单位订立劳动合同后，即成为用人单位的一员，用人单位有权指派劳动者完成劳动合同规定的任务，这种职业上的从属关系是区别于其他合同的重要特征之一。

（4）劳动合同双方当事人权利和义务的统一。根据签订的劳动合同，劳动者有义务完成用人单位安排的工作任务，遵守用人单位的规章制度；用人单位有义务按照劳动者提供的劳动数量和质量支付劳动报酬。劳动者有权享受法律、法规和劳动合同规定的劳动保护和福利待遇，用人单位有义务根据法律、法规和劳动合同规定提供劳动保护条件。

三、劳动合同的条款

（一）必备条款

根据《劳动合同法》的规定，劳动合同包括九项必备条款，用人单位在拟订劳动合同具体条款过程中，必须明确约定必备条款。除必备条款以外的其他条款，用人单位可以根据实际用工情况决定是否写入劳动合同。

根据《劳动合同法》第十七条的规定，劳动合同必须具备以下条款：

（1）用人单位的名称、住所和法定代表人或主要负责人。

（2）劳动者的姓名、住址和居民身份证或其他有效身份证件号码。

（3）劳动合同期限：劳动合同期限分为固定期限、无固定期限和以完成一定工作任务为期限的劳动合同三种。

（4）工作内容和工作地点：主要是指劳动者的工作岗位、工作职责和任务要求，以及工作所在地。

（5）工作时间和休息休假：工作时间是指劳动者根据法律的规定和劳动合同的约定，在用人单位提供正常劳动的时间。目前我国主要存在三种工时制度，即标准工时制、综合计算工时制和不定时工时制。休息休假是指劳动者在用人单位从事工作或者生产的时间外，自行支配的时间，依照法律规定，休息休假是劳动者的基本权利之一。

（6）劳动报酬：即关于工资、福利等报酬的构成、标准和发放等内容。工资的主要形式有计时工资、计件工资、奖金、津贴和补贴、加班加点工资和特殊情况下支付的工资。

（7）社会保险：我国的社会保险包括养老保险、医疗保险、失业保险、工伤保险、生育保险五种，由国家强制性地向用人单位和劳动者征收。

（8）劳动保护、劳动条件和职业危害防护：即用人单位为保障劳动者在劳动过程中的安全和健康所采取的各项措施和提供的符合国家安全卫生标准的工作环境。

（9）法律、法规规定应当纳入劳动合同的其他事项。

（二）约定条款

根据《劳动合同法》第十七条规定，劳动合同除前款规定的必备条款外，用人单位与劳动者还可以约定试用期、培训、保守秘密、补充保险和福利待遇等其他事项。对于上述条款，劳动合同可以约定也可以不约定，如果进行约定，必须遵守相应的法律法规。

1. 试用期

试用期是用人单位和劳动者双方约定的最长期限不超过 6 个月的考察期，在这段时间内，用人单位考察劳动者的工作能力，劳动者也考察用人单位的实际情况，经过相互的考察，决定是否继续履行劳动合同。

《劳动合同法》根据劳动合同的期限长短，对确定试用期做出明确规定：劳动合同期限3个月以上（包括3个月）不满1年的，试用期不得超过1个月；劳动合同期限1年以上（包括1年）不满3年的，试用期不得超过2个月；劳动合同期限3年以上（包括3年）固定期限和无固定期限的劳动合同，试用期不得超过6个月。同一用人单位与同一劳动者只能约定一次试用期。

2. 服务期

服务期是用人单位与获得特殊待遇的劳动者在劳动合同或其他协议中约定的劳动者应当为用人单位服务的期限。根据《劳动合同法》的规定，用人单位为劳动者提供专项培训费，对其进行专业技术培训的，可以与该劳动者约定服务期。

劳动者违反服务期约定的，应按照约定向用人单位支付违约金，服务期尚未开始的，违约金数额不得超过用人单位提供的培训费用，服务期已经开始的，违约金数额不得超过服务期尚未履行部分所应分摊的培训费用。《劳动合同法》规定，培训费用包括用人单位对劳动者进行专业技术培训而支付的有凭证的培训费用、培训期间的差旅费，以及因培训产生的用于该劳动者的其他直接费用。

3. 保守商业秘密

根据《中华人民共和国反不正当竞争法》规定，商业秘密是指不为公众所知悉，具有商业价值并经权利人采取相应保密措施的技术信息和经营信息。为保护企业的商业秘密，企业可与员工签订保密协议，或在劳动合同中设立保密条款，包括保密的内容和范围、双方的权利和义务、保密期限和违约责任等。对于涉密性强的员工，企业还可以与其签订竞业限制协议，要求竞业限制人员在离职后一定期限内未经同意不得从事与本单位相同或相似的业务，以从根本上阻断泄密的渠道。

4. 补充保险

企业可在履行缴纳基本养老保险费义务之后，根据自身的经济实力，为员工缴纳一定的补充保险，包括企业补充养老保险和企业补充医疗保险。所需费用由企业和员工共同承担，企业缴费的列支渠道按国家有关规定执行，国家在利税方面给予优惠；员工个人缴费可以由企业从员工个人工资中代扣。

5. 福利待遇

福利是员工的一种间接报酬，企业可与员工约定关于住房、交通、用餐、节日礼物等多种形式的福利待遇，是建设和谐的企业劳动关系、加强员工激励的重要手段。

四、劳动合同的订立

订立劳动合同是指劳动者与用人单位就劳动合同条款协商一致，并以书面形式确定双方权利义务关系的法律行为。劳动合同的订立是劳动合同生效的前提。

（一）劳动合同订立的原则

1. 合法原则

劳动合同双方当事人在签订劳动合同时，要遵守法律法规的规定，具体包括主体合法、内容合法、形式合法。

（1）主体合法。订立劳动合同的双方当事人必须具备法律、法规规定的主体资格，劳动者必须达到法定劳动年龄，用人单位具备承担合同义务的能力，属于《劳动合同法》的适用对象。

（2）内容合法。劳动合同必须具备法律规定的必备条款，不得损害社会公共利益或第三人利益。

（3）形式合法。劳动合同应当采用书面形式订立，但非全日制劳动者与用人单位的劳动合同可以口头形式约定。

2. 平等自愿原则

劳动者与用人单位在订立劳动合同时双方法律地位平等，并完全出于双方自愿的真实意思的表示，双方权利义务对等。任何以欺诈、胁迫、趁人之危等手段签订的劳动合同，都是无效的。

3. 协商一致原则

劳动合同的条款经双方协商一致达成，任何一方不得把自己的意愿强加给另一方，不得强迫订立劳动合同。

4. 诚实信用原则

用人单位与劳动者在订立劳动合同时要诚实、讲信用，不得欺诈和隐瞒对方。根据《劳动合同法》规定，用人单位在招用劳动者时，应当如实告知劳动者工作内容、工作条件、工作地点、职业危害、安全生产状况、劳动报酬及劳动者要求了解的其他情况；用人单位有权了解劳动者与劳动合同直接相关的情况，劳动者应当如实说明。

（二）劳动合同订立的程序

根据《劳动合同法》的规定，用人单位自用工之日起一个月内，应与劳动者签订书面劳动合同。劳动合同的订立程序如下：

（1）提出劳动合同草案。用人单位向劳动者提出拟订的劳动合同草案，并说明各条款的具体内容和依据。

（2）介绍内部劳动规章。在提出合同草案的同时，用人单位还必须向劳动者详细介绍本单位内部劳动规章。

（3）商定劳动合同内容。用人单位与劳动者在劳动合同草案和内部劳动规章的基础上，对合同条款逐条协商一致后以书面形式确定其具体内容。对劳动合同草案，劳动者可提出修改和补充意见，并就此与用人单位协商确定。

（4）签名盖章。劳动者和用人单位应当在经协商一致所形成的劳动合同文本中签名盖章，以此标志双方意思表示一致的完成。凡属不需要鉴证的劳动合同，在双方当事人签名盖章后即告成立。

（5）鉴证。按照国家规定或当事人要求而需要鉴证的劳动合同，应当将其文本送交合同签订地或履行地的合同鉴证机构进行鉴证。凡需要鉴证的劳动合同，经鉴证后才可生效。

五、劳动合同的履行与变更

（一）劳动合同的履行

劳动合同的履行是指劳动者与用人单位按照合同约定，全面履行各自应承担义务的法律行为。劳动合同依法签订，就必须履行，这既是劳动法律赋予合同当事人双方的义务，也是对合同当事人双方具有法律约束力的主要表现。

劳动合同的履行应遵循以下原则：

（1）亲自履行原则。由于劳动合同是具有人身属性的合同，因此没有对方当事人的同意，不能由第三人替代履行。

（2）全面履行原则。劳动合同双方当事人必须履行劳动合同所规定的各自应当履行的全部义务，并且必须按照劳动合同约定的时间和方式履行合同义务。

（3）协作履行原则。劳动合同双方当事人在一方履行劳动合同时，应该给予对方必要的协助，这一方面要求劳动者自觉遵守劳动纪律，另一方面也要求用人单位体谅劳动者的实际困难，使劳动合同目的得以实现。

根据《劳动合同法》的规定，用人单位和劳动者应当全面履行劳动合同约定的各自的义务。用人单位应当按照劳动合同约定和国家规定，向劳动者及时足额支付劳动报酬。用人单位拖欠或未足额支付劳动报酬的，劳动者可以依法向当地人民法院申请支付令，人民法院应当依法发出支付令。用人单位应当严格执行劳动定额标准，不得强迫或变相强迫劳动者加班，用人单位安排加班的，应当按照国家有关规定向劳动者支付加班费。

（二）劳动合同的变更

由于企业管理的复杂性和外部环境变化的不确定性，劳动合同签订后，合同内容随经营需要和员工情况而产生变更在所难免，如涉及工作岗位、工作内容、工资、工作地点等的变动。劳动合同变更是指劳动者与用人单位对尚未履行或尚未完全履行的劳动合同，依照法律规定的条件和程序，对原劳动合同进行修改或增删的法律行为。

为了防止用人单位滥用优势地位，随意变更劳动合同，损害劳动者的合法权益，根据《劳动合同法》的规定，劳动合同变更应当满足两个条件：一是必须经过双方协商一致，二是必须采取书面形式，二者缺一不可。调整岗位作为劳动合同变更的重要内容，用人单位若没有经过协商一致而单方对劳动者实施调岗，劳动者有权拒绝，劳动合同应当按原约定继续履行。

实践中，引起劳动合同变更的原因主要包括以下三个方面：

（1）用人单位方面的原因。如转产、调整生产任务或生产经营项目、重新进行劳动组合、修订劳动定额、调整劳动报酬或员工福利分配方案，或者是单位内部结构的调整导致工作岗位的变化等。

（2）劳动者方面的原因。员工的劳动力价值随着时间的推移可能会提升，也可能会降低，如身体健康状况发生变化、劳动能力部分丧失、职业技能提升等，用人单位可根据劳动者劳动力价值的变化对其工资条款进行调整。

（3）社会经济方面的原因。如法规和政策发生变化、通货膨胀、社会动乱、自然灾害等。随着社会物价水平的上涨，用人单位应根据自身财力定期给员工增加工资。

六、劳动合同的解除与终止

（一）劳动合同的解除

劳动合同的解除，是指劳动合同订立后、尚未全部履行前，由于某种原因导致劳动关系提前消灭。根据《劳动合同法》的规定，劳动合同的解除主要有双方协商一致解除、劳动者单方解除、用人单位单方解除3种情形。

1. 双方协商一致解除劳动合同

由于法律对协商解除劳动合同的限制较少，解除程序上也无硬性规定，在法定解除理由不充分的情况下，用人单位尽量采取协商一致解除劳动合同的方式。解除与员工的劳动关系，应当遵循平等、自愿、诚实信用的基本原则，避免采取欺诈或胁迫的手段，否则，解除协议无效。如果用人单位提出解除劳动合同的，应当向劳动者支付经济补偿金；但如果是劳动者提出解除的，用人单位无需支付经济补偿金。

2. 劳动者解除劳动合同

劳动者解除劳动合同，可以分为提前通知解除劳动合同和即时提出解除劳动合同两种。

（1）劳动者提前通知解除劳动合同。根据《劳动合同法》规定，劳动者提前30日以书面形式通知用人单位的，可以解除劳动合同。劳动者在试用期内提前3日通知用人单位，可以解除劳动合同。法律明确赋予了劳动者辞职的权利，而且这种权利是绝对的，劳动者单方面解除劳动合同无需任何实质条件，只需履行提前通知的义务即可。因劳动者原因提前通知解除劳动合同，用人单位不需要支付经济补偿金。

（2）劳动者即时通知解除劳动合同。用人单位存在过错的情况下，劳动者无须预告即可在通知用人单位的同时，单方解除劳动合同。根据《劳动合同法》及其《实施条例》的规定，用人单位有下列情形之一的，劳动者可以即时解除劳动合同：未按照劳动合同约定提供劳动保护或劳动条件的；未及时足额支付劳动报酬的；未依法为劳动者缴纳社会保险费的；用人单位规章制度违反法律、法规的规定，损害劳动者权益的；用人单位以欺诈、胁迫的手段或乘人之危，使劳动者在违背真实意思的情况下订立或变更劳动合同，致使劳动合同无效的；用人单位在劳动合同中免除自己的法定责任、排除劳动者权利的；用人单位违反法律、行政法规强制性规定的；用人单位以暴力、威胁或非法限制人身自由的手段强迫劳动者劳动的；用人单位违章指挥、强令冒险作业或危及劳动者人身安全的；法律、行政法规规定劳动者可以解除劳动合同的其他情形。

3. 用人单位解除劳动合同

用人单位与劳动者依法订立的劳动合同受法律保护，非依法定的事由和程序，企业不得单方解除劳动合同。根据《劳动合同法》及其《实施条例》的规定，企业单方解除劳动合同的情形主要有以下三种：

（1）用人单位因劳动者过错而单方解除劳动合同。根据《劳动合同法》的规定，劳动者有下列情形之一的，用人单位可以解除劳动合同：在试用期间被证明不符合录用条件的；严重违反用人单位规章制度的；严重失职，营私舞弊，给用人单位造成重大损害的；劳动者同时与其他用人单位建立劳动关系，对完成本单位工作任务造成严重影响，或者经用人单位提出，拒不改正的；以欺诈、胁迫的手段或乘人之危，使用人单位在违背真实意思的情况下订立或变更劳动合同致使劳动合同无效的；被依法追究刑事责任的。

过错性解除劳动合同的情形下，用人单位无须提前通知劳动者即可解除。用人单位应以书面形式告知劳动者解约理由，并将该解约决定或通知送达劳动者本人。由于劳动者存在过错在先，因此，用人单位单方解除劳动合同无须支付经济补偿金。

（2）用人单位非因劳动者过错而单方解除劳动合同。根据《劳动合同法》的规定，劳动者存在下列情形之一的，用人单位提前 30 日以书面形式通知劳动者本人或额外支付劳动者 1 个月工资后，可以解除劳动合同：劳动者患病或非因工负伤，在规定的医疗期满后不能从事原工作，也不能从事由用人单位另行安排的工作的；劳动者不能胜任工作，经培训或调整工作岗位，仍不能胜任工作的；劳动合同订立时所依据的客观情况发生重大变化，致使劳动合同无法履行，经用人单位与劳动者协商，未能就变更劳动合同内容达成协议的。

用人单位非因劳动者过错而单方解除劳动合同，如果提前 30 日书面通知劳动者本人的，按劳动者在本单位工作的年限，每满 1 年支付 1 个月工资标准向劳动者支付经济补偿金，6 个月以上不满 1 年的，按 1 年计算；不满 6 个月的，支付半个月经济补偿金。这里的"月工资"标准为劳动者在劳动合同解除前 12 个月的平均工资。如果未提前 30 日以书面形式通知劳动者本人的，除按上述规定支付经济补偿金外，还应当支付给劳动者 1 个月的工资作为"代通知金"，其标准为劳动者上个月的工资。

（3）经济性裁员解除劳动合同。经济性裁员是指用人单位在濒临破产进行法定整顿期间或生产经营发生严重困难等情况下，为改善生产经营状况而成批裁减人员的情况。经济性裁员需满足裁减人员 20 人以上或裁减不足 20 人但占企业职工总数 10% 以上的人数条件，并符合以下情形：依照企业破产法规定进行重整的；生产经营发生严重困难的；企业转产、重大技术革新或经营方式调整，经变更劳动合同后，仍需裁减人员的；其他因劳动合同订立时所依据的客观经济情况发生重大变化，致使劳动合同无法履行的。

经济性裁员涉及劳动合同的批量解除，因此，其解除劳动合同的程序更为严格。企业必须提前 30 天向工会或全体职工说明情况，并认真听取工会或职工的意见，同时应向劳动行政部门报告裁员方案，与被裁减人员解除劳动合同手续，按照有关规定向劳动者支付经济补偿金。用人单位裁减人员之后，在 6 个月之内重新招用人员的，应当通知被裁减的人员，并在同等条件下优先招用被裁减的人员。

根据《劳动合同法》的规定，劳动者有下列情形之一的，用人单位不得适用经济性裁员解除劳动合同：从事接触职业病危害作业的劳动者未进行离岗前职业健康检查，或疑似职业病人在诊断或医学观察期间的；在本单位患职业病或因工负伤并确认丧失或部分丧失劳动能力的；患病或非因工负伤，在规定的医疗期内的；女职工在孕期、产期、哺乳期内的；在本单位连续工作满 15 年，且距法定退休年龄不足 5 年的；法律、行政法规规定的其他情形。

（二）劳动合同的终止

劳动合同的终止，是指劳动合同的法律效力依法消灭，劳动者与用人单位之间原有的权利义务关系不再存在。根据《劳动合同法》第四十四条及其《实施条例》第二十一条的规定，有下列情形之一的，劳动合同终止：劳动合同期满的；劳动者开始依法享受基本养老保险待遇的；劳动者达到法定退休年龄的；劳动者死亡，或者被人民法院宣告死亡或者宣告失踪的；用人单位被依法宣告破产的；用人单位被吊销营业执照、责令关闭、撤销或者用人单位决定提前解散的；法律、行政法规规定的其他情形。

对于用人单位通知劳动者劳动合同终止的时间和程序，《劳动合同法》及其《实施条例》没有明确的规定，企业应严格按照当地的规定，提前一定的时间通知劳动者终止劳动合同，使员工做好心理准备，同时，终止劳动合同应当采取书面形式，既是规范用工的需要，也避免引起相关争议。

根据《劳动合同法》的规定，一般只有在劳动合同期满，用人单位被依法宣告破产，被吊销营业执照、责令关闭、撤销或者用人单位决定提前解散的情况下，企业才需要支付经济补偿。经济补偿按照劳动者在本单位工作的年限，以每满1年按1个月工资的标准向劳动者支付。

【管理实践 9 - 1】

试用期可以随意解除劳动合同吗？

某公司招聘张某为京津冀地区的区域市场总监，并签订5年期劳动合同，试用期为6个月。但张某入职3个月，远远未达到销售业绩指标，公司即以张某不符合录用条件为由解除与张某的劳动合同，张某不服而申请仲裁。

公司主张张某入职3个月来一直没有达到公司要求的营业业绩，经考核确定张某不能胜任工作，按公司规定属于不符合试用期录用条件，因此公司解除双方劳动合同并无违法之处。

经法院核查，双方签订的业绩合同中约定了张某的业绩指标，且张某3个月来实际业绩未达到双方约定的业绩指标。不过公司解除劳动合同的理由系张某"不能胜任工作"而不符合录用条件，故最终法院裁决公司违法。

分析：

实践中，不少企业认为员工在试用期内不能胜任工作，就可以该员工"不符合试用期录用条件"为由而随时书面通知其解除劳动合同，且无须支付经济补偿金。但实际上如此操作是违法解除劳动合同。

"不能胜任工作"和"不符合录用条件"是《劳动合同法》明确规定的两种不同的情形，不能混同。根据《劳动合同法》规定，对于试用期员工经考核不能胜任工作的，企业应当先行调整岗位或者培训。在调整岗位或培训之后仍不能胜任工作的，方可提前30日书面通知解除与试用期员工的劳动合同，并且需要按规定支付经济补偿金。如果员工在试用期内被证明"不符合录用条件"，则企业可随时书面通知解除劳动合同且无须支付经济补偿金；当然，企业需事先向员工书面说明理由等。

因此，将"胜任工作与否"作为试用期录用条件的做法不可取。这种做法与《劳动合同法》第四十条规定相悖，且剥夺了员工可享受经济补偿金的法定权利。

资料来源：潘辉. HR劳动关系经典管理案例［M］. 北京：中国法制出版社，2019。

第三节　劳动争议及解决

一、劳动争议概述

在劳动合同的签订、履行和解除过程中，用人单位和劳动者会由于各种原因发生纠纷，从而形成劳动争议。2008年5月1日施行的《中华人民共和国劳动争议调解仲裁法》（以下简称《劳动争议调解仲裁法》），从法律层面构建了我国处理劳动争议的基本体系和机制。

（一）劳动争议的范围

一般来说，判断某项纠纷是否构成劳动争议，主要考察两个方面：一是争议双方主体是否为具有劳动关系的用人单位和劳动者，二是争议事项是否为由劳动关系引起的或与之直接相关的事项。

根据《劳动争议调解仲裁法》的规定，劳动争议的范围包括：因确认劳动关系发生的争议；因订立、履行、变更、解除和终止劳动合同发生的争议；因除名、辞退和辞职、离职发生的争议；因工作时间、休息休假、社会保险、福利、培训以及劳动保护发生的争议；因劳动报酬、工伤医疗费、经济补偿或者赔偿金等发生的争议；法律、法规规定的其他劳动争议。

（二）劳动争议处理的原则

根据《劳动争议调解仲裁法》的规定，解决劳动争议，应当根据事实，遵循合法、公正、及时、着重调解的原则，依法保护当事人的合法权益。

（1）以事实为依据原则。劳动争议的处理，要坚持实事求是，一切从实际情况出发，注重证据，注重调查研究，以客观事实作为劳动争议处理的依据，还事实以本来面目。

（2）合法公正原则。合法，是指劳动争议处理机构在处理争议案件时，要符合国家有关劳动法律的规定，严格依法裁决。公正，是指在处理劳动争议过程中，应当公正、平等地对待双方当事人，处理程序和处理结果不得偏向任何一方，确保争议双方处于平等的法律地位。

（3）及时原则。及时，是指劳动争议的处理机构在处理争议案件时，要在法律和有关规定要求的时间范围内对案件进行受理、审理和结案，无论是调解、仲裁还是诉讼，都不得违背在时限方面的要求。

（4）着重调解原则。调解是指在第三方的主持下，依法劝说争议双方进行协商，在互谅互让的基础上达成协议。不仅调解委员会在处理劳动争议中的全部工作是调解工作，而且仲裁委员会和法院在处理劳动争议中也要先行调解，调解不成时，才行使裁决或判决。

（三）劳动争议处理的程序

根据《劳动争议调解仲裁法》的规定，发生劳动争议，劳动者可以与用人单位协商解决；当事人不愿协商、协商不成或者达成和解协议后不履行的，可以向调解组织申请调解；不愿调解、调解不成或者达成调解协议后不履行的，可以向劳动争议仲裁委员会申请仲裁；对仲裁裁决不服的，除了《劳动争议调解仲裁法》另有规定的外，可以向人民法院提起诉讼。

二、劳动争议的解决

（一）和解

根据《劳动争议调解仲裁法》的规定，发生劳动争议，劳动者可以与用人单位协商，也可以请工会或者第三方共同与用人单位协商，达成和解协议。用人单位和劳动者经协商达成和解，应当签订和解协议，并按协议履行各自相应的义务。但需要注意的是，和解协议不具有强制性，双方当事人仍然有申请仲裁或提起诉讼的权利。

（二）调解

1. 劳动争议调解组织

根据《劳动争议调解仲裁法》的规定，劳动争议的调解组织包括：企业劳动争议调解委员会，依法设立的基层人民调解组织，在乡镇、街道设立的具有劳动争议调解职能的组织。其中，企业劳动争议调解委员会由职工代表和企业代表组成，职工代表由工会成员担任或由全体职工推举产生，企业代表由企业负责人指定。企业劳动争议调解委员会主任由工会成员或双方推举的人员担任。

2. 调解程序

根据《劳动争议调解仲裁法》的规定，当事人申请劳动争议调解的，既可以书面申请，也可以口头申请；经调解，双方当事人达成协议的，应当制作调解协议书，如果调解不成，调解组织应告知当事人向劳动争议仲裁委员会申请仲裁；自劳动争议调解组织收到调解申请之日起 15 日内未达成调解协议的，任何一方当事人均可以依法向劳动争议仲裁委员会申请仲裁。

3. 调解协议的法律效力

生效的调解协议具有合同性质，对双方当事人均具有法律约束力，当事人应当依约履行。如一方当事人在协议约定期限内不履行调解协议的，当事人可以调解协议书作为证据申请仲裁。根据 2011 年 1 月 1 日起施行的《中华人民共和国人民调解法》的规定，经过司法确认的调解协议，当事人必须履行，否则，另一方可直接申请强制执行。同时，为了维护劳动者的权益，根据《劳动争议调解仲裁法》的规定，因支付拖欠劳动报酬、工伤医疗费、经济补偿或赔偿金事项达成调解协议，用人单位在协议约定期限内不履行的，劳动者无须申请仲裁，可以持调解协议书直接向人民法院申请支付令。人民法院应当依法发出支付令。

（三）申请仲裁

劳动争议协商或调解不成的，当事人可以向劳动争议仲裁委员会申请仲裁。劳动争议申请仲裁是解决劳动争议的法定和必经程序，因此，在解决劳动争议案件中发挥着举足轻重的作用。

1. 劳动争议仲裁时效

根据《劳动争议调解仲裁法》的规定，劳动争议申请仲裁的时效期间为 1 年，即从当事人知道或应当知道其权利被侵害之日起计算。当事人从知道或应当知道其权利被侵害之日起超过 1 年，未申请劳动仲裁的，就丧失了劳动仲裁的胜诉权，其仲裁请求将无法得到仲裁委员会的支持。但劳动关系存续期间因拖欠劳动报酬发生争议的，劳动者申请仲裁时效不受 1 年仲裁时效期间的限制；但是，劳动关系终止的，应当自劳动关系终止之日起 1 年内提出。

2. 劳动争议仲裁程序

提出仲裁申请；劳动争议仲裁委员会受理申请，符合受理条件的，在收到仲裁申请之日起 5 日内，向申请人出具《受理通知书》；劳动争议仲裁委员在受理仲裁申请后 5 日内将仲裁申请书副本送达被申请人；被申请人收到仲裁申请书副本后 10 日内向劳动争议仲裁委员提交答辩书，被申请人可以提交答辩书，也可以不提交答辩书，均不影响案件的审理；劳动争议仲裁委员收到答辩书后 5 日内将答辩书副本送达申请人；提出管辖异议，当事人对案件管辖有异议的，应当在答辩期满前以书面形式提出，当事人超过答辩期未提出的，不影响仲裁程序的进行；被答辩人在答辩期内提出反申请，仲裁委员会自收到被申请人反申请之日起 5 日内决定是否受理并通知被申请人，被申请人在答辩期满后提出反申请的，应当另行申请仲裁；双方当事人在劳动争议仲裁委员会指定的期限内，按照法律规定和仲裁委员会的要求提交证据；开庭前准备；开庭审理；裁决，根据《劳动争议调解仲裁法》的规定，仲裁裁决劳动争议案件，应当自劳动争议仲裁委员会受理仲裁申请之日起 45 日内结束，案情复杂需要延期的，经劳动争议仲裁委员会主任批准，可以延期并书面通知当事人，但延长期限不得超过 15 日，逾期未作出仲裁裁决的，当事人可以就该劳动争议事项向人民法院提起诉讼。

3. 劳动争议"终局裁决"

为了解决劳动争议案件处理周期长、劳动者维权成本高的问题，《劳动争议调解仲裁法》特别规定了"一裁终局"案件的情形，即对以下两类案件，裁决书自作出之日起发生法律效力：一是小额仲裁案件，即追索劳动报酬、工伤医疗费、经济补偿或赔偿金，不超过当地月最低工资标准 12 个月金额的争议；二是标准明确的仲裁案件，即因执行国家的劳动标准在工作时间、休息休假、社会保险等方面发生的争议。

（四）提起诉讼

根据《劳动争议调解仲裁法》的规定，除了作出终局裁决的情形外，当事人可以自收到仲裁裁决书之日起 15 日内向人民法院提出诉讼。劳动争议案件进入诉讼程序后，适用《中华人民共和国民法典》《民事诉讼法》等法律法规关于普通民事诉讼程序的相关规定。

与劳动争议的仲裁相比，劳动争议的法律诉讼具有一些鲜明的特点：法院的诉讼程序往往要比仲裁程序更为严谨和复杂，有关程序性的权利和义务更加广泛，各种证据和材料的准备更为严密，专业性也更强，当事人应认真准备和分析案情，做好证据的收集，切忌打无准备之战。

【管理实践 9-2】

实施"末位淘汰制"合法吗？

（苏州中级人民法院，此案入选 2021 年第 2 期《最高人民法院公报》）

戴某某任某玻璃公司包装股课长。2015 年 11 月 18 日该玻璃公司发布人员配置检讨事公告，公司人员配置调整办法为：课（股）长人数 65，年度根据季度奖考绩排名，最后 10% 予以降职处理等。该公司 2015 年度考绩汇总表显示：戴某某排名第 43 位，共 47 人，倒数第 5 名。2016 年 1 月 4 日该玻璃公司对戴某某作出人事通知，戴某某的职务由课长调整为班长，职务工资由 1500 元调整至 700 元。2016 年 2 月起，某玻璃公司支付戴某某职务工资为 700 元。2016 年 7 月戴某某申请劳动仲裁，要求该玻璃公司支付工资差额及未足额支付工资而被迫解除劳动合同的经济补偿。仲裁委驳回了戴某某的仲裁请求，戴某某不服，诉至法院。

　　法院认为，用人单位根据劳动者的工作业绩安排相对更为优秀的劳动者担任具有一定管理性质的职务，既符合用人单位对于保证和提高产品质量的要求，亦能较大程度激发劳动者的工作积极性，用人单位依据"末位淘汰制"调整劳动者工作岗位在一定条件下应予支持。故一审法院判决对戴某某要求该玻璃公司补足工资差额及支付经济补偿的诉请不予支持。戴某某不服上诉，二审法院审理后作出终审判决：驳回上诉，维持原判。

　　资料来源：戴××诉××公司追索劳动报酬纠纷案［EB/OL］. http：//gongbao. court. gov. cn/Details/c8349c6745c2142656047b08634fde. html? sw =。

　　分析： 在世界经济普遍下行、我国经济进入"新常态"背景下，企业进入了愈发激烈的市场竞争格局，末位淘汰成为许多企业最大限度挖掘职工劳动绩效、强化劳动管理的创新举措。用人单位依据"末位淘汰制"对员工实行奖优惩劣，对排名靠后的员工采取调岗调薪等措施，是企业经营自主权的重要内容。在非解除劳动关系的情形下，特别是针对具有领导、管理职能的岗位，用人单位根据劳动者工作绩效进行考核排名，基于企业生产经营管理的合理需要，对具有领导、管理职能的岗位人员优化调整，属用人单位的自主管理权，并不违反法律规定。在维护劳动者权益同时，更要注重劳资双方利益平衡，在法律框架内合理把握用人单位的自主经营权与自主管理权的范围及尺度。

第四节　员工安全与健康管理

一、员工安全与健康管理的重要性

　　（1）员工的安全与健康问题，事关员工最根本的利益，是员工最为关切的内容之一。因为如果组织对员工的人身安全与健康都不认真对待，员工的工作满意度和组织承诺不会太高，一旦他们在其他组织中能够找到更好的工作机会，就有可能离开组织，直接导致组织重新招聘及新员工岗位适应培训等一系列人力资源管理成本的增加。同时如果员工流动频繁，还可能带来在职员工的思想不稳定，不利于企业文化建设。因此，组织应重视员工工作的安全问题与员工身心健康，加强对员工在劳动保护和安全健康方面的投资，帮助员工提高身体素质，维护员工心理健康，提高员工工作积极性和满意度，让员工感受到更多来自组织的关怀，形成更强的组织承诺和归属感，从而促进组织的可持续发展。因此，在员工安全与健康方面进行必要的投入是人力资源管理的重要方面。

　　（2）保证员工在工作场所的安全与健康，也是组织应当对员工承担的最基本法律责任。《中华人民共和国劳动法》第六章、第七章专门对劳动安全卫生、女职工和未成年工特殊保护进行了详细的规定，从法律层面进一步明确了组织在员工安全与健康管理方面的责任和义务。《劳动合同法》第十七条明确，要将劳动保护、劳动条件和职业危害防护纳入劳动合同中，不能尽到这种保护责任的组织可能会面临严厉的处罚。《中华人民共和国职业病防治法》对职业病进行了明确的界定：职业病是指企业、事业单位和个体经济组织等用人单位在劳动者在职业活动中，因接触粉尘、放射性物质和其他有毒有害因素而引起的疾病。该法

第四条规定，"劳动者依法享有职业卫生保护的权利。用人单位应当为劳动者创造符合国家职业卫生标准和卫生要求的工作环境和条件，并采取措施保障劳动者获得职业卫生保护"。第三十七条规定，工会组织依法对职业病防治工作进行监督，维护劳动者的合法权益。用人单位制定或修改有关职业病防治的规章制度，应当听取工会组织的意见。《中华人民共和国基本医疗卫生与健康促进法》第七十九条规定，"用人单位应当为职工创造有益于健康的环境和条件，严格执行劳动安全卫生等相关规定，积极组织职工开展健身活动，保护职工健康。国家鼓励用人单位开展职工健康指导工作。国家提倡用人单位为职工定期开展健康检查。法律法规对健康检查有规定的，依照其规定"。

二、常见的员工安全与健康问题

（一）员工操作不当导致的安全问题

常见的员工操作不当行为主要包括：

（1）操作错误，忽视安全，忽视警告。如未经许可开动、关闭、移动机器，开关未锁紧，忘记关闭设备，忽视警告标记、警告信号等。

（2）安全装置失效。比如，安全装置被拆除、堵塞，作用失效等。

（3）使用不安全设备。比如，使用不牢固设施，使用无安全装置的设备等。

（4）用手代替工具操作。比如，用手拿工件进行机械加工，物品存放不当等。

（5）冒险进入危险场所。比如，冒险进入危化品房、基建工地，接近漏料处等。

（6）未穿戴劳保用品，在必须使用防护用品用具的作业场所忽视使用。

（7）不安全装束。比如，女员工长发不盘操作辊压机等。

（二）常见的职业性伤害事故

常见的职业性伤害事故主要包括：

（1）物体打击。常见于高空作业、压力容器爆炸、设备带故障运行等。

（2）机械伤害。指强大机械所致的伤害，如皮带机、车床、搅拌机等导致的伤害。

（3）高处坠落。常见于蹬踏物突然断裂或滑脱，高空作业移动位置时踏空、失衡，安全设施不健全等。

（4）车辆伤害。常见于行驶、上下车过程中导致的人身伤害。

（5）电击伤害。常见于用电线路、设备检修安装不符合安全要求，工具、设备漏电，处理电气故障、电线不当等导致的人身伤害。

（6）操作事故伤害。常见于压力容器操作时碎片、冲击波、有毒介质、可燃介质、二次爆炸等导致的人身伤害。

（三）职业病

常见的职业病有颈椎病、腰椎病、视力下降、肺尘、职业中毒、职业肿瘤、职业性放射性疾病、职业性皮肤病、职业性传染病等，对员工的身体健康带来程度不同的负面影响。

（四）心理问题

随着生活节奏的加快和竞争压力的增加，员工心理问题也越来越成为组织员工关系管理的重要方面。员工工作中的心理问题，大多由于工作压力导致，使人产生压力的因素被称为应激源。应激源主要分为个人因素、组织因素、环境因素三类。

（1）个人因素。不同的人格特质会影响员工应对压力的能力，如 A 型人格的人具有较强的时间紧迫感，总是不断驱动自己在最短时间里做最多的事，难以接受和享受空闲；而与之相反的便是 B 型人格，B 型人格的人不会有时间上的紧迫感及其他类似不适感。因此，A 型人格的员工更容易感知到压力。同时个人家庭问题和经济问题也会带来压力，如家庭夫妻关系不和睦、亲子关系紧张、父母健康问题、买房买车带来的经济压力等。

（2）组织因素。组织因素是引发员工压力的主要来源，包括人岗匹配、角色模糊与冲突、人际关系、工作环境等。人岗匹配带来的压力主要表现为：当员工能力、个性与工作要求不匹配，当员工在工作过程中不得不投入更多时间和精力时，会产生较大的任务压力；角色模糊与冲突主要表现为：当工作职责、工作目标不明确，工作时间、工作职能出现冲突或面临多重领导时，会导致员工产生迷茫和彷徨，产生较大的压力。人际关系带来的压力主要表现为：当工作得不到同事、上下级支持或客户关系恶劣时，员工会产生较大的压力。工作环境包括文化环境和物理环境，具体包括组织战略、组织结构、组织文化等，当组织文化缺乏以人为本的理念或员工价值观与组织文化不匹配，抑或官僚式的组织、工作环境较差时，都会使员工产生压力。

（3）环境因素。包括经济周期、政治动荡、技术变革等因素会影响员工的压力水平。比如，全球新冠肺炎疫情、贸易保护主义等带来的经济下滑，企业为降低成本实施裁员，会给人们带来很大的经济压力。数字经济不断发展，新技术的投入使用，也会让员工产生跟不上时代发展的压力。

三、员工安全与健康管理举措

（一）生产安全管理举措

（1）建立企业安全管理制度，健全制度保障体系。建立健全安全工作考核制度，将安全工作与部门负责人和员工绩效考核结果挂钩。实施安全操作规程，落实安全事故责任追究制度，建立常态化的安全事故防范演练和应急预案，建立起防范安全事故发生的制度保障体系。

（2）加强员工职业培训和安全教育，增强员工安全意识。一方面，对员工实施操作规程和岗位业务知识进行培训，提高员工业务技能，使员工胜任本职工作，减少和避免违章事故发生。另一方面，通过安全知识培训、安全事故警示教育、安全法律法规培训，提高员工安全意识，防范安全事故发生。

（3）加强设备管理，确保设备使用安全。一方面，企业要加强设备检查、维护，做好设备运行台账记录，提高设备完好率。另一方面，对风险较高的设备和工艺，进行针对性的科技创新、流程改造或安全产品替代，降低操作风险。

（4）加强安全检查和监督，防范员工不安全行为。加强对员工不安全行为的管理分析，建立不安全行为案例库，掌握安全重点环节和重点人群，加强重点防范。也可以设立专职的安全管理部门或安全检查岗位，加强日常工作安全巡查，做好巡查记录，及时排除安全事故隐患和苗头。

（5）做好安全事故管理，健全安全管理预案。针对工作场所出现的各类事故，深入分析事故产生的深层原因，从中吸取事故教训和经验，并以此为契机，健全相关环节的安全管理预案，做到防患于未然；同时诊断企业的整体安全运行状况，提高企业安全管理的系统性和实效性。

（二）员工身心健康管理举措

（1）树立以人为本的员工管理理念，重视员工身心健康。人力资源作为企业的核心资源，员工的身心状态会直接影响工作态度和工作绩效，关系企业的长远发展和竞争力。企业应树立以人为本的员工管理理念，重视员工的意见建议和合理需求，充分尊重员工，关心员工，重视企业文化建设，增强员工对企业的归属感和安全感，促进员工身心健康。

（2）进行员工心理健康教育，加强重点人群管理。建立员工心理健康档案，聘请心理健康方面的专家定期开展心理健康讲座和心理健康咨询，提高员工身心健康管理的针对性；同时，可定期组织员工心理健康调查，掌握心理健康问题重点人群，有利于针对性进行心理干预和管理。

（3）建立畅通的沟通渠道，建设良好人际关系。倡导和营造相互信任、公平公正、团结友爱的工作氛围，建立畅通的上下级、平级间的沟通机制，重视民主管理，给予员工畅所欲言的渠道和场所，提高员工主人翁意识；各级管理者要深入工作现场、走近基层员工，了解工作现状，听取员工想法，及时帮助解决员工合理的诉求，既有利于提高管理水平，又有利于促进良好的上下级关系。

（4）做好员工压力管理，建立积极的工作氛围。当员工工作负担过重、内容枯燥、复杂且责任重大时，或当企业对员工的角色界定不清楚导致员工角色模糊时，或员工与同事之间关系紧张、缺乏支持与信任时，员工会产生较大的压力。消除员工压力源是缓解员工压力的最根本方法。企业在工作环境、工作安排、组织结构设计上尽可能符合劳动工效学和健康安全管理的要求；在岗位安排上使员工能岗匹配，减少或避免压力源；管理者关心员工，重视对员工的心理支持。员工应该不断提高综合能力，适应岗位日益严格的要求；调整好心态，积极乐观地看待压力；加强体育锻炼，保持健康的生活方式，不断提高应对压力的能力。

【知识拓展9-1】
人民日报评论：崇尚奋斗，不等于强制996

2019年"996"一度成为热门话题，阿里巴巴、京东等企业的负责人也相继发表看法。所谓996，是指工作从早上9点到晚上9点，一周工作6天，代表着中国互联网企业盛行的加班文化。如何看待工作与休息、奋斗拼搏与加班文化、员工权利与企业治理，引发全社会的广泛讨论。

进行理性的分析之前，需要在价值观层面澄清一个误解，即对996有争议并不是不想奋斗、不要劳动。从梦想改变命运的个体，到在经济下行压力背景下负重前行的企业，再到我们这个正在进行复兴冲刺的民族，仍然需要奋斗精神、需要艰辛劳动。没有人不懂

"不劳无获"的道理。但崇尚奋斗、崇尚劳动不等于强制加班。苦干是奋斗，巧干也是奋斗；延长工时是奋斗，提高效率也是奋斗。因此，不能给反对996的员工贴上"混日子""不奋斗"的道德标签，而应该正视他们的真实诉求。

面对经济下行压力，很多企业都面临生存考验，企业的焦虑可以理解，但缓解焦虑的方法不是让员工加班越多越好。强制推行996，不仅解决不了企业管理中"委托—代理"难题，也会助长"磨洋工"的顽疾。从企业家和创业者的角度来看，他们身上的极限奋斗精神是可贵的，但要考虑到普通员工的位置不同，强制灌输996的加班文化，不仅体现了企业管理者的傲慢，也不实际、不公平。事实上，这涉及企业管理的核心问题：如何才能最大限度激励员工的积极性？把加班长短作为激励手段，这肯定是最简便易行的方法，但显然不是最有效的方法。996引发的讨论，是一个反思互联网企业文化和管理机制的契机。

经济学和管理学的研究表明，劳动供给并不总是与薪酬和收入成正比，因为当薪酬和收入提高到一定程度后，人们会更愿意享受高收入下的闲暇时间。随着中国的人均GDP逐步接近1万美元左右，人们对"美好生活"也有了更高的诉求，不再是温饱时期的拼命工作赚钱，而是需要有在工作之外获得更多价值，发现兴趣、陪伴家人、寻找意义。随着中国逐步从高速增长转向高质量发展，随着互联网行业逐步进入更加注重产品质量的下半场，企业治理也更需要树立结果导向、效率导向，进行更加文明、高效和人性化的时间安排。事实上，更加弹性的工作机制，比强制的996更能激发员工自发的工作热情，从而也能让企业更好挖掘人力资源潜能。

因此，正确打开996话题的方式，不是"要不要"奋斗拼搏，而是"如何更好地"去奋斗拼搏。我们国家还处于"发展中"阶段，仍然需要奋斗与拼搏，但我们也需要认识到人们的"美好生活"具有更丰富的内涵，从而在此基础上更好地完善企业治理、设计激励机制。我们不是要在工作与其他有价值的事情之间做二选一的排他选择，而是要在兼顾的基础上让员工更好地去工作。我们的企业不仅要依靠员工的汗水，更要激发员工的灵感；不仅要让员工更努力地工作，更要激发员工更高效地工作；不仅要靠加班工资的激励，更要让家人的陪伴、身体的健康、意义的饱满也成为工作的奖赏。只有那些能够做好平衡兼顾的企业，才能顺应时代的变化、获得可持续的竞争力。

有人把中国的经济奇迹称为"勤劳革命"，正是中国人的勤劳与奋斗，把不可能变成了可能，推动中国用几十年时间走完了发达国家几百年走过的工业化历程。奋斗与拼搏，仍将是我们这个快速前进社会的主题词。而996的讨论则启示我们：未来中国的活力，将来自快乐的劳动，让一切创新创造的源泉充分涌流。

资料来源：人民日报评论：崇尚奋斗，不等于强制996［EB/OL］. https://baijiahao.baidu.com/s?id=1630774179249573422&wfr=spider&for=pc，2019-04-14。

本章小结

1. 劳动关系既是人力资源管理的概念，也是一个法律概念。从人力资源管理的角度来看，劳动关系是指用人单位与劳动者之间在运用劳动能力实现劳动的过程中形成的一种社会关系；从法律角度定义来看，劳动关系是指劳动者与用人单位依法签订劳动合同而在劳动者与用人单位之间产生的法律关系，具有明确的法律内涵。

2. 劳动关系的主体包括用人单位、劳动者、政府和工会。劳动关系是在社会劳动过程中形成的关系；劳动关系主体双方在维护各自的经济利益过程中地位是平等的；劳动关系主体双方是管理和被管理的关系。

3. 根据《劳动合同法》的规定，用人单位自用工之日起与劳动者建立劳动关系，即签订书面的劳动合同是劳动关系的基本表现形式。

4. 劳动合同的必备条款包括：用人单位的名称、住所和法定代表人或主要负责人；劳动者的姓名、住址和居民身份证或其他有效身份证件号码；劳动合同期限；工作内容和工作地点；工作时间和休息休假；劳动报酬；社会保险；劳动保护、劳动条件和职业危害防护；法律、法规规定应当纳入劳动合同的其他事项。用人单位与劳动者还可以约定试用期、培训、保守秘密、补充保险和福利待遇等其他事项。

5. 劳动合同的订立是指劳动者与用人单位就劳动合同条款协商一致，并以书面形式确定双方权利义务关系的法律行为。

6. 劳动合同的履行是指劳动者与用人单位按照合同约定，全面履行各自应承担义务的法律行为。劳动合同变更是指劳动者与用人单位对尚未履行或尚未完全履行的劳动合同，依照法律规定的条件和程序，对原劳动合同进行修改或增删的法律行为。

7. 劳动合同的解除，是指劳动合同订立后、尚未全部履行前，由于某种原因导致劳动关系提前消灭。劳动合同的终止，是指劳动合同的法律效力依法消灭，劳动者与用人单位之间原有的权利义务关系不再存在。

8. 在劳动合同的签订、履行和解除过程中，用人单位和劳动者由于各种原因发生纠纷，从而形成劳动争议。劳动争议的处理，应当根据事实，遵循合法、公正、及时、着重调解的原则，依法保护当事人的合法权益。

9. 根据《劳动争议调解仲裁法》的规定，发生劳动争议，劳动者可以与用人单位协商解决；当事人不愿协商、协商不成或者达成和解协议后不履行的，可以向调解组织申请调解；不愿调解、调解不成或者达成调解协议后不履行的，可以向劳动争议仲裁委员会申请仲裁；对仲裁裁决不服的，除了《劳动争议调解仲裁法》另有规定的外，可以向人民法院提起诉讼。

10. 员工的安全与健康问题主要包括：员工操作不当导致的安全问题、常见的职业性伤害事故、职业病、心理问题等。

复习思考题

1. 劳动关系涉及哪些主体？
2. 劳动合同的解除与终止的区别是什么？
3. 在处理劳动争议时，应采取哪些步骤？
4. 导致员工产生压力的原因主要有哪些？
5. 为加强员工安全与健康管理，可采取哪些举措？

【实战案例】

网络主播签订《艺人独家合作协议》，是否构成劳动关系？

重庆某文化传播公司（以下简称公司）于 2016 年 6 月 27 日注册成立，经营范围包括承办经批准的文化艺术交流活动；企业营销策划；企业管理咨询；经济信息咨询；舞台造型策划；企业形象策划；图文设计；会议会展服务；展览展示服务；庆典礼仪服务；摄影摄像服务；商务信息咨询服务；计算机软件资讯服务；互联网信息技术服务；网页设计；设计、制作、发布国内广告；演出策划服务；直播策划服务；演出经纪服务（须取得相关行政许可或审批后方可从事经营）。

2017 年 11 月 2 日，李××来到公司，从事网络直播活动。同年 11 月 29 日，李××与公司签订《艺人独家合作协议》，主要约定：①李××成为公司的独家签约艺人；②公司作为经纪公司为李××提供才艺演艺互动平台、提供优质推荐资源、提供独家演艺内容及相关事务，帮助李××提升人气和收益；③李××在公司的合作互动平台上进行才艺演艺从而获得相关演艺收入；④合作期间，李××保证全面服从公司安排，公司有权自主组织、协调和安排协议上所述的活动及事务，有义务根据协议约定的方式向李××支付应获得收入；⑤对于李××通过公司推荐所进行的才艺演艺成果，公司依法拥有独家权利；⑥李××承诺并保证在协议有效期内只在公司指定的场所从事协议所述的才艺演艺以及协议内容构成相同或类似的合作；⑦李××有义务在协议有效期内接受公司及其他合作伙伴安排的工作；⑧李××自协议生效后 20 日内于公司平台以实名认证方式应当且仅申请注册一个主播账户，并告知公司账户号码和名称，向公司提供个人身份证明备案；⑨结算收入包括李××获得的提成收入及公司支付的保底收入，独家签约艺人享有经公司事先审核并确定的保底收入，保底收入由公司指派的平台待遇而定，双方按月结算，公司核算备案登记主播艺人的提成收入和保底收入；⑩李××在公司指派直播平台每月直播有效天数不低于 25 天且总有效时长不低于 150 小时，每天直播时长 6 小时为一个有效天，每次直播 1 个小时为有效时长。满足有效天和有效时长前提下，公司每月支付李××2000 元保底工资，不满足时长当月保底取消、只有提成，如违反平台相关条例取消当月保底及奖励。此外，双方还对权利义务、权利归属、保密条款、违约责任等进行了约定。

李××通过公司在第三方直播平台上注册了账号，并从事网络直播活动，直播地点、直播内容、直播时长、直播时间段不固定，收入主要通过网络直播吸引粉丝在网络上购买虚拟礼物后的赠予，直播平台根据与李××、公司的约定将收益扣除部分后（50%）转账给公司，公司再根据与李××的约定将收益扣除部分后转账给李××，转账时间和金额不固定，有些转账名目上载明为工资。

2018 年 3 月 29 日，李××口头解除劳动关系。同时认为：在公司期间的工作岗位为平台主播，工资组成为基本工资、提成、奖励；在劳动关系存续期间，公司未与其签订劳动合同，未为其购买社会保险，拖欠工资。于 2018 年 4 月 27 日向当地劳动仲裁委员会提出仲裁申请，仲裁委未作出受理决定。随后诉至法院，请求：确认双方在 2017 年 11 月 2 日至 2018 年 3 月 28 日期间存在劳动关系，由公司向其支付二倍工资差额 27168.39 元、欠付工资 7500 元及经济补偿金 3712.5 元。

资料来源：李××诉重庆××文化传播有限公司劳动合同纠纷案［EB/OL］. http://gongbao. court. gov. cn/Details/af99a39a14a98eff624668a148119f. html。局部改编。

【相关规定】原劳动和社会保障部《关于确立劳动关系有关事项的通知》第一条规定，用人单位招用劳动者未订立书面劳动合同，但同时具备下列情形的，劳动关系成立。（一）用人单位和劳动者符合法律、法规规定的主体资格；（二）用人单位依法制定的各项劳动规章制度适用于劳动者，劳动者受用人单位的劳动管理，从事用人单位安排的有报酬的劳动；（三）劳动者提供的劳动是用人单位业务的组成部分。

思考分析:

（1）双方发生纠纷的焦点是什么？

（2）双方的劳动关系是否成立，为什么？

（3）文化公司是否应向李××支付工资差额、经济补偿金？

第九章 习题

第十章

人力资源服务与外包

【学习目标】

- 了解人力资源服务的业态情况；
- 掌握人力资源外包的概念；
- 了解人力资源外包的原因；
- 识别人力资源外包的内容；
- 掌握人力资源外包的实施步骤；
- 了解人力资源外包的主要风险；
- 树立数字化人力资源管理思维。

【案例导入】

BOSS 直聘：中国人力资源服务业的头部企业

2021 年 6 月 11 日晚，BOSS 直聘登录美股纳斯达克。招股书显示，2020 年 BOSS 直聘实现营业收入 19.4 亿元（约合 2.98 亿美元），同比增长 94.7%。2021 年 8 月 27 日盘前，BOSS 直聘（NASDAQ：BZ）发布了未经审计的 2021 年二季度财报，即 BOSS 直聘上市后发布的首份财报。报告期内，BOSS 直聘净亏损 14.14 亿元，经调整扣除股权激励费用（SBC）后，BOSS 直聘实现微利，非通用会计准则下净利润 2.46 亿元。

截至 2021 年 6 月 30 日止的 12 个月，BOSS 直聘付费企业客户总数达到 361 万户，较 2020 年同期的 153 万户增长 135.9%。同时，12 个月内付费超过 5 万元的"KA 企业客户"数上涨 146.6%，高于公司付费企业客户增速，大幅领跑行业。持续推进在全行业、全人群、全品类的渗透与覆盖，重点着力向中小城市与非互联网行业的延伸。黑石基金、T. RowePrice、UBSAM、摩根大通、富达资产、景林资产、老虎环球、花旗银行、高瓴资本等主流科技公司投资机构先后建仓 BOSS 直聘。BOSS 直聘一跃成为中国招聘行业龙头，是国内人力资源服务业的头部企业。

资料来源：HRoot. 2021 全球人力资源服务机构 50 强榜单与白皮书［R］. 2021 - 10 - 26。局部改编。

人力资源服务业作为现代服务业的重要组成部分，是支撑人才强国战略的重要抓手，是推动经济高质量发展的重要支撑。人力资源外包是人力资源服务的重要业务形态，许多企业通过人力资源外包加强了人力资源管理职能的整合与优化。本章将介绍人力资源服务的发展历程和业态，重点介绍人力资源外包的内容，详细分析人力资源外包的实施步骤，剖析人力资源外包的主要风险及管理措施。

第一节　人力资源服务概述

一、人力资源服务的发展演变

人力资源是推动经济社会发展的第一资源。改革开放特别是党的十八大以来，我国人力资源服务业围绕就业优先战略和人才强国战略不断发展，行业规模快速增长，服务业态日益丰富，资本化进程不断推进，跨界合作富有成效，产业环境持续向好，战略地位显著提升，已初步形成多元化、多层次的服务产业体系，在推进人力资源流动配置、激发人才创造创新活力等方面发挥着重要作用。我国人力资源服务大致历经了四个发展阶段。

（一）起步探索阶段（1978～1992年）

1978年，我国开启经济改革征程，党的工作重心转移到经济建设上，统包统配的人力资源配置制度开始被打破。1978年7月，国家劳动总局正式向国务院务虚会议提出"建议在大中城市组建劳动服务公司，统一管理社会劳动力，统一调剂职工余缺"[①]。1980年8月，中央在全国劳动就业工作会议上提出"在国家统筹规划和指导下，实行劳动部门介绍就业、自愿组织起来就业和自谋职业相结合"[②]的方针（简称"三结合"就业方针），打破了统包统配的计划配置坚冰，人力资源服务开始出现。

这一时期，国家和各级政府开始培育人力资源服务这一新兴市场，新成立的人力资源服务机构开始提供招聘服务、派遣服务、培训服务、职业介绍等市场化就业及相关服务，在解决专业技术及技能人才流动、就业和外资企业用人需求等方面发挥了积极作用。上海、北京、深圳、沈阳等地先后设立了一批人才服务公司和人才交流服务机构，中智、FESCO、四达等国内知名企业先后成立。据不完全统计，到1990年左右，全国省级人才交流服务机构成立，地市级机构409个、县区级1395个、行业部门37个，从业人员达5000多人[③]。

这一时期人力资源服务工作最主要的特征，是抓住"三结合"就业方针的机遇，加强人才流动配置与管理。1988年，政府机构改革成立人事部，首次将"促进人才流动"作为一项政府职能，纳入政府管理的范围。国务院和有关部门先后发布了《关于加强流动人员人事档案管理工作的通知》（1988年）、《劳动就业服务企业管理规定》（1990年）、《职业介绍暂行规定》（1990年）、《关于加强人才招聘管理工作的通知》（1991年）等制度文件，对档案管理、职业介绍、招聘等相关环节进行了系统规定，并对劳动就业服务企业进行规范化指引。

（二）多元发展阶段（1992～2002年）

进入20世纪90年代后期，我国经济转型节奏加快。党的十四大提出建立社会主义市场经济，党的十四届三中全会通过的《中共中央关于建立社会主义市场经济体制若干问题的

①②　人力资源市场司. 我国人力资源市场发展大事记［J］. 中国人才，2009（12）：17－20.
③　中国国际技术智力合作集团有限公司. 中国人力资源服务供需调查报告［R］. 2021－7－28.

决定》首次明确提出"劳动力市场"的概念，提出把开发利用与合理配置人力资源作为发展劳动力市场的出发点。党的十五届四中全会通过的《关于国有企业改革和发展若干重大问题的决定》中，进一步提出要加快培育企业经营管理者人才市场，建立企业经营管理人才库，"人才市场"首次出现在党的文件中。由此，我国人才市场、劳动力市场作为市场经济的重要要素市场的地位得到确立。

在此期间，随着国有、外资、民营等多种所有制经济主体并存且快速发展，人力资源在全社会范围内流动配置诉求增强，人力资源服务需求规模日益扩大。1994年，中共中央组织部、人事部联合下发的《加快培育和发展我国人才市场的意见》提出，要"发挥组织人事部门所属的人才流动机构在人才市场中的主渠道作用，鼓励具备条件的部门、单位建立多种形式的专业化、产业化人才市场中介组织，建立起多层次、多功能、覆盖全社会的人才社会化服务体系"，行业体系化建设进程进一步加快，人力资源服务业态呈现多元发展特点。国内各类人力资源服务机构均有所增加，德科等外资人力资源服务企业也进入中国市场，猎头、外包等服务业态逐步发展，得益于以计算机、互联网为代表的信息技术在我国的第一次发展浪潮，信息技术在人力资源服务业的具体应用也得到实现，中华英才网、智联招聘等在线招聘平台陆续涌现。

同时，为进一步形成市场导向的规范性人力资源市场，有关部门出台了《劳动力市场管理规定》《人才市场管理规定》等系列政策，探索多种发展模式。

（三）体系建设阶段（2002～2012年）

随着我国国企改革、加入世界贸易组织等多重经济改革举措的实施，我国经济发展不断加快和深入，包括劳动力市场在内的各类要素市场的流动日益活跃，人力资源跨行业、跨地域流动已成大势。2003年12月，中共中央、国务院召开新中国成立以来首次中央人才工作会议，发布《关于加强人才工作的决定》，全面部署实施人才强国战略，提出要建立机制健全、运行规范、服务周到、指导坚强有力的人才市场体系。2007年8月，《中华人民共和国就业促进法》出台，首次在国家法律层面明确提出"人力资源市场"概念。同年10月，党的十七大报告从加快推进经济社会建设的高度，提出"建立统一规范的人力资源市场，形成城乡劳动者平等就业的制度"的要求。在此背景下，人力资源市场化流动成为全社会导向与流动主渠道。

在此期间，我国人力资源市场进入服务市场就业和人力资源开发的新时期，初步形成了有形市场和无形市场相结合、各类人力资源服务机构并存发展的多层次多元化人力资源市场服务体系，满足了不同层次服务主体的需求。与之相关，政府也将工作重心从培育市场主体转移到加强营造制度环境、规范行业发展等政策层面上来。2004年2月26日，人事部发布《关于加快发展人才市场的意见》，明确要推动人才中介服务机构能力建设。2007年3月，国务院印发的《关于加快发展服务业的若干意见》首次将人才服务业作为服务业中的一个重要门类，强调要"发展人才服务业，完善人才资源配置体系"，"扶持一批具有国际竞争力的人才服务机构"。2010年，中共中央、国务院印发了《国家中长期人才发展规划纲要（2010-2020年）》，提出要"大力发展人才服务业"。人力资源服务业发展的战略定位得到巩固提升。

（四）创新优化阶段（2012 年至今）

党的十八大以来，党中央高度重视服务业发展，做出了一系列重大部署。党的十九大报告鲜明提出加快发展现代服务业，国家多次下发文件对抓好新时代服务业发展做出部署。人力资源服务业作为现代服务业的重要组成部分，被纳入鼓励发展范畴，战略地位逐步提高。2012 年 1 月，国务院批转《促进就业规划（2011—2015 年）》，提出大力发展人力资源服务业，加快建立专业化、信息化、产业化的人力资源服务体系。2014 年 12 月，人社部、发改委、财政部联合下发《关于加快发展人力资源服务业的意见》，首次就加快发展人力资源服务业的发展目标、政策措施等做出全面部署。2017 年，党的十九大报告中提出要"建设人力资源协同发展的产业体系，在人力资本服务等领域培育新增长点，形成新动能"，这对人力资源服务业发展提出更高的要求，同时也提供了更广阔的战略空间。

在此时期，我国政府加大推动人力资源服务业健康发展。通过制定人力资源要素市场领域的行政法规，为人力资源服务业提供了法治保障；通过建设人力资源服务产业园，为人力资源服务业提高了产业集中度；通过给予财税及投融资等政策支持，为人力资源服务业营造了良好发展环境；通过加强诚信体系建设，为人力资源服务业形成了行业诚信发展的良好氛围。在经济改革的牵引下，在制度政策的推动下，人力资源服务行业市场主体的活跃度高，成长性好，未来发展空间广阔。

发展是第一要务，人才是第一资源，创新是第一动力。国家十四五规划和 2035 年远景目标纲要对实施人才强国战略、创新驱动发展战略做出新的部署。未来一段时期，全面建成人才强国，激发人力资源创新、创业、创造活力将成为关键。积极响应新形势、新变革，以更高的战略视角，把牢战略方向，向世界一流的人力资源服务业目标发展，人力资源服务将成为支撑人才强国战略、创新驱动发展战略的重要服务环节。

二、人力资源服务的业态内容

人力资源服务业是为劳动者就业和职业发展、为用人单位管理和开发人力资源提供相关服务的专门行业，主要包括人力资源招聘、高级人才寻访、人才测评、人力资源培训、人力资源管理咨询、劳务派遣服务、人力资源外包、人力资源管理信息化等多种业务形态。

（一）人力资源招聘

人力资源招聘服务是招聘服务机构通过确认招聘需求、发布招聘信息、选择招聘渠道、安排考核内容并实施、进行背景调查、沟通与发送录用通知等一系列服务或某项服务，为用人单位提供符合需求的相关人才。

招聘服务主要包括网络招聘服务和线下招聘服务。随着互联网的普及与持续蓬勃发展，网络招聘市场规模呈现快速发展趋势，业务发展逐步走向细分和纵深。根据艾瑞咨询数据显示，2019 年我国网络招聘市场规模已经突破 100 亿元，增速达到 17.3%，预计 2022 年市场规模将达到 145 亿元。在市场快速发展的同时，网络招聘形成了以综合招聘平台、垂直招聘网站和社交网络招聘为主的三大细分领域，而细分领域之下又有进一步纵深延展。以垂直招聘细分市场为例，又可分为行业、人群、岗位等垂直招聘领域。与网络招聘服务火爆相反，单纯的线下招聘服务已不常见，更多是以"线上＋线下"相结合的模式存在。自 2020 年以来，招聘服务线上化程度进一步深化，并向在线笔试、在线面试、招聘服务一体化线上服务方向延展。

（二）高级人才寻访

高级人才寻访服务，俗称猎头，是指为客户提供咨询、搜寻、甄选、评估、推荐并协助录用高级人才的系列服务活动，是人力资源服务对高端人才进行市场化配置的重要业态，推动了人尽其才的良好局面形成。

我国猎头行业政策准入门槛低，监管相对宽松，猎头企业发展的政策环境优越。我国创新经济发展迅速，国内企业成长快速，对于高端人才的需求也随之上升，这成了高端猎头行业增长的新引擎。根据《2019 中国猎头行业发展报告》，在我国，猎头行业的发展始于 1992 年，特别是 2010 年前后，猎头公司数量急剧增多，覆盖地域迅速扩张，行业进入急速扩张阶段。

目前，我国猎头行业发展不均衡问题比较突出。企业服务能力不均衡，从市场全局来看，呈现了"二八分布"的状态，20% 的猎头公司承担了市场上 80% 的猎头业务。地域发展不均衡，沿海城市和一线城市的发展成熟度远高于其他地区。同时，猎头行业裂变速度过快，导致公司之间同质化水平过高，服务机构以中小规模为主，人才渠道单一，信息获取不准确，猎头行业具有高度竞争性。

（三）人才测评

人才测评是综合运用心理学、管理学等多方面的学科知识，对人的能力、素质特点和行为进行科学测量和评价的活动。企业中人才测评是按照事先制定的客观评分标准对被测评对象的知识水平、能力结构、人格特征、工作技能、职业取向和发展潜力等多方面进行测量和评定。作为现代人力资源管理的必要工具之一，人才测评在选拔、定岗、考核等管理工作中发挥重要作用。从测评方法和技术来看，主要包括笔试、面试、履历分析、心理测验、情景模拟、评价中心等。

我国人力资源服务的人才测评企业可以分为三类：第一类是跨国知名人力资源公司，从发达国家进入国内市场，带来较为成熟的权威测评理论和测评工具，主要客户是跨国企业。第二类是国内知名人力资源公司，拥有自主开发的测评工具，对机关事业单位及本土企业适用性较强。第三类是专业细分的人力资源服务公司，对于某一行业某一岗位的人才具有独特的测评方法。

互联网技术变革正在飞速地改变整个世界，人才测评技术的创新引起各方面的重视，如基于游戏的测评、AI 测评、微表情分析等已经获得了实际应用。目前，我国人才测评企业尚处在发展的初级阶段，现代化、规范化和精细化管理水平有待提升，而互联网、大数据技术的创新应用，让我国企业有机会与国外知名企业站在同一起跑线上，开展人才测评方法和技术的创新，有效推进了我国人才测评行业的健康发展。

（四）人力资源培训

人力资源培训是为适应就业、发展或其他需要而以一定的方式进行的有关知识、技能、行为和态度的一种短期教育活动。人力资源培训主要包括职业技能、岗位能力培训，也就是以职业教育为主要内容的培训服务。利用校企合作、互联网＋、终身教育等多理念多方式结合的方法，不断探索和推进职教体系的完备，应对国家发展对劳动力资源的新要求，为国家战略落地提供人才支撑。

人力资源培训服务可以分为在线培训和线下培训两类，与招聘服务的发展相似，在线培训的发展速度已经明显超过线下培训。可以预见，培训服务业线上化程度还会进一步加深，而时间可控、性价比高、课程多元则是用户选择在线职业教育的核心驱动力。同时，培训与招聘服务正在相互延伸融合，行业标杆、互联网巨头等向培训服务渗透的现象也非常明显。

（五）人力资源管理咨询

人力资源管理咨询服务是围绕企业人力资源管理和操作过程提供的咨询服务，服务范畴广泛，从传统的人员招聘、绩效考核、薪酬体系、培训和职业生涯规划等业务，扩展到战略性人力资源管理咨询、信息化管理等综合业务。人力资源管理咨询服务机构主要分为综合管理咨询、人力资源服务、信息软件服务机构三大类。

人力资源法律咨询的服务内容主要包括法律咨询、人力资源制度设计、争议解决、薪税合规、企业内外部人力资源风险控制、用工方式优化、组织与人员调整解决方案、文本制度服务等，人力资源服务机构和律师事务所构成了法律咨询服务的市场主体。在互联网深入发展的背景下，互联网法律服务平台等在线的法律咨询服务也逐步发展起来。

（六）劳务派遣服务

劳务派遣是指服务机构根据用人单位的需求将与自己建立劳动关系的派遣员工派往用人单位工作，用人单位向服务机构支付派遣费，服务机构向派遣员工支付劳动报酬的一种特殊雇佣关系。比起传统劳动用工形式，劳务派遣具有雇佣与使用相分离、管理双重性、用工暂时性和灵活性等特征。

2008年颁布实行、2013年修订的《中华人民共和国劳动合同法》从法律层面认可了劳务派遣这一用工方式，促进了劳务派遣进一步增长，2014年正式实施的《劳务派遣暂行规定》又进一步完善了劳务派遣的规范管理。

目前，我国劳务派遣服务可分为名义派遣、实际派遣和岗位外包三种类型。我国从事人才派遣的服务主体主要包括国有外企服务公司、公共服务机构下属的服务企业、民营企业、外资企业四类。

（七）人力资源外包

人力资源外包（HRO）指企业根据需要，将与人有关的管理或服务内容以外包的形式委托给专业的机构或组织协助执行的活动，主要分为人力资源管理外包和人力资源服务外包两大种类。人力资源管理外包（HRMO）指将企业管理中涉及人的管理内容以外包的形式委托给专业的机构或组织协助执行的活动（由客户企业与员工建立劳动关系），其具体可分为代为管理人力资源职能类外包、人力资源管理咨询类外包、人力资源风险控制类外包、人事代理类外包及其他人力资源管理外包。

人力资源服务外包（HRSO）指将企业工作流程中由人力劳动完成的工作序段委托给外

包机构或组织完成的服务活动（由外包机构与员工建立劳动关系），其具体可分为生产型序段外包、销售型序段外包、技术型序段外包、服务型序段外包及其他人力资源序段外包。

作为一种提高企业人才管理效率的形式，人力资源外包受企业管理层和人力资源主管欢迎，目前国际的大公司常把人力资源外包作为企业发展的一个战略来考虑，我国很多大中型企业也已经接受了人力资源外包对企业的战略意义。近年来我国人力资源外包服务行业发展快速。

（八）人力资源管理信息化

人力资源管理信息化是指为企业开展人力资源管理而开发的收集、汇总和分析有关人力资源信息的系统，涵盖从人力资源规划、招聘、选拔到薪酬管理、培训与开发等各个方面，并提供各种查询统计功能与报表输出功能。人力资源管理信息系统能动态直观地反映企业人力资源的现状，并为人力资源管理提供高效的决策支持。

人力资源流程的自动化、云部署的兴起和移动化渗透的增加是核心人力资源软件市场增长的主要因素。云服务分为软件即服务（SaaS）、平台即服务（PaaS）和基础架构即服务（IaaS）三种模式。随着云计算基础设施的建设和技术的成熟，企业对云计算的接受程度不断提高，企业在经历信息化阶段后开始向数字化转型，而在企业数字化转型过程中，云端人力资源管理方式对企业数字化转型具有重要意义。

三、我国人力资源服务发展趋势

（一）人力资源服务市场空间广阔，高端业态将迎重大发展机遇

随着我国加快转变经济发展方式和人才强国建设，人力资源服务业处于重要发展机遇期，向高端领域升级发展成为必然趋势。而随着企业规模化、国际化进程的加速，企业选择人力资源服务的动机、服务内容需求发生较大变化，企业对于人力资源服务的购买需求正在逐渐向人力资源服务高端业态转移，人才测评、人力资源培训、人力资源管理咨询、高级人才寻访等高端人力资源服务业务的需求在未来可能集中爆发。

但目前，我国人力资源服务机构整体实力并不太强，人力资源招聘、外包和派遣等传统服务业态依然占据主体，开展人才测评、高级人才寻访、人力资源管理信息化等高端服务业务还较为欠缺。

人力资源服务机构需要积极适应市场需求，逐步向人力资源服务高附加值领域延伸，推动行业高质量发展。一方面，扩大服务体系覆盖面，积极促进各类企业和人力资源服务机构的供需对接，结合市场需求积极拓展开展人才测评、高级人才寻访等高端业务，向人力资源服务价值链高端延伸。另一方面，积极探索高端服务与科技、金融等融合发展，促进提升服务质量，满足人才各个价值层面的需求。

（二）以专业化奠基人力资源服务机构竞争力，以价值引领提升服务能力

新时期背景下，随着我国经济结构调整与产业升级，以及社会对于人力资本的重视，市场主体需求广泛，特别是专业化人力资源服务的需求日渐提升，这为人力资源服务业发展带

来了机遇。影响企业选择供应商的主要因素，基本是以专业能力为导向，例如服务人员的专业素质、服务机构在某一专业领域的人员储备、测评结果的精准匹配度等。从人力资源服务采购支出来看，企业在战略咨询、专业培训、猎头服务等高附加值领域的采购金额规模较高。可见，企业对于具有高附加值的服务或产品，愿意支付与之相对应的高价值进行购买。

相对地，人力资源服务机构的服务供应能力却总体上欠缺，主要的问题：从业人员专业化程度不高、专业化产品开发供应不足等。多数机构仍将业务聚焦在招聘、劳务派遣等传统中介类服务，高级人才寻访、人才测评、人力资源管理信息化等业务营收贡献较小，人力资源服务附加价值低、以量取胜，对于人力资源服务机构品牌塑造支撑乏力，造成同行间的同质化竞争，进而加剧价格战的出现。

当前，人力资源服务业的服务领域相对广阔，诸多细分领域值得深耕。对于行业总体，未来可扩大人力资源市场有效供给，优化市场资源配置效率，切实提升人力资源各业态的发展质量；适度延展人力资源服务边界，把服务边界由工作行为延展到消费行为，为特定人群提供优质人力资源相关职业服务和消费服务，努力满足不同市场主体的个性化需求。对于单体服务机构，专注细分领域小而美的服务业务将有望占据一定市场份额。中小型人力资源服务机构打破"小而全"的格局，精准定位，提高细分市场专注度，深化与技术、资本的融合，逐步向价值链高端业务延伸。

(三) 新兴信息技术成为创新驱动力，加快人力资源服务数字化转型

随着人工智能、大数据的发展，信息技术对于人力资源服务产品革新的作用愈加凸显，要进一步加快人力资源服务行业发展提速和转型，加强人力资源服务创新必不可少。受新冠肺炎疫情影响，2020 年以来各行各业的经营运转均产生了巨大的影响和转变，居家办公对在线办公和在线员工管理提出了更新更高的要求。对传统的聚集性办公提出了挑战，在线协同的高效作业模式将更多地出现在企业日常工作中。此外，在线面试、在线培训、电子合同等新兴人力资源数字化应用，也将面临更高的市场需求。

同时，随着社会经济的高速运转，企业人力资源部门的职能被赋予更多的内容，企业的人力资源管理者需要通过数字化的管理工具，从传统繁杂的事务工作中解放出来，将更多的精力和重心放在员工队伍建设、人才赋能等高价值的工作中去。例如，企业采用数字化人力资源管理云平台（DHR）、人力资源共享中心建设（HRSSC）等相关模块，以提升企业人力资源管理效率。

为此，人力资源服务机构应加快数字化转型步伐，在创新协同发展中开拓新的服务领域。一是加强产品定制化、数字化功能，利用新技术在互联网＋、人工智能等领域进行服务方式和商业模式创新，以满足各类企业的个性化需求；二是借用数字化技术手段，对业态关键环节进行数字化整合，加大数字化人力资源管理云平台等数字化服务布局，通过提供更加智能化、精准化的数字平台服务，为企业各层级的管理决策提供更多数据支持。

(四) 人力资源服务业国际化成为趋势，提升人力资源国际服务能力

随着我国人力资源服务业在政策上的进一步开放，德科、光辉国际、海德思哲、领英等国际领先人力资源服务机构在国内市场的影响力不断扩大，使我国人力资源服务行业竞争日趋激烈。2020 年，人社部修订了《人才市场管理规定》《中外合资人才中介机构管理暂行规

定》《中外合资中外合作职业介绍机构设立管理暂行规定》，按照内外资一致的原则，取消了人力资源服务业外资准入限制，表明我国对外资人力资源机构准入政策进一步放松，跨国人力资源服务机构的本土化将进一步加速，对我国本土人力资源服务机构的业务发展形成挑战。

伴随"一带一路"倡议、中国企业"走出去"的深度合作与实施，企业对构建全球化人力资源管理体系、海外人才派遣、国际雇员招聘与管理，以及国际化人才建设与培养、海外人才团队建设等需求将日益增多。

我国人力资源服务机构应积极拓展国际人才服务业务、参与国际人才服务竞争，在满足企业海外雇员管理服务需求的同时，在人才测评、人才培训、人力资源管理咨询等高附加值领域进行服务产品创新，提高人力资源服务机构的专业化水平与国际竞争力。同时，主动融入国际化进程，发挥人力资源服务专业价值，成为企业战略伙伴，帮助企业实现战略转型和组织管理变革，通过服务企业海外投资等方式"走出去"，提升人力资源国际服务能力。

（五）灵活用工服务市场未来可期，着力打造人力资源服务机构服务能力

现阶段，灵活用工及人才派遣服务虽处于发展初期，但企业对灵活用工管理模式的认可度正逐步提升，越来越多的企业将一线工人、技术辅助性岗位、后勤保障人员等群体的聘用实行灵活用工形式，以减轻企业固定成本，快速敏捷地开展业务。

从未来增量来看，国内企业对灵活用工服务需求将进一步提升。随着互联网技术的引入，企业创新用工模式层出不穷，但依然难以为不断上升的用工成本"降温"。据相关预计，未来全球将有8亿人的工作被机器人替代，同时蓝领技工出现市场空白、退休人员发挥余热的渴望度提升，这一系列社会发展趋势将日益显现，在此推动下，我国灵活用工市场将迎来更大的发展空间①。

灵活用工服务机构应加强自身能力建设，树立"客户导向"思维，围绕候选人才库、精准招聘能力等核心要素拓展服务半径；以劳务派遣为主业的服务公司应加快向灵活用工服务领域的转型发展，通过技术革新提效、外延并购等方式，进一步做大做强。此外，灵活用工作为一种新模式新探索，也伴随着新风险，比如财税不合规、用工关系不合规、人岗匹配的适应度低等，这些都与服务机构能否正常经营息息相关；从雇员本身出发，保险缴纳、薪酬待遇、人身安全、用工维权等方面如何得到合理的保障等问题也需解决。

第二节　人力资源外包概述

一、外包的含义

1990年，加里·哈默尔（Gary Hamel）和普拉哈拉德（C. K. Prahalad）在《哈佛商业评论》发表了题为《企业的核心竞争力》文章，初次使用了"外包（outsourcing）"这个

---

① 中国国际技术智力合作集团有限公司. 中国人力资源服务供需调查报告［R］. 2021－7－28.

词，认为业务外包是指企业将一些非核心的、次要的或辅助性的功能外包给企业外部的专业服务机构，利用他们的专长和优势来提高企业的整体效率和竞争力，而企业自身可专注于具有核心竞争力的功能和业务。

外包，英文直译为"外部寻源"，指企业整合利用外部最优秀的专业化资源，达到降低成本、提高效率、充分发挥自身核心竞争力和增强企业对环境的迅速应变能力的一种管理模式。其核心思想是：企业在内部资源有限的情况下，为取得更大的竞争优势，仅保留其最具竞争优势的业务，而将其他业务委托给比自己更具成本优势和专有知识的企业。

二、人力资源外包定义

随着企业组织重构、流程再造等重大变革的推进，企业人力资源管理活动的方式也在发生深刻的变化。人力资源外包就是这个变化过程的结果之一：企业往往根据需要将某一项或几项人力资源管理工作或职能外包出去，交由其他企业或机构进行管理，以降低人力成本，实现效率最大化。人力资源管理外包可渗透到企业内部的所有人事业务，包括人力资源规划、制度设计与创新、流程整合、员工满意度调查、薪资调查及方案设计、培训工作、劳动仲裁、员工关系、企业文化设计等方方面面。

狭义地说，人力资源外包就是指将原来由企业内部人力资源部承担的工作职能，包括人员招聘、工资发放、薪酬方案设计、保险福利管理、员工培训与开发等，通过招标的方式，签约付费委托给专业从事相关服务的外包服务商的做法。从广义上说，任何以购买或付费方式将组织内部人力资源活动交由组织外部机构或人员完成的做法，都可视为人力资源外包。

一般认为，正式的人力资源外包过程应包含以下五个要素：

（1）外包提出方有外包项目需求说明。

（2）外包承接方有外包项目计划书。

（3）外包双方经协商达成正式协议或合同。

（4）外包承接方根据协议或合同规定的绩效标准和工作方式完成所承接的活动，外包提出方按照协议或合同规定的收费标准和方式付费。

（5）外包双方中的任何一方违反协议或合同规定，外包关系即行终止，外包提出方如果对外包承接方的服务不满意并有相应事实证明，可以提出中止外包关系。

其中，外包承接方即外包服务商，是按照外包双方签订的协议和项目计划书为外包方提供相应服务的机构或组织，主要包括大型会计师事务所、管理咨询顾问公司、人力资源服务机构、高级管理人才寻访机构等。通常提供单项人力资源职能服务，也有少数服务商提供全套人力资源职能服务。

三、人力资源外包的动因

促使组织采取人力资源外包的原因很多，以下对人力资源外包的主要原因进行分析。

（一）人力资源部门职能转变的需要

随着知识经济时代的到来，人力资源管理部门应从一般性的行政管理职能转变为战略性的经营规划职能，这在企业中表现得尤为突出。企业再造、结构重组、规模精简的变革大潮，要求人力资源管理者成为首席执行官的战略伙伴，帮助计划、实施组织变革。也就是说，人力资源管理部门需高瞻远瞩，为组织制定整个人力资源管理的战略规划。目前很多组织或机构的人力资源管理部门仍只作为一个职能部门，提供必要的细微烦琐的事务性工作，比如员工招聘、档案管理、工资福利、培训、绩效考评等人事管理工作，其担当的角色主要是内部服务商、内部顾问等。

战略性人力资源管理不仅注重短期需解决的问题，更注重人力资源的整体规划及动态发展，应具有相当的前瞻性、整体性和主动性。战略性人力资源管理要求对人力资源管理的职能重新定位，人力资源管理不再是组织经营战略的被动执行者，而应该成为组织经营战略的决策者。将人力资源管理的事务性工作外包出去，有利于人力资源部门从繁杂的日常行政管理职责中解脱出来，真正地参与到企业高层的战略规划中去，实现其战略性职能。

（二）集中力量开展核心业务的需要

从人力资源外包服务的需方角度看，人力资源外包能使组织把资源集中于那些与核心竞争力有关的活动上。在竞争激烈的情势下，将人力资源管理中那些事务性、程序性的工作付诸外包管理，与专业的外包管理机构建立合作伙伴关系，比如将员工招聘、新员工培训、工资发放、人事档案管理等转交给社会上的专业服务公司或顾问人员，从而使这些活动尽可能少地干扰组织构建核心竞争力，能够更加专注于核心业务，以追求利润或效益最大化。从人力资源外包服务的供方看，外包服务供应商可以为组织提供更加全面、专业的、优化的人力资源管理方案，确保其经营重点的突出和绩效的提高。例如，对于一个生产性企业而言，生产技术是它的强项，而人力资源管理工作可能是其弱项，也是企业中的辅助生产工作部分。如果将该部分工作外包给专业的公司来做，企业就可以集中现有的有限资源，更加专注于自己擅长的核心业务，并使之成为自己的特长，凝聚核心竞争力，从而提高企业绩效。可见，采取适当的人力资源外包活动，有助于组织专心发展其核心业务。

（三）获取高素质专业人才资料的途径

知识经济与信息技术的推进使人力资源管理职能的成功运行需要大量的技术投资。例如，人力资源管理 ERP 系统、电算化自主服务平台和人力资源管理数据库等，通过开发相关应用软件和平台，可以提供电子化人力资源管理程序，为员工和经理提供自助服务，建立数据仓储和知识管理系统，有效地调取和运用员工数据资料。人力资源管理外包可以成为组织获取技术支持和数据服务的最佳备选途径。同时，由于外包服务供应商对于人力资源管理领域的专业精通，往往可以提供更专业的人员、更先进的技术、更高质量的产品或服务。

除获取专业人才与服务外，人力资源外包还有助于企业留住优秀员工。人才安全问题已成为人力资源管理过程中一个不可忽视的问题，如何留住关键性人才是组织发展所面临的最大挑战。优秀的人力资源外包服务供应商通常拥有人力资源管理各方面的专家，能够建立起一整套普适性较强的综合性专业知识、技能和经验，为客户单位提供更加有效的人力资源管理工作。这些外部工作者了解员工的需求，能够提高员工的综合待遇，从而增加员工满意度，降低员工流失率。

（四）降低部分运营成本的手段

人力资源外包可减少分配在行政性、事务性、非经常性人力资源活动上的专门的人力资源，从而降低人力资源管理的开支。某种程度上，对组织而言，从专业机构获取人力资源方面信息和高质量的服务，远比其自身拥有庞大繁杂的人力资源管理队伍更能节约成本和创造更大的价值。

在整个人力资源管理服务过程中，成本并不仅仅是付给雇员的工资福利费用，还包括配置的电脑硬件、软件系统费用，以及办公费、管理费和培训发展费用。此外，还应考虑人力资源部门存在的时间成本。在较多企业中，人力资源部门通常花费大部分时间从事行政管理类的工作，仅少量时间履行战略伙伴职责、支持员工利益和担任相关人力资源顾问等。这些时间成本计算起来也是相当可观的一笔费用。实行人力资源管理外包，一方面可以直接获得先进的人力资源管理程序和服务，而不必投入先期开发资金和后期的维护费用；另一方面先进管理技术的应用使人力资源管理更加科学，提高管理的效率，使员工的满意度提高，进而有助于提高劳动生产率和减少人员流动成本。可见，人力资源外包可以提高人力资源管理程序的效能，从而降低相应的经营成本。

（五）精简机构与组织变革的催化剂

通过人力资源管理外包，可以使组织的人力资源部门从烦琐的事务中解放出来，撤并机构、裁减不必要的人员，从而使该部门人员专注于更高层次的人力资源管理工作，成功的外包服务也可以带动其他部门和人员提高工作效率。值得注意的是，人力资源管理外包还与组织分布结构、内部网络密切相关。例如，外包程度较高的矩阵式组织，往往依靠内部网络、淡化部门边界，具有灵活的非正式结构，这与人力资源管理外包安排基本一致，有利于组织变革。组织交替选择人力资源管理外包和内包模式，有助于提高组织的学习效果。当然，组织的机制结构与管理转型是做好人力资源管理工作所必需的。

此外，人力资源外包还可以帮助组织建立完善的人力资源管理制度，减少劳资纠纷。随着《劳动合同法》《就业促进法》和《劳动争议仲裁调解法》的相继出台以及相关劳动法规的修订，对用工要求更为严格，劳动纠纷案件大幅度上升。组织，特别是中小企业的人力资源部门因无力、不擅长或不便于满足某些要求而将部分职责外包给社会上的人力资源专业服务公司或顾问人员，无疑是明智的选择。人力资源外包机构可以帮助其突破逐渐老化的管理模式，结合最新的法律政策，为所服务的组织制定清晰的工作说明书和岗位规范，审查和签订劳动合同、提供人事政策和法律咨询、调解劳动争议等，建立起人力资源管理信息系统等。

（六）降低或转移风险的方式

根据人力资源外包服务供应商的职业道德和信息保密性协议，他们必须严格履行承诺，确保发包组织及相关私人信息的保密性，即使是组织主要管理人员也不可以得到这些信息，这有利于保守商业秘密和个人隐私。由于市场经济运行和经营者自身业务活动的复杂性、经营者认识能力的相对滞后性，以及采取方法的有限性等原因，各类组织面临着来自法律、政策、公司治理、金融、技术等一系列风险，若不能提供优质的人力资源管理服务，后果将不堪设想。

将部分人力资源管理职能外包出去，有助于一定程度上降低连带责任成本并转移风险。

四、人力资源外包的内容

一般来说，人力资源管理的各项职能都可以外包。既可以把包括招聘、考核、培训、薪酬等事务性、社会性的人力资源管理业务外包出去，也可以将人力资源战略、人力资源规划等高难度、高专业化的职能外包出去。但事实上，并不是人力资源管理的所有职能都适合外包。人力资源管理的不同职能对组织的意义不同，外包程度也会不同。

（一）人力资源外包内容选择

1. 常见人力资源外包项目

目前较常见的人力资源外包项目有：

（1）代办员工的录用、调档、退工手续、社保开户变更手续、年检手续、外来人员综合保险。

（2）受用人单位委托招聘与派遣岗位所需人才。

（3）代办人才引进、居住证、就业证手续。

（4）代理户口挂靠及档案委托管理相关人事手续。

（5）提供各类商业保险、福利及培训方案，规章制度设计、薪酬设计等；提供人事政策、法规咨询、调解劳动争议等。

（6）调查员工满意度、薪资；拟定岗位描述；人力资源规划。

2. 国外对人力资源外包项目的研究

根据国外许多企业的实践，以下人力资源活动适合外包：

（1）薪酬管理方面：职位说明书编写、职位评价、薪资调查、薪资方案设计、对管理人员做薪资方案培训、薪资发放等。

（2）人力资源信息系统方面：建立计算机系统和维护技术性人力资源信息系统等。

（3）国际外派人员管理方面：制作委派成本预算、委派信和有关文件资料，外派人员的薪酬和福利管理，对外派人员及其家属进行岗前引导培训等。

（4）组织发展方面：管理人员继任计划设计、向外安置人员、新员工岗前引导培训等。

（5）遵守劳动法规方面：向政府有关部门提供各种与雇佣及社会保障相关的数据和报告等。

（6）人员配置方面：寻找求职者信息，发布招聘广告，进行招聘面试、预筛选、测试、求职者背景审查及推荐人调查，开展雇员租赁，等等。

（7）培训方面：技能训练、管理人员培训、安全培训、团队建设训练、计算机培训等。

以下人力资源活动则更适合于在企业内部进行。一是员工关系管理方面。例如，员工管理指导，仲裁与解决争端，劳动合同谈判，人员精简，沟通企业人力资源战略、政策和计划，员工职业发展管理，工作绩效评价，等等。二是人事管理方面。例如人事记录保管、雇员日常状态变化管理、非技术性人力资源信息系统维护、现场人事档案管理等。三是人力资源规划方面。例如，制订人员增长和扩展计划、制订人员精简计划、制订组织发展计划等。

（二）我国人力资源外包常见的内容

人力资源外包项目最初仅局限于为客户单位承担有关员工工资计发、保险、福利、纳税、员工档案保管、录用等事务性工作。经过数年，外包项目已经从简单的代理服务向咨询顾问服务模式拓展。专业机构提前参与到人力资源方案设计阶段，之后再配合操作后续具体环节，并随时出具咨询报告，监控外包项目实施状况。因此，许多传统的服务项目，在服务深度上得到较大程度的拓展。而当前我国人力资源外包的内容主要集中在招聘、培训、薪酬管理、福利和津贴等方面。

1. 员工招聘

前期的外包招聘工作，往往是大批量低层次的员工，组织只对其提出粗线条的要求，因此，外包工作只需要在短时间内完成数量要求。随着人力资源相关法律法规的变化，以及外部环境的不断变化给招聘政策、招聘工作带来了较大的风险，员工的流动性和替代性也越来越强，组织持续需要技术能力型并符合发展需求的人员，为适应组织发展需求的速度而进行人才招聘是组织所面临的艰巨而重要的挑战。由于组织发展的各个时期不同，对于岗位设置和人员要求不断变化。因此，招聘工作不能是临时性、短期性和盲目性的。

通过人力资源外包，尤其是将其常规人员招聘职能外包给有经验的服务商，可充分利用其专业化能力与服务，通过其对不同组织或行业的招聘工作的经验积累，预测企业未来发展的需要，未雨绸缪地设计岗位和招募符合岗位需要的人员，从长远发展的角度结合人力资源规划策略，为组织设计合理灵活的招聘体系。

通常招聘方面外包的活动有：起草和发布招聘广告；接收和筛选求职简历；招聘录用（面试、预筛选、测试）；确认备选人员配置方案；求职者背景审查以及推荐人调查；签约。

2. 员工培训

培训是企业人力资源开发的主要任务之一。通常外包培训是将培训的核心职能外包出去，包括制订培训计划、设计课程内容、办理报到注册、确定时间表、提供后勤支持、进行设施管理、选择讲师、进行课程评价等。具体地说，在员工培训过程中，培训设计方面的工作一般由专业培训公司来完成，因为优秀的专业培训公司通常拥有人力资源管理各方面的专家，具备综合性专业知识、经验和技能。同时在培训的实施过程中，需要组织的内部培训专业人员、经理和其他辅助人员的参与，由于其比外部人员更熟悉组织内部的情况，与员工之间容易产生更好的示范效果和亲和力，从而在内外部培训人员的合作下，增强培训效果。

关于员工培训的外包活动常见的有：技能训练；基层管理培训；管理人员培训；安全培训；团队建设；计算机培训；新员工岗前引导培训。

3. 薪酬管理

工资的设计与发放是人力资源管理部门最基本的业务。目前，我国很多组织采用银行代发工资的形式，这不是外包服务所指的薪酬管理。外包意义的薪酬管理包括了两个方面：根据组织发展需要，人力资源专业机构进行薪酬方案设计和员工的绩效考核。具体地说，首先根据组织内部人力资源管理规划要求，分析行业薪酬数据，制定具有激励机制且符合组织成本控制需求的薪酬方案。其次，方案确定之后，根据员工的绩效考核结果，制定薪酬发放标准并代为发放工资。需要指出的是，薪酬管理是一项长期动态工作，随着组织发展状态、行业薪酬标准浮动、员工表现等各方面因素的变化，由第三方专业机构代为跟踪操作，以确保员工薪酬处于公平状态。总的来说，第三方人力资源服务机构的介入，可使薪酬管理增加透明度、提高公正性。

关于薪酬管理的外包活动常见的有：职位说明书；职位评价；薪资调查；薪资方案设计；高级经理人薪酬；对管理人员做薪资方案培训；薪资发放；财务项目与风险承担。

4. 福利和津贴

福利和津贴体现了组织对员工的关心，最易使员工感到个人与组织的利益相关性，从而形成归属感和认同感。在我国，前期的福利外包包括国家法定的福利，如养老保险、失业保险、医疗保险、住房公积金等。随着组织的发展和壮大，许多组织考虑在法定保险之外再为员工提供其他福利项目。如何利用有限的资金为员工谋求最大的福利，是组织关心的福利问题。把福利津贴方案的设计工作外包给专业化的咨询机构进行，是一种不错的选择。通常，专业化的咨询机构首先对不同层次员工的需求进行分析，然后制定切实符合组织和员工需求的、又可以激励和挽留核心员工的福利方案。另一种外包形式是，组织不考虑具体分配的方式，把类似的福利与津贴的规划与管理交给专业咨询公司，一方面可提高双方的效率，享受因各自规模经济而带来的好处，另一方面也有助于降低企业的经营风险。

为了对我国人力资源外包流程有个初步了解，图 10-1 简要描述了外包前后的人力资源管理活动的流程变化。

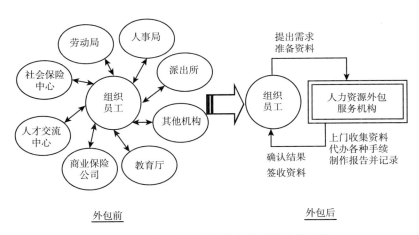

图 10-1　我国人力资源外包前后的简单流程

第三节　人力资源外包的实施

一、人力资源外包的要点

人力资源外包能否取得预想的效果、达到预期的目的，关键在于外包决策和实施过程有效与否。在此过程中，需重点关注以下几个方面。

（1）确定外包的内容。在进行人力资源管理外包决策时，首要考虑的是外包的内容。组织准备实施人力资源管理外包之前，必须先界定清楚某个或某几个职能是否真的适宜外包。对于组织来说，首先考虑的是安全性，坚持不把涉及核心能力的工作外包出去的原则。对于人力资源管理具体职能来讲，工作分析与岗位描述、员工招聘、培训与发展、薪酬、福利、劳动关系等一般可以考虑外包。比如对员工进行的各类在职培训；根据国家法定的福利制度缴纳养老保险、失业保险、医疗保险、住房公积金等事务性工作可以外包出去。

（2）选择外包的服务商。人力资源管理外包的内容确定好以后，就要考虑如何选择服务商：一要考虑服务的价格；二要注重服务商的信誉和质量，这将对整项工作的完成乃至对组织的正常发展起决定性作用。在对涉及组织机密、员工满意度、工作流程等敏感性人力资源管理工作（比如工作分析与岗位描述、薪酬设计、人力资源管理信息系统等）选择服务商时，必须确信其可靠性与信誉度。此外，组织还需根据内部人力资源管理工作量的大小，考虑外包服务商的强弱，选择适合于本组织的服务商。

（3）选择外包的方式。一般来说，寻求人力资源管理外包服务商的方式可分为三类。一类是普通的中介咨询机构，其从事的业务广泛，人力资源管理外包仅仅是其诸多业务中的一项，组织可把人力资源管理的某项工作完全交给他们去做。第二类是专业的人才或人力资源服务机构，如英法等国出现的快速人员服务公司，就是专为企业人力资源外包服务的。当然，国际盛行的猎头公司，也属于这类公司之一。第三类是寻求高等院校、科研院所的人力资源专家或研究机构的帮助，由他们来为组织出谋划策。上述三类外包方式并非孤立的，在实际操作中往往会召集各类人员，组成一个智囊团，力求把工作做好。

（4）外包的实施。经由上述三方面的准备，人力资源外包就可以由相应的服务商来负责实施。在这期间，组织的人力资源管理部门并不是消极等待，而应该是积极参与。一方面，要注意人力资源外包风险的防范与控制，发包方应与服务商就相应的外包项目签订书面合同，明确双方的权利和义务以及违约赔偿等问题。在外包实施过程中定时检查工作的进展，确保工作的顺利、安全实施。另一方面，人力资源部门还应积极参与配合，为外包服务商尽可能提供帮助，双方应建立起双赢的合作关系，共同把工作做好。

二、人力资源外包的具体步骤

在人力资源外包决策和实施过程中，需要考虑一系列战略问题，采取有效手段，保证合理决策和正确执行。有效的人力资源外包步骤可简要概括如图 10 - 2 所示。

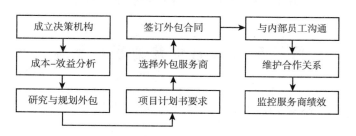

图 10 - 2　有效的人力资源外包工作流程

（一）成立决策机构

成功的人力资源职能外包方案始于清晰的短期目标和长期目标。为了保证决策的正确性，组织应当委任一个由来自内部不同职能部门（如人力资源、财务、税务或法律）的 4 ~ 5 人组成的人力资源外包工作委员会负责审议所有的外包决定。由高级人力资源经理担任该委员会主席，负责主持有关外包问题的研究，寻找有关信息、资料，起草外包项目计划书要求等。该委员会研究本企业的整个业务、个性及文化，确定外包方案适合本企业个性和文化。在确定目前以及预期服务需求和人员能力的基础上，做出决策以确定适于外包的人力资源职能。

（二）进行成本—效益分析

在人力资源外包问题上，组织最关心的是提高人力资源效益，降低管理成本。因此在进行人力资源职能外包决策时，必须关注外包的成本以及可能的投资回报，期望有较全面的成本－效益分析。在人力资源活动外包方面，比较常见的一种成本效益衡量方式是，核算现有工作人员完成某特定活动的成本（包括薪资、福利、办公空间、电话、计算机设备及其使用等），再将此成本与该活动外包的成本进行比较。但是，这种分析并不完美。在考虑成本的同时，还必须考虑员工和管理人员对以外包方式完成此项工作的满意度、现有职能人员的能力发展、企业技术现状等。人力资源外包决策者必须考虑如何实现最高的回报率。

一般来说，将传统的人力资源职能，比如福利、培训或人员配置外包，使组织有可能精简这些职能工作；减少运营成本，免于为自购设备及长期维护付出高昂的资金费用。随着在外包活动方面经验的积累，组织对人力资源外包成本效益的判断和分析也会日臻完善。

（三）研究和规划人力资源外包

透彻地研究拟外包的人力资源职能领域非常重要，因为每个领域都有其特有的一系列机遇和风险。需要关注三个重要因素：组织内部能力、外部服务商的可获得性、成本效益分析。在着手实施外包之前，要仔细调查潜在的服务商市场。组织的任何人力资源问题都不会因将这些事情被委托给第三方就消失，所以在提供服务的过程中，服务商的问题就是组织自身的问题。外包是一种合伙关系，要求发包与承包双方保持沟通和配合。因此，整个外包项目实施过程的各个环节，都应当进行深入的研究和完善的规划。

同时，为了保证外包职能的顺利进行和交接，发包的组织还可以确定外包计划各阶段的时间表，一方面控制进度、把握目标实现的阶段性；另一方面可随着组织计划的变化而调整，以符合组织发展的战略目标。

（四）起草项目计划书要求

起草项目计划书要求的关键是明确必须询问的最重要问题，以便获得必要的信息，对每个服务商的经验、可信度及其以往成就做出有充分根据的判断。项目计划书要求是发包组织提交给服务商的一种正式函件，内容主要包括所有需要外包服务商回答的问题和提交资料、证明的要求。项目计划书要求是组织让潜在的外包合作对象充分了解自己需求的手段，在很大程度上能够决定投标服务商的范围，以及进行服务商筛选和分析的工作量，因此，起草项目计划书要求的过程受到高度重视。

一般情况下，项目计划书要求由熟悉和理解人力资源外包过程以及打算外包职能的人来起草；所提出的问题和要求提供的信息应当与要外包的职能相关，并且要求非常明确具体。

项目计划书要求应当包括以下要点：

（1）介绍本组织的背景、所在行业、雇员数量、地点等。

（2）提出要求与期望，说明打算外包的人力资源活动的类型，例如薪资发放或人员配置。

（3）提出对服务商的基本条件要求。

（4）要求服务商提供被指定作为服务商代表的人员信息：指派原因、背景、证明材料以及服务绩效。

（5）要求服务商说明所具备的沟通能力。

（6）要求服务商说明所具备的计算机、信息、网络技术能力。

（7）要求服务商说明如何实现人力资源职能外包启动初期的过渡转换。

（8）询问将提供什么类型的咨询建议以及方案设计帮助。

（9）询问将提供什么定期报告。

（10）询问收费标准，索要一份服务商的服务合同样本。

（11）要求服务商提供至少三个可用于参考的客户单位的名称、电话号码及联系人。

（12）说明服务商提交项目计划书及回复项目计划书要求函的截止时间，与入选服务商面谈的时间，以及最终宣布选拔结果的时间。

（五）慎重选择外包服务商

选择好的外包服务商是人力资源外包成功实施的关键之一。组织在选择外包服务商时，要对外包商的整体能力进行综合考察。一般来说，应主要从以下几个方面考虑：

（1）质量承诺。是否真能为组织量身打造设计的方案，是否满足组织预期要求，是否能有效解决组织的实际问题，是选择外包商的首要因素。

（2）价格因素。组织进行人力资源外包一个主要的原因是降低成本，因此了解其市场价格必不可少。

（3）外包商的专业化程度。组织进行外包的一般是非核心的人力资源管理职能，是为了弥补人力资源管理的缺陷而采取的行动。为达到这一目标应首选行业中居于领先地位的服务商，这也是质量承诺得以实现的基础。

（4）外包商的市场地位及市场成熟度。外包商在业界的声誉、以前的业绩状况、目前的财务状况，以及对本组织所在行业的了解程度，这关系到外包商的服务被监管部门认可的程度，也关系到外包价格是否达到组织的预期。可以对外包商以前的客户做深入的调查与核实，来掌握外包商的实际服务水平。常用的有效做法是联系至少三四家服务商，以便充分了解市场价格以及能够提供的专业服务。

当得到所联系的服务商对项目计划书要求的回复之后，对最符合组织要求的两三家外包服务商，逐一进行评估。为了提高效率，外包工作委员会可以对每项将外包的人力资源活动确定至少 10 个标准，包括定性和定量的因素，权衡每个因素并形成一个序列清单，用作评价服务商的指标体系。从中选择出资信、能力都较好的服务商作为外包合作伙伴。

（六）签订外包合同

外包工作委员会应派最佳谈判代表去主持谈判，并尽可能采用最适合本组织的方式进行。同时，组织要制定尽可能详细周密的外包协议或合同，以此来规范和约束外包商的行为，降低外包风险。合同的内容应当包括外包模式、具体项目、工作流程、方案报价、服务质量监控指标、激励与约束条款等，并尽可能选择正式的法律文本。合同中涉及外包项目预期效果、信息安全、损失赔偿等方面的条款应当详细具体，并且明确责任。建议在正式签署前，请有经验的律师对合同的所有条款进行一次审查。总的来说，在利益共享的基础上，签订内容完备的人力资源外包协议，建立一体化的运作体系，不断改进双方合作的深度与广度。

（七）与内部员工进行广泛的沟通

人力资源外包合同签订后，外包服务商就开始进入实质性的服务阶段。由于人力资源活动往往会涉及发包组织的全体员工，外包的成功很大程度上取决于全体员工的理解和配合，故而沟通是人力资源外包项目成功的重要因素。组织除了在外包前要与员工进行宣传和沟通，尽早让员工了解有关外包信息外，在外包实施过程中，更要协助外包服务商一起对人力资源部、管理层、相关部门的员工进行深入沟通，以获得组织内部员工的理解和认同，消除不必要的猜疑和不满，奠定良好的群众基础，保证外包的顺利实施。在此过程中，根据沟通的对象特点、内容特点，确定沟通的方式、范围等，务求与内部员工进行广泛而有效的沟通。

（八）维护实施过程中的合作关系

在与外包服务商进行讨论的初期，组织就应已获得服务商方面工作人员的名单、简历和证明材料，并让人力资源部门及相关人员进行接触；通过定期安排会议保持沟通，与服务商的代表建立一种积极的关系。为了使人力资源职能外包项目取得成功，在整个合同执行期间，外包双方都必须花时间去建立和维护良好的关系。在与服务商建立这种合作关系的过程中，组织应当经常举行会议，与服务商代表共同讨论项目执行层面的问题，阐明外包工作的各种细节问题。通过这种沟通和讨论，外包双方完全明白各自应承担的具体职责，以便共同实施外包项目。与此同时，发包组织通过实际参与外包合同和方案的执行，随时了解项目的进展，对各种问题和潜在的风险有所察觉并及时做出反应。值得指出的是，在那些必须具有连续性的人力资源活动领域，外包时要特别重视与服务商发展长期关系，要求服务商对发包方的文化有深刻的了解和高度的尊重。

（九）监督与评价服务商的工作绩效

人力资源外包项目从一开始就应建立绩效衡量标准，并同时说明工作绩效评价方式和报告程序，明确所期望的绩效标准和服务水准详细说明需要提供什么服务、由谁提供、在何时何地提供以及谁作为代表提供；还要确定发包组织将如何监控和评价每个人力资源职能领域的服务质量。

在人力资源外包过程中，组织应当坚持要求外包服务商诚实报告、经常报告、出现问题及时通知。对服务商的绩效评价标准应当明确、具体、可衡量。例如，在人员配置方面，服务商工作绩效评价标准可以是每雇用一人的成本、人员流动率等。通过绩效标准可以提高服务商的工作绩效。组织为了得到更好的服务而实行人力资源职能外包，因此必须坚持对外包服务商的工作成果进行严格管理和评价。外包服务商只有在提供了合同所约定质量标准的服务之后才能得到报酬。

【知识拓展 10 – 1】

窥斑知豹：人力资源服务业

导语：由于战略重点的更迭、市场环境的变化以及降低成本的持续压力，很多企业选择将人力资源职能外包了出去。事实上，人力资源外包是人力资源服务机构提供的专业服务。为了促进新时代人力资源服务市场的规范发展，各级政府从法律法规、产业制度等多方面采取了有效措施和积极探索，如 2012 年 12 月我国修订了《中华人民共和国劳动合同法》中关于劳务派遣等相关条款；2017 年 5 月发布了《人力资源服务机构能力指数》国家标准；北京市、四川省等地方政府对人力资源服务业提出了相关管理办法。在此仅做简要介绍，旨在窥一斑而知全豹，以飨读者。

1. 《人力资源服务机构能力指数》国家标准发布

近年来，我国人力资源服务业发展迅速，初步形成了多元化、多层次的服务体系。截至 2016 年底，全国共设立各类人力资源服务机构 2.67 万家，从业人员 55.3 万人，全行业营业总收入 11850 亿元，有力地推动了人力资源的优化配置。但同时也发现，我国人力资源服务业总体上仍处于初级阶段，行业整体规模与战略地位不相匹配；行业整体实力较为薄弱，国际竞争力不强，缺乏有国际竞争力的自主品牌；颁布实施人力资源服务规范较多，而人力资源服务机构相关国家标准较少，行业标准化建设发展不够平衡。

为此，国家市场监督管理总局、国家标准委于 2017 年 5 月 31 日发布了第 13 号《中国国家标准公告》，批准发布《人力资源服务机构能力指数》国家标准，由全国人力资源服务标准化技术委员会归口，自 2017 年 12 月 1 日正式实施。

该标准的颁布实施，有利于形成各级人力资源服务机构统一的能力指数，推动人力资源服务机构实现服务的标准化、规范化、科学化，提升服务质量、服务水平和服务效率；对规范人力资源服务机构及从业人员行为，加强窗口服务建设，促进行业自律与和谐有序发展有着重要作用；有利于推动人力资源服务领域规模化发展，增强国际竞争力，更好地推动人才强国战略和就业优先战略的实施。

该标准具有科学、合理及可操作性，明确了人力资源服务机构能力指数划分与代号、能力指数基本要求和基本条件，适用于人力资源服务机构的能力指数评价。对服务机构的从业人员、业务范围、设施设备、服务环境、规章制度等要素进行了规范，对各要素设定了相应的量化指标。一是服务机构能力指数划分与代号，设定了服务机构的 5 个能力指数以及相对应的代号和评价指标体系。二是服务机构能力指数基本要求，从服务场地、服务环境、从业人员、规章制度、服务项目和要求、服务评价与改进等方面做了具体规范。三是服务机构能力指数基本条件，从基本要求、注册资本、从业人员、设施设备、服务环境和规章制度等六个方面对服务机构的能力水平所应具备的基本条件进行了规范。

2. 人力资源服务业首次纳入高精尖产业目录（北京市）

2021 年 3 月 27 日，北京市人民政府公布了《北京市促进人力资源市场发展办法》（以下简称《办法》），并自 2021 年 5 月 1 日起施行。对人力资源市场体系、人力资源市场培育、人力资源服务活动等方面做出系统规定，是做好促进新时代北京市人力资源市场建设发展的基本依据和准则。

《办法》明确提出，充分发挥市场在人力资源配置中的决定性作用，建立健全政府宏观调控、行业自律规范、市场公平竞争、单位自主用人、个人自主择业、人力资源服务机构诚信服务的人力资源流动配置机制，促进人力资源自由有序流动，营造稳定、公平、透明、可预期的人力资源市场发展环境，切实让"有效市场"和"有为政府"更好结合。

该《办法》首次将人力资源服务业纳入北京市高精尖产业登记指导目录，综合运用各类产业政策重点支持发展；鼓励人力资源服务行业组织、经营性人力资源服务机构，制定和发布国际领先的团体标准、企业标准，参与国际标准化活动；鼓励用人单位使用人力资源测评、招聘流程管理、人力资源培训、管理咨询、绩效评估、薪酬福利管理等专业化人力资源服务；支持人力资源服务机构应用大数据、人工智能、区块链、云计算等新技术，为用人单位和求职者提供个性化服务，提高服务效率。

3. 全国首创：人力资源服务产业统计调查（四川省）

据统计，四川省有人力资源服务市场主体9700家、从业人员61万人、总营业收入1609亿元（截至2020年初）。为了加快推动四川省人力资源服务产业发展，准确反映产业发展状况，2021年4月，四川省统计局、省人力资源社会保障厅等15家省直部门联合发布了《四川省人力资源服务产业统计调查分类范围（试行）》（以下简称《分类范围》），属全国首创。

《分类范围》以国家《服务业创新发展大纲》和《产业结构调整指导目录》为指导，以《国民经济行业分类》为依据，以四川省委、省政府确定人力资源服务产业范围为基础，首次将人力资源服务业由以往国民经济行业分类（GB/T4754—2017）中的1个中类、5个小类，拓展为5个大类、17个中类、46个小类，全面涵盖了人力资源要素的开发利用、流动配置、评聘管理、服务保障全过程、各领域。从省级层面和统计工作的角度，实现了人力资源服务由行业概念向产业概念的根本性转变。

《分类范围》将人力资源服务产业范围确定为人力资源就业服务、人力资源提升服务、人力资源专业服务、人力资源支撑服务、其他人力资源服务5大类。其中，人力资源就业服务主要包括就业信息、求职招聘、人力资源交流等行业或业态；人力资源提升服务主要包括就业创业指导、职业技能培训、专业技术人员继续教育、人才评价、职称评定评审等行业或业态；人力资源专业服务主要包括档案管理、人事代理、劳务派遣、人力资源外包、咨询等行业或业态；人力资源支撑服务主要包括园区管理、平台建设、信息软件、公共服务等行业或业态；其他人力资源服务包括其他未列明的行业或业态。

四川省统计局、省人力资源社会保障厅将在省服务业发展领导小组办公室（商务厅）统筹协调下，在"4+6"现代服务业体系重点产业中率先开展人力资源服务业全口径统计工作，全面摸清产业发展成效和趋势，量化分析这个产业的综合溢出效应和对其他产业的带动作用，准确测算当前和今后一个时期四川人力资源服务业发展的量化指标，支撑建立产业发展目标体系、考核体系、责任体系，为后续产业政策制定和产业发展方向的研究提供数据支撑。

资料来源：《人力资源服务机构能力指数》国家标准正式发布［EB/OL］，http：//www. mohrss. gov. cn/SYrlzyhshbzb/dongtaixinwen/buneiyaowen/rsxw/202009/t20200923_389352. html；北京市促进人力资源市场发展办法［EB/OL］，http：//www. beijing. gov. cn/zhengce/zhengcefagui/202104/t20210402_2343971. html；四川发布人力资源服务产业统计调查分类范围（试行）［EB/OL］. http：//rst. sc. gov. cn//rst/zw-yw/2021/4/19/e263204c2a1146cea0f2274ef0bdddd0. shtml。局部改编。

第四节　人力资源外包的风险管理

一、人力资源外包风险

人力资源外包是组织根据需要将某一项或几项人力资源管理工作或职能外包出去，交由其他企业或专业机构进行管理，自己则专注于人力资源的核心战略性活动，实现组织效益的最大化。国际数据公司（IDC）对美国人力资源管理服务市场的研究表明，人力资源外包将继续是人力资源服务消费中增长最快的领域。人力资源外包受到越来越多的企业管理层和人力资源主管们的青睐。

尽管人力资源外包可以带来诸多利益，但是实践中也不乏失败的案例，这说明在实施人力资源外包的过程中存在风险。因此，组织在采用人力资源外包时要进行综合权衡，全面考虑。在整个人力资源外包活动中，外包组织承担的风险无疑是最大的，毕竟外包组织把自身的职能活动委托给服务商去进行，外包活动的效果如何直接关系到外包组织的绩效。最突出的风险集中在以下几个方面：外包服务商的选择风险、文化相容性风险、经营管理的安全风险、人力资源管理职能风险，以及来自员工的风险。

（一）外包服务商的选择风险

对于外包组织来说，进行人力资源外包活动，必然面临服务商的选择问题。选择人力资源外包服务商的目的是降低组织运营成本和提升核心竞争优势，要求外部资源能面向企业实现共享和优化，并且保证信息的真实传递。但由于存在信息的不对称，组织无法全面了解外包商的经营业绩、社会声誉、资质背景、发展状况、成本结构等相关信息，以致难以做出正确的判断，在外包前未能筛选合适的外包商，造成逆向选择的结果。逆向选择又称不利选择、隐蔽信息等，指代理人有意隐瞒自己的实际情况，使委托人无法了解到其是否在利用自有信息努力满足委托人的要求。在人力资源管理职能签约外包后，外包服务商还可能发生不尽力执行受托工作的道德危险，例如不完全兑现原先承诺、降低服务质量。简言之，人力资源外包服务的质量和效果与外包服务商的优劣有直接关系，因此在选择人力资源外包服务商时必须尽可能避免逆向选择服务商，需高度重视这种决策风险。

（二）文化相容性的风险

文化相容性风险主要体现在外包组织与服务商在组织文化和价值观方面的适应过程中。

组织文化的形成是一个长期的过程，一旦形成就很难改变。人力资源外包在一定程度上是组织与外包商之间的一种合作行为，合作过程中必然会产生文化的交叉与碰撞。服务商与外包企业的文化相容程度，会影响人力资源外包的效果，主要取决两方面影响：一是服务商对外包组织文化特点的理解和适应程度，并对服务进行客户化的能力；二是外包组织对外包服务本身的适应，比如现有的组织机构设置、制度、相关人力资源流程、组织执行力等能否保证外包服务的执行效果。若外包商在提供服务时不能很好地适应组织的文化，则会造成服务质量与效率的下降，引起外包组织员工的不满。如果双方文化冲突剧烈，将会影响外包组织对服务商设计方案的接受度以及方案执行的力度，甚至可能出现人力资源项目外包失败的情况。

（三）经营管理的安全风险

这种风险主要源自与组织经营管理相关的信息安全和法律保障问题。一方面，为了有效实现人力资源外包和保障外包服务商的服务质量，发包组织在外包合作过程中必然会向服务商提供大量有关组织的信息，包括经营方案、人员结构、人力资源管理现状、组织文化建设、团队建设、产品技术创新、组织的经营理念、竞争对手的基本情况、市场需求调查和发展趋势预测等，这些往往涉及组织经营的核心保密信息，一旦泄漏会给组织带来严重后果。另一方面，用以规范外包行业运作的相关法律、法规存在空白或不完善，若出现外包服务商倒闭或违反职业道德泄露发包组织的机密信息，发包组织的合法权益很难得到保护。这些不确定的因素给组织在人力资源外包过程中增加了经营管理上的安全风险。

（四）人力资源管理职能失控风险

随着人力资源外包的不断发展，外包服务的内容逐渐涵盖人力资源的主要职能，从简单的档案管理、薪酬福利发放到具有战略意义的人员招聘、人力资源规划。在分享外包优势的同时，也存在一定的风险：大量、长期的人力资源管理职能外包，可能导致企业管理能力的减弱，形成对外包的依赖，从而难以应对自身不断变化的人力资源需求，而且一旦与外包机构的合作终止或出现问题，将给组织带来管理风险。这种风险可称为失控风险，即企业丧失对外包的人力资源管理职能的控制而带来的风险。追根溯源可知，企业将某些人力资源管理职能外包给外部服务商，以求在短期内获得绩效和成本方面的好处；但与此同时组织也将这些人力资源管理职能的控制权交付了出去，一定程度上对这些职能丧失了掌控能力。一旦外包服务商不能按组织要求如约完成相关的外包业务，这种人力资源管理职能的失控将会对发包组织造成莫大困扰与风险。

（五）来自员工方面的风险

来自员工方面的风险主要体现在两个方面：一是外包引起员工的顾虑而导致人才流失、效率降低。对于组织的员工而言，人力资源外包可谓是一种变革，原先的管理流程、职责分配、隶属关系及个人的职业发展规划都会有不同程度的改变，员工难免产生各种顾虑和猜疑；而这些猜疑和顾虑的存在，直接或间接影响员工的工作情绪，在定位模糊的情况下容易加剧组织内部人员的流动甚至核心人才流失，引起新一轮矛盾的加剧和内部冲突。二是内部员工和外部人才的平衡问题。由于外包意味着利用外部人才来承担组织的内部职能，若在外包的同时忽视了内部员工的作用，容易挫伤其工作热情，造成不利影响，进而导致经营效率下降。

二、人力资源外包风险管理措施

尽管人力资源外包存在一定的风险，但如果能够在事前、事中做好控制工作，能够及时有针对性地采取灵活有效的风险管理措施，可在很大程度上降低或规避组织的外包风险。

（一）选择与组织需求匹配的外包服务商

外包是一个长期的决策与投入，因此这就对外包服务商的资质提出了更高的要求。组织在选择外包机构的时候，不能仅仅着眼于成本考虑，还应对外包机构对此业务是否有长期承诺、是否有实质性的投入建设、是否具有丰富的操作经验、是否会严格恪守国家法律的规定以及保密原则等方面的内容进行综合衡量。这就需要严格按照人力资源外包流程进行操作，特别是信息收集要全面，并对多家外包商的信息进行全面分析和论证，通过比较分析选择出合适的合作对象。

同时，作为发包方，不仅要具备一定的经济能力，还需对业务发包有清醒认识，在外包合作关系确立之后，能迅速重新定位和整合人员，做好与外包服务商合作的充分准备。双方合作的基础、权利和义务的可靠凭证是具有法律效力的外包合同。由于组织所处的外部环境是不断变化的，因此管理者在签订外包合同时，可以采取短期合作或临时服务等灵活方式，以避免外包实施过程中出现因合作中止而产生违约赔偿。

此外，合作过程中，发包组织与外包服务商之间要努力建立起互信互利的机制；随着人力资源外包业务的深入，要形成一种长期稳定的合作关系。这种机制的建立，除了需要双方态度上的一致外，还需要权利义务的界定予以保障。双方通过合同约定来把握自由尺度，严格工作流程，确立归责原则，划分利益归属。

总之，在人力资源外包服务商选择过程中，要以双方的深入了解为基础，以组织人力资源管理需求为出发点，择优选取外包服务商，建立互惠互利的稳定的合作关系，达到双赢的目的。

（二）慎重决策需要外包的人力资源业务

在人力资源外包之前，组织应当预先策划与明确适合外包的项目与内容。首先必须界定清楚外包的范围，确定某一职能的确适宜外包。一般认为，工作分析与岗位描述、员工招聘、培训与发展、薪酬、福利、劳动关系、人力管理信息系统等可以考虑外包。然而，这种策划最初都是单方面基于组织需求，其可行性和合理性还需得到外包机构的认同和确认。双方在合作之前，对外包业务目标、标准、成效应达到一致的认识。对人力资源外包发起方而言，慎重决策需要外包的人力资源业务对组织经营的安全性有着非同寻常的重要意义，也是组织避免商业机密泄露等风险的重要环节。

（三）建立外包风险的预警机制

在进行人力资源管理外包风险管理时，建立未雨绸缪的风险预警管理体系能使组织时刻关注外包进程的变化，防患于未然，减少损失。从信息的采集到风险的监测、状态分析、判断、工具技术的选择、管理的实施与评价等一系列的程序，为组织的管理者提供合理的决策依据。为此，准备实施外包的组织需成立相应机构，负责全面策划人力资源外包；着重分析外包的风险源，预测风险的发生概率，评估可能产生的后果，界定责任的承担者等。通过这种预警机制预测和分析外包实施中的风险，加强前馈控制工作，从而使可能出现的外包风险损失降到最低。

具体操作来看，外包组织可以根据需要建立监控外包服务商的工作绩效指标，每月按照外包商工作绩效进行评分等①。例如，外包商工作绩效完全符合发包组织要求的评5分，良好评4分，基本符合评3分，不符合评2分，1分为很差。若外包商连续三个月被评为3分、或者连续两个月被评为2分、或者仅得1分都应该视为存在外包服务质量风险并及时启动警报。

（四）全过程动态管理人力资源外包风险

实施人力资源管理外包后，要对全过程进行风险监控与管理，以便在事前防范风险、事后及时采取补救措施降低风险，最大限度地保护组织利益。在全过程管理中，组织需制定人力资源管理外包的总体目标和阶段性目标，并建立相应的同步控制体系和信息反馈系统，用以跟踪检查外包服务商的行动结果、分析与组织计划目标的偏离程度，并在必要时进行外包内容与策略的调整。

其中一项比较重要的内容是，了解外包商在服务期间财务方面的状况和确保组织商业秘密的安全。为此发包组织应定期评估外包商的财务状况，评估外包商信息系统和控制系统的安全性、完整性和保密性，审查外包商的业务能力以及应急计划措施，密切注视外包商内部与人力资源外包项目合作的关键人员的变化情况。为了应对非常事件或外包服务商无法改善等意外情况，发包组织还应拟定退出外包机制与确立备用方案，以便在意外风险发生时，能及时转换代理服务商或收回人力资源外包业务自行管理。

此外，还需要注意的是对人力资源外包项目整体评估验收后的管理工作。若发包组织对外包结果比较满意，且拟进行长期外包时，应将评估结果及时反馈给外包商；针对外包结果与预期目标之间的差异，分析原因、提出改进工作的可行性措施，使人力资源外包效果越来越理想。

总之，尽管人力资源管理外包中存在着各种风险，但是如果发包组织和外包服务商能够不断思考外包业务的拓展及风险的防范，进行全面、深刻的认识，并采取积极有效的风险控制策略，努力营造良好的外部环境，就可以最大限度地防范与化解潜在风险，充分发挥人力资源外包的优势，最终为发包方带来更大的经济效益。

【知识拓展10－2】
新时代的人力资源外包

随着中国人口红利逐渐消退，人才红利成为经济和社会发展的重要竞争优势，人力资源服务市场结构发生了变化，越来越多的企业选择人力资源外包业务的目的，正逐步从降低成本和用人风险转为创造企业价值和提升竞争力。以下是人力资源服务机构从业人士对新时代人力资源外包行业的发展特点及其趋势的观点。

---

① 李芝山. HR外包路线图 [J]. 人力资源. 2007, 7 (13)：16－19.

1. 当前中国经济结构和劳动力结构发生了巨大变化，人力资源外包市场呈现何种竞争格局？整体业态呈现哪些特点？

数字技术正在以非常惊人的速度发展，不仅颠覆了整个行业，也改变我们周围的世界。一个又一个新型职业在数字化浪潮的推动下被创造出来，一场全新的、颠覆劳动力市场的聚变正在暗流涌动。2020 年突发的新冠肺炎疫情，一方面猛烈冲击了传统就业市场，许多受雇者迫不得已另寻出路，另一方面也促成了"宅经济""地摊经济"的蓬勃发展，迅速站上了风口，大量新的用工模式被创造出来。这种全新的、去中心化的劳动力生态（可称为新人力），使组织的边界变得越来越模糊，传统雇佣关系也被打破。未来劳动力队伍将变得非常多样，劳动力市场将变得越来越碎片化。（关爱通）

受益于国内产业结构调整、企业转型升级以及劳动力结构升级，市场对人力资源服务的整体需求快速增长，国内人力资源外包市场逐渐呈现多元化、市场化、规范化、品牌化趋势。行业需求从最初的人事代理逐步发展为招聘外包、薪酬外包、福利外包、灵活用工、管理咨询等高层次需求。

随着人力资源外包服务的升级优化，市场格局逐渐呈现国有企业、民营企业和中外合资企业三类主体竞争发展的格局。其中民营企业异军突起，已成为我国人力资源服务产业的主体力量。数据显示，截至 2019 年底，全国共设立各类人力资源服务机构近 4 万家，其中民营性质人力资源服务企业占比超 70%。（成功人力资源集团）

2. 大数据、云计算、人工智能改变了传统人力资源管理的方式，让企业的人力资源管理者从重复、冗余的工作中解脱出来，这些技术对人力资源外包服务机构会带来哪些影响？

拥有雄厚资金背景的互联网巨头跨界切入人力资源市场，带来了数字技术对传统人力资源服务的"降维式打击"。他们有的从招聘手段入手，专注 C 端流量的挖掘，培养用户习惯，改变了年轻一代的求职方式；有的立足新业态，建立新产业，催生新职业，让年轻人拥有海量更灵活、更新鲜的职业选择。（杰成人力集团）

3. 疫情对于人力资源外包服务有哪些影响？人力资源外包行业有哪些新的变化？

新冠肺炎疫情对人力资源外包行业产生了重大影响。企业在用工上将更加谨慎，传统雇用模式将发生变化，进一步促进"灵活用工"的发展。O2O 用工需求将大幅增长，众包行业也将迎来黄金发展期。在此形势下，能够"降本增效""进退自如"的用工方案和管理方案，是企业在应对"黑天鹅"危机时的有力保障，也是人力资源服务业亟须寻找的突破口。（杰成人力集团）

疫情对人力资源外包行业的影响（佩信集团）：

（1）人力资源外包需求减少。疫情下，人口流动减少，人才招聘受限制，很多行业停工停产，招聘外包等需求也减少。

（2）提高人力资源外包的知晓率。用工成本压力增大，越来越多的企业希望通过人力资源外包服务，在合规前提下来实现降本增效。

（3）疫情促进人们接受和习惯新的工作方式，比如智能面试、远程办公等，推进人力资源外包服务的技术投入与应用。

（4）从资本市场层面看，疫情之后许多具有领先实力和优秀商业模式的企业将会走到资本市场，通过人力资源外包服务实现最大化降本增效，提升企业的营运能力。

　　人力资源外包行业的新变化（佩信集团）：

　　（1）服务范围扩大，市场快速增长。国家用工政策越来越严格，企业对第三方人力资源服务的需求更加迫切，从大企业到中小企业，从外资到民营，外包市场规模快速扩大。

　　（2）服务内容更加多元，从招聘、人事社保代理、工资发放等外包拓展到培训、薪酬、绩效管理、福利等全方位人力资源服务外包，外包服务走向专业化、精细化。

　　（3）随着AI、大数据等新兴技术助推人力资源外包产品迭代升级，大数据驱动的人才配置、人工智能面试、游戏化的候选人评估、系统自动化算薪与发薪等，将大幅提升用户体验。

　　（4）积累了大量人才库的外包服务商，尝试面向人才提供贯穿整个职场周期的用工服务。

　　（5）能够适应企业快速变化的需求，合规、标准化、属地化、创新型的人力资源服务企业将会得到更多发展机会。

　　资料来源：HRoot. 风云再起，去中心化的新人力时代［EB/OL］. https：//www. hroot. com/d_new -421873. hr，2021 - 03 - 29。

本章小结

　　1. 外包是指组织整合利用外部最优秀的专业化资源，从而达到降低成本、提高效率、充分发挥自身核心竞争力和增强企业对环境的迅速应变能力的一种管理模式。其核心思想是：组织在内部资源有限的情况下，为取得更大的竞争优势，仅保留其最具竞争优势的业务，而将其他业务委托给比自己更具成本优势和专有知识的组织。

　　2. 狭义的人力资源外包是指，将原来由内部人力资源部承担的工作职能，包括人员招聘、工资发放、薪酬方案设计、保险福利管理、员工培训与开发等，通过招标的方式，签约付费委托给专业从事相关服务的外包服务商的做法。从广义上说，任何以购买或付费的方式将内部人力资源活动交由组织外部机构或人员完成的做法，都可以视为人力资源外包。

　　3. 采取人力资源外包的原因有很多，比如人力资源部门职能转变的需要、集中力量开展核心业务的需要、获取高素质专业人才资料的需要、企业降低部分运营成本的需要、精简机构与组织变革的需要、降低或转移风险的需要等。

　　4. 一般来说，人力资源管理的各项职能都可以外包。组织既可以把包括招聘、考核、培训、薪酬等事务性、社会性的人力资源管理业务外包出去，也可以将人力资源战略、人力资源规划等高难度、高专业化的职能外包出去。但事实上，并非人力资源管理的所有职能都适合外包，因为人力资源管理的不同职能对组织的意义不同，外包程度也不同。我国人力资源外包常见的内容有员工招聘、员工培训、薪酬管理、福利和津贴管理等。

　　5. 人力资源外包能否取得预想的效果、达到预期的目的，关键在于外包决策和实施过程有效与否。在此过程中，需重点关注几个方面：外包内容的确定、外包服务商的选择、外包方式的选择、外包的具体实施。

　　6. 人力资源外包步骤可简要概括为九个：成立决策机构、分析成本 - 效益、研究与规划外包内容、提出项目计划书要求、选择外包服务商、签订外包合同、与内部员工沟通、维护合作关系、监控外包服务商绩效等。

　　7. 外包企业承担的风险主要集中在五个方面：外包服务商的选择风险、文化相容性风险、经营管理的安全风险、人力资源管理职能风险以及来自员工的风险。

8. 在人力资源管理外包过程中，为了能最大限度地防范与规避潜在风险，组织需采取积极有效的风险控制策略，包括：选择与组织需求匹配的外包服务商、慎重决策需要外包的人力资源业务、建立外包风险的预警机制、全过程动态管理人力资源外包风险等。

复习思考题

1. 什么是人力资源外包？
2. 人力资源外包的主要步骤有哪些？
3. 你怎样看待人力资源服务？
4. 如何规避与防范人力资源外包潜在的风险？
5. 有选择性地调查几个企业，了解它们对人力资源外包的需求情况。
6. 有人说，人力资源外包会砸掉人力资源管理者的饭碗。你的观点是什么？
7. 根据 2013 年实行的《劳动合同法》修订版，如何有效运用劳务派遣来实现短期用工、灵活用工、弹性用工？

【实战案例】

万华化学股份集团的人力外包项目

当前，制造行业正在发生复杂的变化，为了解决企业面临的问题、改善和提升企业运营效益，越来越多的企业选择生产外包的合作模式。生产外包是人力资源派遣和企业生产实际相结合的一种新模式，既体现人力资源派遣在用工上的优势，又确保所有生产环节步调统一，保证运营的一致性和通用性，是现代企业从生产成本和工作效率等方面权衡的结果。

万华化学股份集团是全球最具竞争力的二苯基甲烷二异氰酸酯（MDI）供应商和欧洲最大的甲苯二异氰酸酯（TDI）供应商，它采取了生产外包服务。外包的模块主要包括：组合料车间生产、原材料成品库管理、对外发货管理等业务。经过业内企业评估、筛选和标准规范的竞标流程，众腾集团成功牵手万华集团，成为其生产服务的外包合作商。

在项目进驻前期，众腾集团结合万华的实际情况，明确指出外包实施需解决四个问题。

（1）解决一线作业人员流失、不稳定以及需要紧急补充的问题。

（2）解决生产线作业人员数量和产量季节变动匹配不均衡的问题。

（3）解决由于作业内容不固定导致员工抱怨、原有用工模式管理缺失的问题。

（4）通过生产线管理剥离，将原企业优秀员工调到技术性、关键性的岗位，从整体上提高生产效率，减少品质问题。

在项目前期，众腾集团针对相关问题，并根据现场调研情况，制订了完整规范的运营方案，并征得了外包方万华的同意。在具体实施过程中严格遵守各项管理承诺，按照标准执行。接手项目后，众腾主要采取了以下措施。

1. 人员管理问题

通过制度管理员工：对一系列的管理制度、工作流程和考核表格进行规范和培训，继而严格实施。

规范管理者行为方式：选派的项目管理者都是品德较高以身作则的人员。员工在得到尊重的同时，找到自身价值从而提高了工作积极性。

通过定期座谈、组织娱乐活动等形式凝聚团队力量，增进员工感情。建立发展平台，给员工创造学习和发展的机会。对于优秀员工，结合其工作意愿调至管理岗位。

2. 人员需求量不均衡的问题

众腾人力在生产外包项目运作上结合成熟的劳务派遣业务，综合利用人力资源，例如，项目遇到产量减少的情况时，抽调人力到人员紧缺的项目上，既节约了人工成本，又保证了员工的收入。

3. 业务区分界定

在项目初期，众腾人力对业务内容进行区分，清楚地界定员工作业内容。在临时事项上，万华的主管领导直接安排给众腾项目管理者，再由众腾管理者安排人员完成临时性交付的工作。既保证了沟通的顺畅，也避免了员工不积极工作和抱怨情绪的产生。

4. 人力资源优化

原公司作业人员全部抽调到前工序，保证上游产品流出顺畅和产品品质，合理提升整个流水线的产量和质量。

根据"解决问题、降低成本"的运营原则，树立六项常规生产运营目标，即效率、品质、成本、交期、安全、士气等。外包前后的效果比较如表10-1所示。

表10-1　　　　　　　　　　　　外包前后的效果比较

序号	对比项目	外包前	外包后	效果	目标设定
1	效率	紧张完成	提前完成	效率提高	人均产能提高20%
2	品质	偶尔不良	未产生不良	品质能保证	品质提高10%
3	成本	30人	23人	人员减少	综合成本降低10%
4	交期	未延期	按期完成	生产交付及时	零生产延期
5	安全	未发生安全事故	未发生安全事故	安全保证	零安全事故
6	士气	松散	统一	团队凝聚力加强	高效团队

资料来源：任康磊. 人力资源管理实操：从入门到精通 [M]. 北京：人民邮电出版社，2019。

思考分析：

1. 万华集团实施外包的初衷是什么，你认为这样的决策是否合理？
2. 众腾承接了万华的生产外包项目，在执行过程中，劳务派遣起了什么作用？
3. 在万华与众腾的外包项目执行过程中，在潜在外包风险控制方面，有哪些值得借鉴？

第十章　习题

参考文献

［1］陈爱吾．人力资源管理实战128例［M］．北京：人民邮电出版社，2019.

［2］陈维政，程文文，廖建桥，等．人力资源管理与开发高级教程［M］．3版．北京：高等教育出版社，2019.

［3］陈筱芳．人力资源管理［M］．北京：清华大学出版社，2008.

［4］董克用，李超平．人力资源管理概论［M］．5版．北京：中国人民大学出版社，2019.

［5］董克用，叶向峰．人力资源管理概论［M］．北京：中国人民大学出版社，2002.

［6］窦胜功，卢纪华，周玉良．人力资源管理与开发［M］．4版．北京：清华大学出版社，2016.

［7］方振邦．战略性绩效管理［M］．4版．北京：中国人民大学出版社，2014.

［8］冯涛．企业薪酬设计管理实务［M］．北京：中国铁道出版社，2020.

［9］付亚和．工作分析［M］．3版．上海：复旦大学出版社，2019.

［10］付亚和．绩效管理［M］．3版．上海：复旦大学出版社，2012.

［11］付亚和，许玉林．绩效管理［M］．4版．上海：复旦大学出版社，2021.

［12］葛玉辉．人力资源管理［M］．4版．北京：清华大学出版社，2020.

［13］葛正鹏．人力资源管理［M］．3版．北京：科学出版社，2018.

［14］何万勇．我国企业实施人力资源外包的策略分析［D］．济南：山东大学，2006.

［15］何泽华．人力资源管理法律实操全流程演练（实战案例版）［M］．北京：中国铁道出版社，2018.

［16］胡君辰，郑绍濂．人力资源开发与管理［M］．2版．上海：复旦大学出版社，2010.

［17］胡明．人力资源管理互联网思维［M］．北京：清华大学出版社，2017.

［18］黄维德，董临萍．人力资源管理（第四版）．北京：高等教育出版社，2014.

［19］吉恩·皮斯．HR的大数据思维［M］．赵磊，任艺，译．北京：人民邮电出版社，2019.

［20］加里·德斯勒．人力资源管理（第14版）［M］．刘昕译．北京：中国人民大学出版社，2017.

［21］李宝元，仇勇．绩效管理［M］北京：高等教育出版社，2016.

［22］李桂萍．现代企业人力资源管理［M］北京：中国物价出版社，2003.

［23］李建伟．重塑HRD：人力资源总监快速成长八部曲实战指南［M］．北京：电子工业出版社，2018.

［24］李文静，王晓莉．绩效管理［M］．4版．大连：东北财经大学出版社，2018.

［25］李晓玲．企业人力资源外包理论及方法研究［D］．武汉：武汉理工大学，2007.

［26］李芝山．HR外包路线图［J］．人力资源，2007，7（13）：16－19.

［27］李志勇．人力资源管理从新手到总监［M］．北京：北京时代华文书局，2017.

［28］李智．薪酬管理与绩效考核［M］．北京：中国人民大学出版社，2012.

［29］廖毓麒．人力资源管理［M］．长沙：国防科技大学出版社，2006.

［30］刘凤瑜．人力资源服务与数字化转型［M］．北京：人民邮电出版社，2021.

［31］刘新苗．人力资源管理一本通［M］．北京：中国铁道出版社，2018.

［32］马海刚，彭剑锋，西楠．HR＋三支柱：人力资源管理转型升级与实践创新［M］．北京：中国人

民大学出版社，2017.

［33］莫寰，张延平，王满四．人力资源管理——原理、技巧与应用［M］．北京：清华大学出版社，2007.

［34］潘辉著．HR 劳动关系经典管理案例［M］．北京：中国法制出版社，2019.

［35］彭剑锋．人力资源管理概论［M］．3 版．上海：复旦大学出版社，2018.

［36］戚艳萍，程水香，金燕华．现代人力资源管理［M］．杭州：浙江大学出版社，2002.

［37］齐涛．Excel 人力资源管理实操：从入门到精通［M］．北京：中国铁道出版社，2018.

［38］乔继玉．人力资源规划操作指南［M］．北京：人民邮电出版社，2021.

［39］秦志华．人力资源管理［M］．5 版．北京：中国人民大学出版社，2019.

［40］卿涛，郭志刚．薪酬管理［M］．3 版．大连：东北财经大学出版社，2018.

［41］任康磊．绩效管理工具［M］．北京：人民邮电出版社，2021.

［42］任康磊．人力资源管理实操：从入门到精通［M］．北京：人民邮电出版社，2019.

［43］任康磊．人力资源量化管理与数据分析［M］．北京：人民邮电出版社，2019.

［44］任康磊．图解人力资源管理［M］．北京：人民邮电出版社，2021.

［45］任康磊．薪酬管理实操：从入门到精通［M］．北京：人民邮电出版社，2022.

［46］任康磊．用数据提升人力资源管理效能［M］．北京：人民邮电出版社，2021.

［47］人力资源市场司．我国人力资源市场发展大事记［J］．中国人才，2009（21）：17-20.

［48］邵冲．人力资源管理案例［M］．北京：清华大学出版社，2006.

［49］宋岩，彭春风，臧义升．人力资源管理［M］．武汉：华中师范大学出版社，2020.

［50］孙晓平，季阳．薪酬激励新实战［M］．北京：机械工业出版社，2019.

［51］孙兆刚，王连海．人力资源管理与实务［M］．北京：化学工业出版社，2021.

［52］唐东方，张建武．人力资源管理——实用操作经典［M］．上海：人民出版社，2006.

［53］王丹．人力资源管理实务．北京：清华大学出版社，2006.

［54］王建华．中国人力资源服务业发展报告（2019-2020）［M］．北京：中国劳动社会保障出版社，2021.

［55］王萍，付滨．人力资源管理［M］．2 版．杭州：浙江大学出版社，2010.

［56］王全在．新发展理念下人力资源管理的发展与创新［M］．西安：西北工业大学出版社，2020.

［57］王晓春．人力资源管理概论［M］．北京：化工工业出版社，2008.

［58］吴强．现代人力资源管理［M］．3 版．北京：中国人民大学出版社，2019.

［59］夏兆敢．人力资源管理［M］．2 版．上海：上海财经大学出版社，2012.

［60］颜爱民，方勤敏．人力资源管理［M］．3 版．北京：北京大学出版社，中国林业出版社，2018.

［61］颜春杰．新编人力资源管理开发与管理［M］．北京：社会科学文献出版社，2004.

［62］杨毅宏．绩效与薪酬管理全案［M］．2 版．北京：电子工业出版社，2015.

［63］杨毅宏．人力资源管理全案［M］．3 版．北京：电子工业出版社，2012.

［64］姚艳虹，袁凌．人力资源管理［M］．长沙：湖南大学出版社，2003.

［65］姚裕群．人力资源管理［M］．3 版．北京：中国人民大学出版社，2007.

［66］叶龙，郭名，王蕊．人力资源开发与管理［M］．2 版．北京：清华大学出版社，北京交通大学出版社，2014.

［67］叶龙，史振磊．人力资源开发与管理［M］．北京：清华大学出版社，北京交通大学出版社，2006.

［68］伊万切维奇，赵曙明．人力资源管理（第12 版）［M］．北京：机械工业出版社，2015.

［69］尹晓峰．人力资源管理必备制度与表格范例［M］．北京：北京联合出版公司，2015.

［70］于秀芝．人力资源管理［M］．2 版．北京：中国社会科学出版社，2010.

［71］喻德武．互联网＋人力资源管理新模式［M］．北京：中国铁道出版社，2017.

［72］袁声莉，毛忞歆．工作分析与职位管理［M］．北京：社会科学出版社，2014.

［73］袁圣东．绩效与薪酬管理［M］．北京：高等教育出版社，2012.

［74］张德．人力资源开发与管理［M］．5 版．北京，清华大学出版社，2016.

［75］张佩云．人力资源管理［M］．3 版．北京：清华大学出版社，2017.

［76］张鹏彪．人力资源管理实操［M］．北京：中国铁道出版社，2018.

［77］张霞．绩效考核与薪酬管理［M］．西安：西安电子科技大学出版社，2019.

［78］张小林．人力资源管理［M］．杭州：浙江大学出版社，2005.

［79］张一驰，张正堂．人力资源管理教程［M］．2 版．北京：北京大学出版社，2010.

［80］张轶楠，易培琳．人力资源管理应用与实践［M］．北京：北京大学出版社，2020.

［81］赵国军．薪酬设计与绩效考核全案［M］．3 版．北京：化工工业出版社，2020.

［82］赵纪诚，余佳，管布钧．人力资源管理实战指南［M］．北京：人民邮电出版社，2020.

［83］赵书成．人力资源开发研究［M］．大连：东北财经大学出版社，2001.

［84］赵曙明．人力资源管理［M］．北京：人民邮电出版社，2019.

［85］郑海航，吴冬梅．人力资源管理：理论、实务、案例［M］．北京：经济管理出版社，2006.

［86］郑荆陵，尚立云，熊有平，意欢．ERP 人力资源管理实务［M］．北京：清华大学出版社，2018.

［87］郑晓明．人力资源管理导论［M］．3 版．北京：机械工业出版社，2012.

［88］中国国际技术智力合作集团有限公司．中国人力资源服务供需调查报告［R］．2021.

［89］周亚新，龚尚猛．工作分析的理论、方法及运用［M］．2 版．上海：上海财经大学出版社，2010.

［90］朱颖俊．组织设计与工作分析［M］．北京：北京大学出版社，2018.